MAAIKE SIPS

PAPA MONICA

Als mein Vater plötzlich
kein Mann mehr sein wollte und
ich versuchte, cool zu bleiben

Aus dem Niederländischen
von Rolf Erdorf

Die Originalausgabe dieses Buches erschien
2015 bei Uitgeverij Podium, Amsterdam.

Die Übersetzung dieses Buches wurde
von der niederländischen Stiftung für Literatur gefördert.

N **ederlands**
letterenfonds
dutch foundation
for literature

Der Verlag dankt Dr. Katinka Schweizer vom
Institut für Sexualforschung und Forensische Psychiatrie, Hamburg,
für die Erstellung des deutschen Literaturverzeichnisses.

Besuchen Sie uns im Internet:
www.knaur.de

FSC
www.fsc.org
MIX
Papier aus ver-
antwortungsvollen
Quellen
FSC® C083411

Covergestaltung: Büro Jorge Schmidt, München
Coverabbildung: Maaike Sips
Redaktion: Mirjam Madlung
Satz: Sandra Hacke
Druck und Bindung: CPI books GmbH, Leck
ISBN 978-3-426-21402-2

2 4 5 3 1

Für Bas

SCHÜHCHEN

Ich sehne mich so nach der anderen Seite von mir,
meiner Innenseite aus dunkler Seide,
die ich noch niemandem zeigen will:
Mein langes Haar,
eine Robe aus Satin
und erstaunte Wimpern
über großen, braunen Augen.
Und rote Schuh,
Ja, ich sehe ...
es müssen rote Schühchen sein,
mit denen ich dereinst in die Stadt gehe.

Sisca

Tagebuchfragment Cees Sips, Juni 1968

Prolog

Können wir?«, simst mein Vater. Er wartet unten vor dem Krankenhauseingang, bis meine Mutter fort ist. Ich trete in das Zimmer, in dem mein anderthalbjähriger kleiner Sohn liegt. In der vergangenen Stunde haben meine Mutter und ihr Mann ihm Gesellschaft geleistet, und ich konnte im Elternzimmer arbeiten. Er ist inzwischen wach, man hört ihr Lachen auf dem Flur.

»Mama!«, ruft Bas froh, als ich ins Zimmer komme. Er stempelt rosa Herzchen auf einen Zeichenblock, den meine Mutter ihm mitgebracht hat. Zwei große Klebestreifen auf den Wangen halten einen Schlauch in seiner Nase an der richtigen Stelle, und von Brust und Bauch verlaufen Kabel zu einem Monitor. Die größte Attraktion klebt mit einem Pflaster an seinem Zeh: Ein rotes Lämpchen, das den Sauerstoffgehalt in seinem Blut misst. In den letzten Tagen haben wir vor allem diese Werte beobachtet; erst wenn Bas eine Nacht ohne zusätzlichen Sauerstoff auskommt, darf er nach Hause.

»Sie kommen!«, sage ich.

Meine Mutter springt von ihrem Stuhl auf und nimmt ihren Mantel. »Brauchst du noch etwas? Sollen wir für dich einkaufen gehen?«

Nein, ich brauche nichts. Lieber laufe ich nachher rasch selbst zum Supermarkt. Die Krankenhausluft macht mich träge und schwer, und die einzige Bewegung, die ich heute gehabt habe, sind die paar Schritte zwischen Bas' Zimmer, dem Elternzimmer und der Toilette. Auf der anderen Seite der Kinderabteilung, den Flur entlang und durch die

Klapptüren, gibt es einen Spielraum für die kleinen Patienten, aber für uns ist das verbotenes Terrain. Bas darf sein Zimmer nicht verlassen, weil die Ärzte meinen, ein ansteckendes Virus könnte für seinen Zustand verantwortlich sein.

Meine Mutter und ihr Mann hasten mit ihren Mänteln unterm Arm auf den Flur hinaus. Ich zögere. Soll ich sie instruieren, in welche Richtung sie am besten gehen? Ich habe selbst keine Ahnung, vor welchem Eingang mein Vater und seine Frau stehen. Vielleicht sind sie schon unterwegs zu den Aufzügen; denselben, mit denen meine Mutter und ihr Mann nach unten fahren. Sobald sie außer Hörweite sind, rufe ich meinen Vater an. »Sie kommen jetzt runter. Wenn du noch fünf Minuten wartest, begegnest du ihnen wahrscheinlich nicht mehr.«

Meine Eltern sind schon fast dreißig Jahre geschieden und haben sich in dieser Zeit nur zwei Mal gesehen. Das erste Mal vor einigen Jahren bei einem Festival für klassische Musik, das ich mitorganisiert hatte. Danach noch einmal an Bas' erstem Geburtstag. Beide Male haben sie auf das Glück ihrer Töchter angestoßen, und es ging unerwartet nett und gemütlich zu.

Damals trug mein Vater noch ganz normal Hosen. Jetzt wartet er unten in einem Kleid und möchte die Konfrontation mit meiner Mutter vermeiden. Sie sind sich nicht begegnet, seit mein Vater als Monica durchs Leben geht.

Vor einigen Monaten war sie auf einmal da. »Ich werde mich umoperieren lassen«, sagte mein Vater an einem Sonntagnachmittag im Januar. Da lag sein Abschied als Beigeordneter der Gelderländer Gemeinde, in der er wohnte, gerade hinter ihm. Eigentlich hatte er schon einige Male vorher in Rente gehen wollen, aber immer wieder

hielt ihn etwas davon ab, es endlich einmal ruhiger an-
gehen zu lassen. Jetzt behauptete er, diesmal werde er
wirklich aufhören; das Kapitel Arbeit sei für ihn abgeschlossen. Künftig werde er nur noch Bücher lesen und im
Garten werkeln.

»Gibt es denn gar nichts, was du noch gerne tun würdest?«, hatte ich gefragt.

Mein Vater schaute zögernd zu seiner Frau Meintje.
»Was meinst du: Sollen wir es ihr erzählen?«

Erst war ich erleichtert; dieser Macho-Vater, mit dem ich
mich manchmal so schwertat, war demnach ein Fake,
eine ungeschickte Improvisation nach der klassischen
Männerrolle. Später nagte es dann aber doch an mir. Er
war zwar nicht tot, aber ich würde meinen Vater nie mehr
wiedersehen, jedenfalls nicht als die Person, die ich seit
jeher kannte. Zeit zum Abschiednehmen gab es nicht.
»Cees Sips« meldete das Telefon, wenn mein Vater anrief,
aber dann war Monica am Apparat.

Ich wusste, dass es Cees noch irgendwo geben musste,
denn noch waren nicht alle eingeweiht; aber jeder, der
Bescheid wusste, bekam nur noch Monica zu sehen.
Nachdem sie die Bühne einmal betreten hatte, ließ sie sich
nicht einfach wegschicken, so sehr es sie auch in Spannung versetzte, immer wieder zum ersten Mal in dieser
neuen Gestalt ihr Entree zu machen.

Meine Mutter konnte es noch nicht ganz glauben.
Ausgerechnet Cees? Dieser Macho, der ein notorischer
Fremdgeher gewesen war und Frauen eher als Objekte zu
betrachten schien?

»Schau mal, wer da ist«, sage ich zu Bas. Er guckt kurz
von seinem Zeichenblock hoch und beschäftigt sich gleich
wieder mit seinen Stempeln. Über das ganze Bett sind Ver-

schlusskappen verstreut, an den Fingern hat er gleich drei Farben Tinte. »Oma Monica und Oma Meintje!«

»Hallo Bas!« Monica stellt sich neben ihn und lehnt sich mit dem Ellbogen auf das hohe Bett. »Das sind aber schöne Herzen!« Er scheint es nicht zu hören. Monica nimmt einen blauen Stempel aus der Schachtel. »Und was ist das hier? Eine Blume!«

Jetzt hat sie seine Aufmerksamkeit. Bas übernimmt das Ding von ihr und drückt den Stempel aufs Papier. »Wumm!«

Er wird sich nie an Cees erinnern können, wahrscheinlich hat er seinen Großvater schon jetzt vergessen. Später, beim Durchblättern seines Babyalbums, wird er sich fragen, wer dieser Mann ist, der ihn als Neugeborenen auf dem Arm hält. Er trägt ein teures Jackett über einer dunklen Jeans und hat sein graues Haar säuberlich gescheitelt. Mit einem unbestimmten Lächeln schaut er auf das zarte Babybündel in seinen Armen. Allem Anschein nach stolz, obwohl sein Blick schwer zu ergründen ist. Das Baby hat die Augen geschlossen und streckt sein Fäustchen aus dem weißen Handtuch, in das es gewickelt ist. Die Fingerchen sind runzlig von seinem allerersten Bad.

Ich finde, es ist früh genug, wenn wir es Bas erst dann irgendwann erklären, wie sich unser Stammbaum zusammensetzt. Aber Monica zweifelt. Müsste man ihm nicht besser jetzt schon etwas mit auf den Weg geben? »Vielleicht sollte Bas mich einfach weiter Opa nennen«, überlegt sie manchmal. Opa Monica.

Monica gibt Bas einen neuen Stempel und drückt die Verschlusskappe wieder auf die blaue Blüte. Sie gibt sich mehr Mühe als Cees, ihren Enkel kennenzulernen. Der kam meistens erst dann aus sich heraus, wenn der Wein eingeschenkt war und wir Bas in seiner Babyliege vor den Teletubbies geparkt hatten. Er fand kleine Kinder lästig und wusste nicht recht, wie er mit ihnen umgehen sollte. Lange dachte ich, darin läge der Kern unserer steinigen Beziehung. »Gerade als ihr in ein interessantes Alter kamt, seid ihr weggegangen«, sagte mein Vater immer.

Erst in den letzten Jahren lief es wieder etwas besser zwischen uns. Die groben Seiten schienen sich abzuschleifen, je älter mein Vater wurde. Er zeigte mehr Interesse und ergriff öfter die Initiative zu einer Verabredung. Vor dieser Zeit hörten wir nie etwas von ihm, wenn wir nicht selbst anriefen. Meine Schwester hatte ihn nach der Scheidung sogar eine Weile überhaupt nicht mehr sehen wollen.

»Hm-ma!«, ruft Bas. Oma, bedeutet das. Er ist bereit für den nächsten Stempel und zeigt auf die Schachtel. Monica drückt auf seine Nase: »Tuuut!« Ein schallendes Lachen ist die Antwort.

Ich bin immer davon ausgegangen, das Alter hätte meinen Vater milder gemacht. Jetzt frage ich mich, ob das etwas mit Monica zu tun hat. Es scheint, als würde ich meinen Vater erst wirklich kennenlernen, seit *sie* da ist.

1

Wie lange weißt du das schon?«, war die erste Frage, die ich meinem Vater stellte, nachdem er die Bombe hatte platzen lassen. Im Nachhinein gesehen eher lächerlich. Je mehr ich über andere Transgender las, desto bewusster wurde mir das. Gender-Dysphorie – der offizielle medizinische Begriff für das Gefühl des Unbehagens aufgrund des eigenen biologischen Geschlechts – ist keine Entscheidung. Man wird damit geboren.

Die persönlichen Geschichten anderer hatten eines gemeinsam: Allen war schon in jungem Alter bewusst geworden, dass sie bei ihrer Geburt den falschen Körper mitbekommen hatten. Auch wer das nicht so explizit für sich formulieren konnte, dem war zumindest schon früh klar, dass etwas nicht stimmte.

»Mein ganzes Leben«, hatte mein Vater geantwortet. Was sollte ich damit? Wenn man eine solche Neuigkeit zu hören bekommt, will man den Zeitpunkt benennen können, an dem sich die schockierende Entdeckung dem oder der Betroffenen aufgedrängt hat, so wie bei einer ernsten Krankheit oder einem anderen Ereignis, das den Lebenslauf drastisch verändert. Die Antwort »mein ganzes Leben« umfasste so viel, dass ich gar nicht wusste, wo anfangen.

Also fragte ich halt, wie der Weg zu einer solchen Geschlechtsangleichung aussah, und mein Vater erzählte, was er mittlerweile darüber wusste. Dass er erst nach einer einjährigen Hormonkur operiert werden könne, dass er die Hormone nur mit der Zustimmung eines Psychologen bekomme und dass es lange Wartelisten für die Operation gebe. Im Vorfeld der medizinischen Behandlung würde mein Vater dauerhaft als Frau leben, und zwar sobald alle in seiner Umgebung Bescheid wussten. Der gesamte Prozess konnte leicht drei Jahre in Anspruch nehmen.

»Was für ein Glück, dass heute so vieles möglich ist«, sagte ich, als mein Vater zu Ende erzählt hatte. Ich schließe nicht aus, dass ich damit auch meine eigene Liberalität betonen wollte. »Stell dir vor, du wärst hundert Jahre früher zur Welt gekommen.«

»Ja«, sagte mein Vater lakonisch, »oder anno 1945.« Darauf wusste ich nichts zu antworten. »Möchtest du ein Foto sehen?« Mein Vater zückte sein Blackberry und zeigte mir einige unscharfe Bilder von einer Frau, die ich nicht kannte.

»Wow.« Ich suchte nach einem Kompliment. »Eine schöne Frau!«

Mein Vater strahlte. »Ja, es gibt auch Männer vom Typ Fernfahrer, die sich in Frauenkleidung werfen. Im Vergleich zu denen habe ich es gut getroffen.« Das stimmte, für ihn war seine kleine Statur ein Vorteil. Keine Schuhgröße 45 oder Hände wie Kohlenschaufeln. Trotzdem konnte ich ihn mir nur schwer in einem Kleid vorstellen.

»Kommt ihr Monica bald mal besuchen?«, fragte mein Vater beim Abschied. »Sie würde sich freuen, euch zu sehen.« Das versprachen wir.

Die ersten Monate kam Monica regelmäßig vorbei. Als hoffte sie, die Erinnerung an Cees würde von selbst verblassen, wenn sie sich nur oft genug vor ihn ins Bild schob. »Sind die beiden etwa schon wieder da?«, witzelten mein Freund und ich manchmal. So viel Interesse waren wir nicht gewohnt. Monica forderte den Platz in unserem Leben ein, auf den unser Vater früher nie sonderlich viel Wert gelegt hatte. Dabei beanspruchte sie allerdings auch sein Erbe. »Es ist ja bloß die Verpackung«, sagte sie oft. »Ich bleibe einfach euer Vater.«

Für mich war das doch eine sehr simple Darstellung, denn dieser Vater ähnelte dem Mann, mit dem ich aufgewachsen war, in vielfacher Hinsicht überhaupt nicht. Monica war lieber, ausgeglichener, teilnahmsvoller. Sie machte Dinge, die Cees nie getan hatte. Sie rief einfach so an, um mich mal zu hören. Meistens ging es um gar nichts. Irgendwas Neues aus dem Dorf, den Apfelkuchen, den sie gebacken hatte, oder ein neues Kleid. Wir plauderten und klatschten miteinander, wie ich es mir bei durchschnittlichen Müttern und Töchtern fortgeschrittenen Alters vorstellte, obwohl ich damit selbst keine Erfahrung hatte.

Meine Schwester Sietske und ich waren uns einig: Monica war ein netterer Mensch und in dieser Hinsicht ein Gewinn, aber Cees würde uns fehlen. Er war mit einem Schlag verschwunden, und Monica war wie besessen dabei, sämtliche Spuren von ihm auszulöschen. Fotos von früher gab sie uns mit (»Ihr habt sicher mehr davon«), und mitunter äußerte sie sich auch abfällig über ihr früheres Ich. Na, na, dachte ich, er ist immerhin mein Vater! Etwas, das ich früher öfter zu seiner Verteidigung gesagt hatte.

Eines Tages hielt sie mir eine hölzerne Kindersandalette hin. Das Fußbett sah unbequem aus, und das rote Leder an der Oberseite war stumpf. »Erkennst du die wieder?«

Natürlich erkannte ich die Sandalette. Den verschlissenen Stellen nach zu urteilen hatte ich die Dinger oft getragen. Als ich Schuhgröße 24 hatte, war ich etwa drei Jahre alt, also konnte ich mich nicht erinnern, wie sie sich damals an meinen Füßen anfühlten oder welches Geräusch ich damit beim Laufen auf der Straße gemacht habe. Dass dies mein Schuhwerk gewesen war, wusste ich von Fotos und von all den Malen, an denen mein Vater diese linke

Sandalette in die Hand genommen und mir erzählt hatte, die hätte ich als kleines Mädchen getragen. Solange ich mich erinnern konnte, hatte die Sandalette auf seinem Schreibtisch gestanden.

»Hier, nimm sie mit.« Mit einer entschiedenen Geste schob mir Monica das Ding über den Tisch zu. Es wog nichts und war leicht angestaubt. Es wurmte mich, dass sie es nicht selbst behalten wollte. Wollte sie nicht an unsere gemeinsame Zeit erinnert werden? War die Vaterschaft ihr denn so schwergefallen?

Später wurde mir klar, dass die rote Mädchensandalette vermutlich die ganze Zeit über eine Art Talisman gewesen war, den Monica nun nicht länger brauchte.

Erst als ich mich ein wenig an die neue Situation zu gewöhnen begann, kamen die wirklich wichtigen Fragen. Wenn mein Vater schon sein ganzes Leben lang eine Frau hatte sein wollen, warum wartete er dann fast siebzig Jahre, bevor er sich Hilfe suchte? Er war nicht dumm und hatte seine Angelegenheiten immer gut geregelt. Wie hatte er ein normales Leben führen können, ohne völlig daran zugrunde zu gehen? Letzteres war ein ständig wiederkehrendes Element in den Erzählungen anderer: Transgender waren in der Rolle, in der sie notgedrungen lebten, oft so unglücklich, dass sie depressiv wurden und manchmal sogar an Selbstmord dachten. Ich erkannte meinen Vater darin nicht. Cees war ein selbstsicherer Mann, der oft in den Vordergrund trat und stolz auf die Dinge war, die er im Leben erreicht hatte. Falls er tatsächlich unter schweren Depressionen gelitten hatte, dann war das gut verborgen geblieben.

Was wusste ich eigentlich von meinem Vater? Die Erzählungen von früher und meine eigenen Jugenderinnerungen wackelten plötzlich. Vielleicht war das Bild, das ich von meinem Vater hatte, lediglich ein Vorhang gewesen, hinter dem sich Monica versteckt hielt.

Ich begann, den Prozess von Monicas Verwandlung festzuhalten; meiner Meinung nach eine gute Möglichkeit, mich damit zu beschäftigen. Es war auch eine angenehme Ausrede, meinen Vater alles zu fragen, was ich schon immer hatte wissen wollen. Ich schlüpfte in meine Journalistinnenrolle und stellte die Fragen, von denen ich glaubte, dass Außenstehende sie beantwortet haben wollten.

Es ging viel um Verfahrensweisen und Wartelisten. Monicas Zweifel, ob auch alles gut werden würde, die Unklarheit bezüglich bestimmter Regeln und die Probleme, die sie hatte, an die richtigen Informationen zu kommen. Wir schauten hauptsächlich nach vorn und redeten kaum über früher.

Aber für mich war es noch nicht schlüssig. Wenn es stimmte, dass mein Vater nach wie vor derselbe war, dann musste Monica die ganze Zeit irgendwo gewesen sein. »Mein ganzes Leben schon«, hatte mein Vater gesagt. Was bedeutete das? Ich bekam immer mehr das Bedürfnis, Monica einen Platz in der Vergangenheit zu geben, unserer Vergangenheit. Vielleicht gelang es mir dann zu begreifen, weshalb sie erst so spät zum Vorschein gekommen und wie sie die ganze Zeit imstande gewesen war, ihre Männerrolle zu erfüllen.

Als mein Vater noch Cees war, erzählte er natürlich bisweilen von früher. Uns interessierten dabei besonders die Unterschiede zu der Zeit, in der wir selbst aufwuchsen. Dass alle Mütter Hausfrauen waren und die Väter autoritär. Dass Lehrer in der Klasse rauchten und ihr Lineal zum Schlagen benutzten. Die warme Mahlzeit kam mittags auf den Tisch, die Wohnung wurde mit einem Kohleofen beheizt, Süßigkeiten kaufte man lose in einer spitzen Papiertüte beim Gemischtwarenhändler, und Gott sah alles.

Es war eine 1950er-Jahre-Jugend, in der mein Vater und sein Bruder Theo hauptsächlich draußen im Freien spielten, meist nicht miteinander. Sie amüsierten sich mit Schulfreunden und Nachbarskindern ihres Alters. Sie spielten auf Grünflächen Fußball oder vertrieben sich die Zeit auf dem Markt gegenüber von ihrem Haus. In diesen Geschichten war Cees ein erfinderischer und eigensinniger kleiner Kerl, der oft etwas ausfraß und bei den Jungs aus seiner Klasse beliebt war. Mein Vater unterstrich das gern mit Anekdoten, die von einem gewissen Schneid zeugten. Er erzählte von dem heimlichen Zigarettenhandel, den er mit dreizehn betrieb, oder davon, wie er mehrmals Taschen voll Murmeln gewann, weil er mehr aufs Spiel zu setzen wagte als seine Klassenkameraden. Zu Hause spielte er den Chef über seinen anderthalb Jahre jüngeren Bruder, der regelmäßig in Tränen ausbrach.

Jetzt fragte ich Monica wieder nach dem kleinen Cees, ganz vorsichtig, aus Furcht, sie könnte das Thema zu schwierig finden. Sie hatte uns ja nicht umsonst die Fotos aus unserer Jugend zurückgegeben. Aber offenbar empfand sie keinerlei Scheu, darüber zu reden, und zog auch gleich ihre eigenen Jugendfotos aus der Schublade. Cees, ungefähr sieben Jahre alt, lachend neben seinem Bruder in einer Schulbank. Beide trugen das gleiche karierte Hemd. Cees in kurzen Hosen und mit langen Kniestrümpfen vor dem Zaun ihres Hauses. Ein Foto, auf dem er zusammen mit Theo auf dem Motorroller meines Großvaters saß.

Sofort kamen neue Details hinzu. Dass die Nachbarskinder, mit denen Cees gespielt hatte, hauptsächlich Mädchen waren. Und dass er am liebsten Hüpfkasten oder mit Murmeln spielte und eine Vorliebe für Ballspiele wie

Völkerball hatte. Typische Mädchenspiele, laut Monica, obwohl sich niemand gewundert hatte, dass ein Junge sich begeistert daran beteiligte. Monica beschrieb Cees als ein schwieriges Kerlchen, das bei Altersgenossen nur schwer Anschluss fand.

Wir redeten weiter. Wenn Monica sich an etwas nicht erinnern konnte, schaute ich es falls möglich nach oder befragte andere. Ich wollte und musste diesen Jungen, der mein Vater war – oder das Mädchen, das offenbar schon immer in ihm gesteckt hatte –, kennenlernen. Ich wollte wissen, was er getan, gesagt, gedacht hatte. Ich wollte alles zurückspulen und noch einmal betrachten.

2

Ich bin genau wie mein Vater in Hilversum aufgewachsen, und so war es nicht schwer, mit Hilfe von Fotos aus dem Heimatarchiv der Gooi- und Vecht-Region zu rekonstruieren, wie das Dorf in den 50er-Jahren ungefähr ausgesehen hat.

An der Stelle des großen Altenheimkomplexes, der sich jetzt gegenüber dem Elternhaus meines Vaters befindet, musste ich mir einen Gemischtwarenladen und einen Bauernhof vorstellen, neben einer Reihe von Arbeiterhäusern. Für den Neubau des Konzertsaals »De Vorstin« an der Kreuzung hatte man ein hohes Schulgebäude abgerissen, die Grundschule meines Vaters. Ich selbst kannte den Bau als Bühne namens »De Tagrijn«, wo ich in den 80er-Jahren Konzerte von Herman Brood und De Dijk besucht und bis spät in die Nacht zu Musik getanzt habe, die damals als alternativ galt.

Das Haus, in dem mein Vater aufwuchs, gibt es noch. Ich kann mich gut daran erinnern, wie es drinnen aussah. Als Kind war ich regelmäßig dort, meine Großeltern bewohnten es bis zu meinem neunten oder zehnten Lebensjahr. Es war eines aus einer Reihe von Arbeiterbehausungen, die zu dem schlechteren Teil des Koninginneweg gezählt wurden. Da es an den Bahngleisen lag, waren Eisenbahnlärm und das Bimmeln der Bahnschranken fast ständig zu hören.

In der hinteren Stube stand ein kleiner Esstisch, an dem Sietske und ich spielten oder malten, während die Erwachsenen ihre Neuigkeiten austauschten. Die Blickfänger auf dem Büfett, ein Modellflugzeug aus Messing und ein exotisches Brustbildnis aus Holz, musste es bereits in der Jugend meines Vaters an derselben Stelle gegeben haben. Anfang Dezember fanden wir dort immer vier Spekulatiuspuppen, die der Nikolaus für uns Enkelkinder mitgebracht hatte. Die hintere Stube grenzte an eine einfache Küche mit einer Arbeitsplatte aus Granit und einem Spülstein, über dem sich zu Kinderzeiten meines Vaters der einzige Wasserhahn des Hauses befand. Später kam oben auf dem Flur ein Waschbecken hinzu; ein nie dagewesener Luxus. Als meine Großeltern auszogen, gab es immer noch keine Dusche. Von der Küche ging es nach draußen auf einen eingezäunten kleinen Innenhof. Dahinter verlief parallel zur Eisenbahn eine schmale, gepflasterte Gasse, die mit einer Kurve in die Straße mündete.

Dort stellte ich mir Cees als Elfjährigen vor, wie er sich gerade seine Rollschuhe unterbindet. Er zog den Riemen über dem Spann seines Fußes stramm und drückte den Metallstift in eines der letzten Löcher. Zur Kontrolle, ob der Lederriemen auch festsaß, hob er kurz den Absatz. Dann drehte er mit dem Rollschuhschlüssel die Klammern an der Vorderseite um seine Schuhspitzen fest. Den Ledersenkel mit dem Schlüssel hängte er sich um den Hals. Er stieß sich am Tor ab und ließ sich durch die Gasse in Richtung Straße rollen. Die Eisenräder klapperten über die Fugen der Straßenziegel. Nach der Kurve wurde der Weg sandig, und mit schweren Rollschuhschritten ging er zu den Betonplatten des Koninginneweg. Jetzt hieß es aufpassen und die richtige Geschwindigkeit suchen, mit der die Räder wie von selbst über die Spalten zwischen dem Beton glitten. Er fuhr an seinem Haus vorbei und überquerte ohne anzuhalten die Kreuzung mit der Schoolstraat. Der Signalwärter war gerade aus seinem hohen Posten geklettert und dabei, die Bahnschranken herunterzukurbeln. Es war, als ob der Mann eigens für ihn den Verkehr stilllegte.

Cees winkte der Gruppe von Freundinnen auf der anderen Bahnseite zu, aber sie sahen ihn noch nicht. Hastig fuhr er hinter der hölzernen Polizeiwache vorbei zum Fußgängertunnel. Er musste sich ordentlich abstoßen, um auf dem holprigen Pflaster die scharfe Rechtskurve zu nehmen. Erst bergab bekam er wieder richtig gut Fahrt.

Die vielbefahrene Bahnlinie schnitt das Dorf in zwei Teile. Auf der Seite, an der Cees wohnte, befanden sich der alte Dorfkern und der Markt, das alte Rathaus und der Anfang der gooiländischen Villenviertel. Das Gebiet auf der anderen Seite mit seinen billigen Wohnungen und Fabriken war noch relativ unentwickelt. Immer mehr Hilversumer arbeiteten »jenseits der Bahn«, wurden in ihrer Freizeit aber nicht gern dort gesehen. Cees wohnte gerade noch so auf der »guten« Seite, die Züge rasten quasi durch den Garten hinter dem Haus.

Auf der anderen Bahnseite führten zwei steile Böschungen vom Tunnel zur Straße hinauf. Cees nahm die rechte und kletterte mit quergestellten Füßen den Weg hinauf. Bettie fuhr mit den Diets-Schwestern auf dem glatten Asphalt vor ihrem Haus hin und her. Ein Stück weiter fuhren noch einige andere. Er überquerte die Kreuzung und spurtete mit ein paar schnellen Rollschuhschritten zu den Mädchen.

»He, Cees!«, rief Bettie. Sie hatte heute hellblaue Bänder in ihren kurzen Zöpfen. Immer Zöpfe, nie ein Pferdeschwanz oder ein Haarband, wie es andere Mädchen manchmal trugen. Genau wie Cees war sie klein für ihr Alter. »Wer am höchsten kommt!«

Sie hatten auf ihn gewartet. Ein Wettlauf am Tunnel war erst dann lustig, wenn mindestens sechs Kinder mitmachten. Ihre Mütter hatten es verboten, aus Angst vor Unfällen, falls unerwartet ein Fußgänger oder Radfahrer daherkäme.

Cees nahm Anlauf und rollte die Böschung hinunter.

Mit gebeugten Knien und vorgelehntem Oberkörper versuchte er, möglichst viel Schwung zu bekommen. Unten – am gefährlichsten Punkt – musste er seine Höchstgeschwindigkeit erreichen, damit er ohne zusätzliches Treten die gegenüberliegende Böschung nach oben nehmen konnte. Ihm war es gleich, ob irgendetwas vielleicht seinen Weg kreuzte; seine Verwegenheit brachte ihm meistens einen Vorsprung gegenüber anderen ein, die unten doch kurz abbremsten. Der Wind sauste ihm um die Ohren.

Er kam bis zur Hälfte der Böschung. Schnell stellte er seine Rollschuhfüße quer auf den Weg und kratzte mit einem Stein einen Strich an die Mauer. Enttäuscht betrachtete er die Markierung von Lies Kamsteeg ein paar Zentimeter höher. Oben gab er Bettie den Stein. Beim Hinunterfahren bauschte sich ihr Kleid triumphierend auf.

Wie immer kam sie nicht weit. Cees sah, dass sie ihren Strich ein ganzes Stück unter seinen setzen musste. Trotzdem bewunderte er Bettie; er fand sie stark. Sie hatte nie Angst und machte immer das, was ihr in den Sinn kam. Gestern noch, als sie auf dem Brachgelände hinter Betties Haus eine Schnitzeljagd veranstaltet hatten. Die Spur aus Bändern führte an ein paar alten Bauwagen vorbei, in denen in ihrer Phantasie Obdachlose schliefen. Ging man weiter in Richtung Geuzenweg und kroch anschließend durchs Gebüsch, kam man bei einer chemischen Reinigung heraus, wo sie eigentlich nicht hindurften, weil es dort irgendwann einen Großbrand gegeben hatte.

Bettie hatte schon öfter gesagt, sie müsste mal, aber nicht angehalten, als sie an ihrem Haus vorbeikamen. Bei der Reinigung konnte sie es nicht länger aufhalten und war einfach so ins Gebüsch gesprungen. Cees hatte zwischen den Blättern hindurchgeschaut und gesehen, wie sie sich mit hochgehobenem Rock hinhockte. Er konnte sich das Bild noch immer nicht aus dem Kopf schlagen.

Sie waren einige Runden gefahren, bis Bettie von ihrer Mutter hereingerufen wurde. Frau van Laar stand mit einem Besen in der Hand auf dem Gehweg vor ihrem Haus und winkte ungeduldig in Richtung Tunnel. Sie trug genauso eine Kittelschürze wie Cees' Mutter, um die Haare hatte sie sich ein Tuch gebunden. »Sofort!«, schrie sie. Sie war die einzige Mutter, die ihr Spiel am Tunnel von zu Hause aus im Blick hatte, und auch Bettie war es verboten, sich daran zu beteiligen.

»Auweia«, flüsterte Bettie, während sie große Augen machte und den Mund zu einer Grimasse verzog, »das gibt eine Standpauke.« Cees lachte und wollte noch etwas sagen, aber ehe er sichs versah, drehte sie sich um und fuhr zurück nach Hause.

»Bis morgen!«, rief er ihr nach.

Sie setzten das Wettrennen nicht weiter fort, aus Angst, Frau van Laar käme wieder nach draußen und würde auch ihnen eine Gardinenpredigt halten. Cees fuhr noch ein paarmal die Straße rauf und runter und anschließend nach Hause.

3

Seine Mutter saß an der Nähmaschine, als er durch die Küche ins Hinterzimmer trat. Mit einem halb zugekniffenen Auge versuchte sie, einen Faden in die Nadel zu fädeln; um sie herum lagen Schnittmuster und Stofflappen ausgebreitet. Sie grüßte, ohne den Kopf zu heben. Cees fand es angenehm, dass sie nie fragte, was er gemacht hatte oder woher er kam. Solange er sich nach der Schule erst zu Hause meldete und vom Spielen rechtzeitig zum Essen wiederkam, war alles gut.

Er setzte sich ihr gegenüber an den Tisch und nahm eine *Burda* von dem Zeitschriftenstapel. Seine Mutter schneiderte ihre gesamte Kleidung selbst. Außer der Unterwäsche, die kaufte sie auf dem Markt. In ihrer Verlobungszeit hatte sie für die schicken Hilversumer Kreise als Näherin gearbeitet.

Cees suchte zwischen den Resten von Schnittmusterpapier nach einem brauchbaren Stück. Dann legte er das durchsichtige Papier auf die Abbildung eines Models in einem langen Mantel. Ein breiter Gürtel akzentuierte die Taille, und die gefälteten Mantelschöße schienen um ihre Schenkel zu schwingen. Mit einem Bleistift zog er alle Linien sorgfältig nach.

»Hallo!« Es war Theo. Cees schaute kaum hoch. Sein Bruder ging zum Küchentresen und trank das dort bereitstehende Glas Limonade in einem Zug leer. »Ich spiele noch ein bisschen Fußball im Durchgang.« Mit einem Schlag fiel die Außentür wieder hinter ihm zu.

Seine Mutter fegte die Muster zusammen und faltete die Stoffe klein. »Mach mal Platz, Cees!«

»Gleich«, sagte er, immer noch seiner Bleistiftspitze folgend. »Nur noch diese eine Linie –«

»Von wegen«, unterbrach ihn seine Mutter. »Na los, runter vom Tisch!« Sie hob die Nähmaschine in den Koffer und stellte sie in den Schrank. Dann begann sie den Tisch zu decken. Mit einem Seufzer klappte Cees die *Burda* zu, das Papier ließ er zwischen den Seiten stecken. Kaum nahm er die Zeitschrift in die Hand, schob seine Mutter einen Teller auf die frei gewordene Stelle. Sie verschwand in die Küche, um Milch und Sülze aus dem Keller zu holen.

Cees starrte vor sich hin und wartete auf das Torgeräusch draußen. Der Vater konnte jeden Moment sein Fahrrad auf den Innenhof schieben.

Abends aßen sie Brot. Schweigend saßen sie um den kleinen Esstisch im Hinterzimmer. Cees' Vater mochte kein Geschwätz und aß am liebsten in aller Ruhe. Hinter dem Zaun puffte ein Zug über die letzten Schienenmeter zum Bahnhof.

Nach dem Essen zog sich sein Vater in den Schuppen zurück. Den ganzen Tag stand er in einer Fabrik an der Werkbank, in der Radios und Sender hergestellt wurden, und zu Hause konnte er es kaum erwarten, sich wieder mit den Händen zu betätigen. Er war jetzt schon seit Wochen mit einem Flugzeug beschäftigt, einer Lockheed Constellation. Rumpf und Flügel hatte er aus einem einzigen Stück Messing gefräst. Auch die winzigen Räder und die Propeller machte er selbst. Er hatte das Modell mit großer Präzision entworfen und ausgemessen.

Die kleine Drehbank im Schuppen war sein ganzer Stolz. Jedes Werkzeug hatte einen festen Platz, und das Material war bis auf den letzten Nagel sortiert. Er hatte sich das alles von dem kleinen bisschen Geld zusammengespart, das er jede Woche von seinem Lohn beiseitelegte.

Gegenüber der Drehbank hing ein Foto seiner Frau.

Mit einem schüchternen Lächeln schaute sie an einem vorbei aus dem Bild. Ihr dunkelblondes Haar war hochgesteckt und wellte sich leicht auf ihrem Kopf. Anfang zwanzig war sie auf diesem Bild. Damals musste sie sich noch nicht mit ihrer Frisur herumschlagen und Sorge haben, ihr Schädel könnte durch das dünne Haar hindurchschimmern. Jetzt war sie immer mit Maulbeerwasser zugange, das den Haarwuchs zu fördern versprach. Zu der Zeit, als sie Enkelkinder bekam, trug sie eine Perücke und war damit eine Oma, die niemals ergraute.

Der Schuppen war für Cees und seinen Bruder verbotenes Gebiet. Sie kamen nur her, wenn sie von ihrer Mutter geschickt wurden, um den Vater zu holen. Und selbst dann konnten sie nicht einfach hineingehen. Cees öffnete die Tür immer ganz vorsichtig nur einen Spaltbreit, in Erwartung eines Anraunzers. Erst wenn es still blieb, wagte er den Kopf um die Ecke zu stecken und die Botschaft seiner Mutter zu übermitteln. Später wurde ihm klar, dass sein Vater manchmal sehr gute Gründe gehabt hatte, ihn aus dem Schuppen wegzuschicken. Das war, wenn er das Holzspielzeug anfertigte, das die Jungs zu Nikolaus bekamen.

Cees interessierte sich nicht für Technik und hatte auch keine Geduld dafür. Selbst das Flicken eines platten Fahrradreifens musste er seinem jüngeren Bruder überlassen. Theo war nach ihrem Vater benannt und mit »zwei rechten Händen« gesegnet. Zur Freude von Theo senior hatte er großen Respekt vor technischem Handwerk und war immer neugierig darauf, wie Dinge gemacht wurden. Er würde es sicher zu etwas bringen.

Die Leidenschaft seines Vaters für das gehobene Handwerk schlug sich zu Cees' Frustration immer in den Geschenken nieder, die er seinen Söhnen machte. Bauklötze, ein Meccano-Metallbaukasten, ein Radiobausatz von

Pionier, das sagte ihm alles überhaupt nichts. Lieber hätte er ein Puppenhaus gehabt, so eins wie das im Wohnzimmer einer Freundin seiner Mutter. Wenn er im Auftrag seiner Mutter zu Frau Freriks ging, um die *Libelle* gegen die *Burda* einzutauschen, blieb er immer etwas länger, um damit zu spielen.

An seinem Geburtstag bekam er einmal ein rotes Auto von Schuco, das man aufziehen und über ein dünnes Kabel fernsteuern konnte. Es war ein sportliches Mercedes-Modell. Ein offener Zweisitzer, komplett mit Lenkradschaltung und Rückspiegel. Sein Vater und Theo waren genüsslich alle Details in der Gebrauchsanweisung durchgegangen. »Ein Wunder der Technik« hatten sie es genannt. Sobald er das Auto aus der Schachtel geholt hatte, nahm sein Vater es ihm aus der Hand für eine ausführliche Demonstration, die Cees schon bald langweilte.

Als er den Mercedes viel später selbst in die Finger bekam, ging er mit ihm – trotz des strikten Verbots seines Vaters – nach draußen. Dort ließ er das Ding gegen jedes Hindernis knallen und besonders schön schnell an die Wand fahren. Um den Effekt noch zu steigern und damit sich das Auto tatsächlich überschlug, versetzte er ihm dabei immer einen zusätzlichen Schlag auf die Hinterseite. Zuletzt war das Spielzeug ein Totalschaden. Sein Vater war wütend gewesen und hatte ihm zwei Wochen das Taschengeld gesperrt.

Er verbrachte den Abend auf seinem Zimmer. Ein paar Quadratmeter, abgegrenzt durch solide Wände, die sein Vater gezimmert hatte. Sein Bruder schlief in der anderen Hälfte des aufgeteilten Zimmers. Cees hatte sein Bett heruntergeklappt und las mit dem Kopfkissen im Rücken ein Abenteuer von Pim Pandoer. Der Held war hinter ein paar Juwelendieben her, und die Spur hatte ihn mittlerweile bis nach Paris geführt. Cees war da noch nie gewesen.

Ab und zu schweiften seine Gedanken ab zu Bettie und dem, was er gesehen hatte. Vielleicht konnte er sie mit einem Tütchen Salmiakpulver oder ein paar Murmeln überreden, es noch einmal zu tun. Morgen musste er versuchen, sie allein zu sprechen. Er konnte sie hinter die Mauer der Reinigung oder einen der Bauwagen mitnehmen.

Er hörte seinen Vater die Treppe hochpoltern, und nicht lange danach erlosch das Licht in seinem Zimmer. Der Schalter draußen auf dem Flur war eine neue Erfindung seines Vaters. »Jetzt wird geschlafen!«, bellte er, bevor er wieder nach unten ging.

Cees wartete, bis er die Wohnzimmertür zuschlagen hörte, und holte dann die Lampe hervor, die er tagsüber hinten in seinem Schrank versteckt hielt. Bis tief in die Nacht las er unter der Bettdecke weiter. Es war eine improvisierte Taschenlampe, die er sich selbst aus einer Flachbatterie, einer Fahrradlampe und ein paar Kupferdrähten zusammengebastelt hatte.

4

Wenn man von meinem Wohnort aus den Zug nach Hilversum nimmt – einen Bummelzug, der überall hält, von der Bahn jedoch beschönigend als »Sprinter« bezeichnet wird –, fährt man hinter dem Elternhaus meines Vaters vorbei. Die Räder des Zugs beginnen auf diesem Stück meistens zu quietschen; ein hohes, scheuerndes Schleifgeräusch und ein Hinweis darauf, dass der Lokführer die Geschwindigkeit drosselt. Es sind dann nur noch einige hundert Meter bis zum Bahnhof.

Heutzutage ist es schwer auszumachen, welches der Häuser hinter der hohen, mit Graffiti beschmierten Lärmschutzwand es genau gewesen ist. Vor zwanzig, dreißig Jahren, als es das Ding noch nicht gab, war der Innenhof des Hauses gut zu erkennen. Wenn ich als Kind mit dem Nahverkehrszug vorbeifuhr, winkte ich immer für den Fall, dass meine Oma vielleicht gerade aus dem Fenster schaute.

Vor dem Fenster zur anderen Seite führt der Noorderweg vorbei; heute eine sehr befahrene Straße. Der kleine Tunnel, der früher unter den Gleisen hindurchführte, ist zugeschüttet, und Betties Haus ist einem phantasielosen Bürogebäude gewichen. Ein Stück weiter befindet sich der Eingang zu einem kleinen Firmengelände. Das ist die Stelle, wo mein Vater zwischen den verlassenen Bauwagen mit Bettie gespielt hat. Wo alles begann.

Ich weiß noch nicht mal sicher, ob es wirklich Bauwagen waren. Fast wie besessen habe ich in den letzten Wochen herauszufinden versucht, was für Vehikel es genau gewesen sind. In Monicas Erzählungen waren es einmal Notbehausungen aus der Nachkriegszeit, und ein andermal meinte sie, es seien vielleicht Zirkuswagen gewesen. Die Theorie hinter dieser Vermutung wäre eine eigene Geschichte, aber auszuschließen ist es tatsächlich nicht.

Wie auch immer, ihr Aussehen muss in etwa wie folgt gewesen sein: Wände aus Holzbrettern, das Dach oben rund, dazu ein kleines Fenster und eine Tür, und das Ganze sehr wahrscheinlich auf einem Fahrgestell mit Rädern. Zwar standen sie die meiste Zeit leer, aber es gab immer eine gewisse Möglichkeit, dass plötzlich jemand daraus auftauchte. Besonders das machte diesen Ort zu einem spannenden Niemandsland, und das auch noch auf der falschen Bahnseite. Die perfekte Kulisse für die Ereignisse, bei denen dem kleinen Cees erstmals etwas dämmerte. Ein unbestimmtes Gefühl, dass irgendwas nicht ganz stimmte.

Der Zug läuft auf Gleis drei ein. Draußen muss ich nur noch am Taxistand vorbei, dann bin ich an der Ecke des Koninginneweg, wo ich mit meinem Vater und Meintje verabredet bin. Ich sehe sie ein Stückchen weiter schon dastehen, Monica in einem langen, beigefarbenen Regenmantel, Meintje in ihrer roten Lederjacke. Meintje hat ihre »Räder« mitgenommen, so nennt sie die rollende Gehhilfe, die sie immer dann benutzt, wenn ihre Beine dem Spaziergang nicht gewachsen sind. Monica trägt hohe braune Stiefel mit flachen Absätzen. In Gedanken gratuliere ich ihr zu dieser vernünftigen Entscheidung. Sie brüstet sich oft damit, dass sie besser auf Pfennigabsätzen laufen kann als manche andere Frau, aber offenbar sieht auch sie ein, dass Pumps mit zwölf Zentimeter hohen Absätzen sich nicht mit dem Klinkerpflaster auf dem Markt vertragen.

Es war Monicas Idee, zusammen die Gegend aufzusuchen, in der sie aufgewachsen ist. An einem Mittwoch,

damit wir über den Markt gegenüber von ihrem Elternhaus streunen können; einen Ort, an dem sie sich als
Junge viele Nachmittage lang die Zeit vertrieben hat. Die
Exkursion erscheint ein wenig unsinnig, weil ich Hilversum selbst sehr gut kenne und das Hilversum aus meiner
Erinnerung dem aus Monicas Jugend näher ist als das Pa-
radies für Projektentwickler, als das sich das Dorf gegen-
wärtig präsentiert. Wir sind beide vor mehr als zwanzig
Jahren von hier weggezogen.

Bei der ersten Runde sehen wir hauptsächlich die Dinge, die verschwunden sind. Die große Wasserpumpe und
das Büro des Marktmeisters, die Möbel- und Antiquitä-
tenverkäufer. Anstelle von Lastenfahrrädern stehen Lie-
ferwagen entlang der Stände, und auch die Häuserreihe
am Rand des Marktes ist weg. Dahinter war früher der
Paardenplein, der Pferdeplatz, an dessen Stelle jetzt eine
riesige Baugrube getreten ist.

Den Durchgang, der den alten Paardenplein mit der
Straße meines Vaters verbindet, gibt es allerdings noch.
Ein schmaler Ziegelweg mit einem runden Tor, integriert
in den Häuserblock am Koninginneweg. Es ist einer dieser Schleichwege, den nur Ortskundige kennen und der
einem zufälligen Passanten nicht auffallen würde. Ge-
parkte Autos blockieren die ohnehin schon schmale
Straße.

»Hier waren kleine Handwerksbetriebe.« Monica zeigt
auf eine Reihe von Garagen am Rand der Baugrube.
»Ein Mann goss Türklinken aus heißem Metall in einer
Gießform. Er wurde rasend, wenn wir auf das Dach
seiner Werkstatt sprangen.« Ich folge Monicas Finger
zu dem Durchgang zwischen zwei Garagen. »Hinten
konnte man über ein niedriges Dach raufklettern, und
dann sprangen wir hier von der einen Seite des Gangs auf
die andere.« Der Durchgang ist so schmal, dass wohl

selbst ein Kind die Entfernung mühelos überbrücken konnte.

Wir gehen an der Baugrube vorbei wieder zum Markt. Plötzlich ist es kein gewöhnlicher Markt mehr, sondern ein abenteuerlicher Ort, an dem Kinder unbemerkt treiben konnten, was sie wollten.

Cees fand, dass der Markt anders aussah. Die vertrauten schmalen Wege und die Markthändler mit ihren Waren, sie hatten alle etwas Neues. Er achtete darauf, sich nichts anmerken zu lassen. Ruhig ging er zwischen den Menschen hindurch und dachte an die Dinge, die er normalerweise auf dem Markt tat. Einkaufen mit seiner Mutter, die Tasche mit den Kartoffeln zwischen ihnen. Mit Freunden beim Fischmann Aal stibitzen oder ein kleiner Wettkampf mit sich selbst, wobei er ohne mit jemandem zusammenzustoßen so schnell wie möglich von der einen Seite zur anderen laufen musste.

Er war gern auf dem Markt. Wenn man vor seinem Haus die Straße überquerte, stand man sofort mitten im Gewühl. Von dieser Seite aus kam man erst an den Blumenständen vorbei. Der Duft von Dahlien, Lilien, Rosen, vermischt zu einem neuen Aroma, war für ihn der typische Marktgeruch. Gleich danach, an der Rückseite des Stadtbauernhofs, standen die Marktschreier, mittwochs meistens zwanzig oder mehr. Die hätten mit ihren Salben, Putzmitteln, Werkzeugen und Gerätschaften direkt ins Theater gekonnt.

In den letzten Wochen hatte er seinen Plan sorgfältig vorbereitet, er wusste genau, wohin er musste. Jetzt hieß es, geduldig den richtigen Moment abzuwarten und nichts zu tun, was ihn verraten könnte. Er mischte sich unter die Menge um einen Verkäufer, der gerade die Stoßstange eines Chevrolets blank polierte. Umständlich ließ der

Mann ein Reinigungsmittel aus einer kleinen Flasche auf sein Tuch tropfen (wobei er eine Frau aus dem Publikum kontrollieren ließ, dass es sich lediglich um ein kleines Tröpfchen handelte) und polierte damit eine stumpfe Stelle wieder glänzend. Auf dem Boden lagen alte Fahrradfelgen bereit, um bei der nächsten Vorführung zum Einsatz zu kommen. Normalerweise konnte Cees dem Spiel, das die Marktschreier mit ihrem Publikum veranstalteten, stundenlang zuschauen, aber heute ließ ihn das alles kalt. Trotzdem blieb er stehen, rückte sogar noch etwas weiter nach vorn. Er spürte, wie ihm der Schweiß unter dem Rollkragen seines Wollpullovers brannte. Es war kein Pulloverwetter und erst recht keins für die dicke Jacke, die er noch darüber angezogen hatte.

Nach vier Stunden hatte er lange genug gewartet, er konnte jetzt ruhig nach Hause, ohne dass seine Mutter ihn wieder nach draußen schicken würde. Er löste sich aus der Zuschauergruppe und zickzackte sich einen Weg vorbei an Einkaufstaschen und anonymen Rücken. Von den Marktschreiern lief er an den Käfigen mit Kanarienvögeln und Kaninchen entlang und vorbei an der Wasserpumpe in Richtung der Gemüsestände. Ein Umweg, um alles zu sondieren. Ein letztes Mal ging er alle Möglichkeiten durch und vergewisserte sich, dass die Polizisten, die immer zu zweit ihre Runde machten, nicht in der Nähe waren.

Die Stände mit Nacht- und Unterwäsche standen am Rand des Markts. Bei einem von ihnen war ein Händler dabei, Korsetts vor einer Kundin auszubreiten. Er holte verschiedene Modelle aus seinem Lastenrad (weiß, schwarz, rosa, mit oder ohne Spitze und alle mit Schnürung und komplizierten Häkchen). Der halbe Stand war damit bedeckt. Darunter, wusste Cees, lagen die Mädchenunterhosen aus Baumwolle, die Bettie trug.

Bettie war zu seiner Verwunderung einverstanden gewesen. Unter der Bedingung, dass sie ihre Unterhose anbehalten und dass sie ihn auch pinkeln sehen durfte. Hinter einem Mäuerchen bei der Reinigung hatte sie ihn eingeweiht.

Es war eines der wundersamsten Dinge, die er je gesehen hatte. Bettie hockte breitbeinig und ihm zugewandt da. Der schwarze Stoff zwischen ihren Beinen wurde langsam dunkler von der Nässe, und ein dünner Strahl rann ihr Bein entlang. Es war wundersam, und gleichzeitig fand er es ganz selbstverständlich. Diese Art des Wasserlassens erschien ihm viel logischer und angenehmer als dieses Getue mit einem Schniedel und einem geknöpften Hosenschlitz, wozu er verurteilt war. Ob Bettie das auch so sah, konnte er ihrer Reaktion auf seine eigene Vorführung nicht entnehmen.

Ein Mal Zugucken reichte nicht, um seine Neugierde zu befriedigen. Das heimliche Pinkeln schlich sich als wiederkehrendes Ritual in ihr Spiel, und langsam wuchs in Cees der Wunsch, es selbst auch einmal auf Betties Art zu versuchen. Wenn er seinen Schniedel ganz nach hinten drückte, dann musste es gehen.

Er hatte lange über die Frage der richtigen Unterhose nachgedacht und wie er an eine herankommen konnte. Erst hatte er überlegt, seine eigene Unterhose umzudrehen, mit dem Schlitz nach hinten. Aber schon bald verwarf er diese Idee. Ein paar Schlüpfer seiner Mutter aus der Wäsche zu holen widerstrebte ihm ebenfalls, und eine zu kaufen war erst recht unmöglich. Die Lösung fand er schließlich auf dem Markt.

Er hatte noch nie etwas gestohlen. Zwar stibitzte er manchmal ein paar Kirschen am Obststand, aber das konnte man nicht als Diebstahl bezeichnen, es war eher ein Scherz: Man hängte sich zwei über die Ohren und rannte lachend davon. Der Händler musste vielleicht noch am lautesten darüber lachen. Trotzdem rechnete sich Cees ganz ruhig seine Chancen aus, als hätte er das hier schon hundertmal getan. Seine Angst vor der Polizei war groß, machte ihn jedoch nicht nervös. Es war, als ob er mehr sah, hörte und roch als sonst.

Den Fluchtweg hatte er sich sehr genau überlegt. Nicht geradewegs nach Hause, sondern mit einem irreführenden Umweg über den Paardenplein. Vom Markt aus konnte man nur durch eine kleine Gasse dorthin kommen, die mit einem niedrigen Gatter verschlossen war. Über die mögliche Strafe Gottes hatte er auch nachgedacht. Gott sah alles und ließ sich nicht hinters Licht führen, Cees würde es also schnellstmöglich beichten und Buße tun.

Neben dem Stand, den er ausgesucht hatte, war ein schmaler Durchgang. Cees stand jetzt an dieser Seite des Standes, etwas versteckt zwischen den Nachthemden, die dort hingen, und versuchte interessiert zu wirken an dem, was um ihn herum geschah. Mittlerweile schlug ihm das Herz bis zum Hals. Er durfte jetzt nicht aufgeben, alles verlief genau nach Plan.

Die Korsetts lagen noch über den ganzen Stand ausgebreitet. Ein blinder Griff in einen Karton darunter genügte. Cees fühlte, dass er etwas in der Hand hatte, und schob die Beute unbesehen unter seinen Pullover. Seine Jacke würde die Beule verdecken. Er musste jetzt vor allem ruhig bleiben und einfach weitergehen. Es war, als hätte jemand anderer die Steuerung seiner Beine übernommen. Er wagte es kaum, sich umzuschauen, ob er verfolgt wurde. Der Paardenplein war nicht weit, und einmal jenseits des Gatters rannte er, bis er keine Luft mehr bekam.

Mit einem hastigen Gruß rannte er an seiner Mutter vorbei nach oben. Sicher in seinem Zimmer angekommen, holte er die Unterhosen unter seinem Pullover hervor. Zwei weiße. Nicht schwarz wie die von Bettie und eher auch etwas groß, aber sonst waren sie genau richtig. Schnell versteckte er sie in seiner Kiste mit den Murmeln und stellte diese zurück in den Schrank.

Draußen riefen die Marktleute noch immer durcheinander. Es würde nicht mehr lange dauern, bevor alle ihre Sachen einpackten und die Stände abgebaut wurden. Durch sein kleines Zimmerfenster sah er, wie ein Händler Eimer mit Blumenwasser ausleerte. Cees wusste, dass sein Spiel noch nicht zu Ende war und er immer noch entdeckt werden konnte. Jetzt hieß es nicht länger trödeln, sondern nach unten gehen, wo seine Mutter mit einer Tasse Tee auf ihn wartete.

Noch nie hatte ein Abend so lange gedauert. Er wollte keinen Argwohn erwecken, indem er früh zu Bett ging, und zählte heimlich die Minuten. Selbst nach dem Essen war er unten geblieben und hatte mit Theo so lange Karten gespielt, bis sie endlich hinaufgeschickt wurden.

Beim Licht seiner Batterielampe fischte er die Höschen aus der Murmelkiste. Er drückte seine Nase kurz in die dünne Baumwolle. Im Bett wechselte er die Unterwäsche. Seinen Schniedel klemmte er sich zwischen die Beine. Zufrieden betrachtete er seine neue, glatte Vorderseite. Vorsichtig ließ er ein klein wenig Urin laufen. Sein Po wurde nass und auf dem Bettlaken erschien ein dunkler Fleck. Er erschrak. An den Schweinkram, den es machen würde, hatte er nicht gedacht, und der einzige Wasserhahn war unten in der Küche. Er fragte sich, wie groß die Gefahr war, dass seine Mutter etwas bemerkte. Morgen war der Fleck bestimmt getrocknet, und die Unterhose konnte er wieder im Schrank verstecken. Beim nächsten Mal würde er irgendwas unterlegen.

5

Monica preist sich glücklich, dass ihre Eltern nicht mehr leben. Sie vermutet, die Nachricht, sein Sohn sei eigentlich eine Tochter, hätte bei ihrem Vater einen akuten Herzanfall ausgelöst. Mit einem Schlag hätte es ihm das Fundament seines Status in der Verwandtschaft weggezogen.

Die Geburt meines Vaters im Hungerwinter von 1945 muss für seine Eltern ein Segen in jeder Beziehung gewesen sein. Sie verschaffte ihnen nicht nur das Recht auf zusätzliche Lebensmittelkarten, weil sie jetzt zu dritt waren, sondern steigerte darüber hinaus auch ihr Ansehen innerhalb der Verwandtschaft, weil sie einen Stammhalter hervorgebracht hatten. Stolz schlachtete mein Großvater das letzte der Kaninchen, die er in seinem Schuppen gehalten hatte, und servierte dem Besuch am Wochenbett Erbsensuppe mit Fleisch.

Mein Großvater hatte über seinem Stand geheiratet, und die Verwandtschaft meiner Großmutter nutzte jede Gelegenheit, ihm das aufs Butterbrot zu schmieren. Meine Großmutter war die Tochter des Schulvorstehers in Stampersgat, eines angesehenen Mannes, zu dem die Dorfbewohner aufschauten. Mein Großvater dagegen war ein Junge von der Gewerbeschule und einfacher Herkunft. Die Ehe war ein Makel auf dem guten Namen der Familie, und die Eltern meiner Großmutter waren nicht zur Hochzeit gekommen.

Die Schwester meiner Großmutter hatte es besser gemacht. Sie war mit einem studierten Mann verheiratet, der es genau wie sein Schwiegervater zum Schulvorsteher gebracht hatte. Frans war der Liebling der Familie.

Mit der Geburt seines Sohnes hatte mein Großvater Frans endlich eingeholt. Er hatte einen Stammhalter, während sein Schwager nur Töchter hervorgebracht hatte. Am Ende ihres Lebens würde es zwei zu null stehen. Frans bekam sieben Töchter. Das achte Kind, endlich ein Sohn, starb wenige Wochen nach der Geburt.

Jahrelang hatte mein Großvater als einziger Sohn eines Zimmermanns aus Oosterhout selbst den Status des Stammhalters innegehabt. Theo Bul hieß er damals noch. Als er sechzehn war, stand die Welt plötzlich kopf. Sein Chef vom Reparaturdienst für Wasseruhren in Breda rief ihn zu sich, weil seine Anmeldung nicht hinhaute. Warum hatte er einen falschen Namen verwendet? Das Standesamt kannte keinen Bul mit seinem Geburtsdatum.

Nachfragen ergaben, dass seine Geburtsurkunde nur den Namen einer ihm unbekannten Mutter erwähnte. Johanna Sips, Dienstbotin in Nijmegen. Und keinen Vater. Das Ehepaar Bul, das er immer für seine Eltern gehalten hatte, reichte zum Trost einen Antrag auf Namensänderung ein. Anderthalb Jahre später, am 9. Februar 1933, wurde ihm per Königlichem Beschluss gestattet, den für ihn so vertrauten Familiennamen offiziell dem Namen hinzuzufügen, den er bei seiner Geburt mitbekommen hatte. Mein Großvater wurde zum Urvater eines neuen Familienstamms, dem der Familie Sips Bul.

Vierzig Jahre später würde mein Vater einen entgegengesetzten Antrag beim Gericht einreichen. 1975 wurde der Name Bul, an dem sein Vater so gehangen hatte, aus seiner Geburtsurkunde gestrichen. Damit ließ er keinen Zweifel daran, dass sich unsere Familie über die weibliche Linie fortgepflanzt hatte und dass ein echter männlicher Stammvater fehlte.

6

Cees rannte direkt nach oben, um seine Rollschuhe zu holen. Er hatte gerade noch ein halbes Stündchen, bevor es Essen gab. Auf dem Rückweg wäre er fast mit seiner Mutter zusammengestoßen.

»Du setz dich einmal her!« Ihre Stimme klang scharf. »Weißt du, wer heute Nachmittag hier war?« Natürlich wusste er das nicht. Er zwickte kurz in die Riemen seiner Rollschuhe. »Frau van Laar ist hier gewesen.«

Schweigend setzte er sich. Betties Mutter kam nie einfach nur der Freundschaft wegen zu Besuch.

»Weißt du, was sie mir erzählt hat?«

»Nein?« Er schaute seine Mutter fragend an, während die Antwort langsam in seinem Bauch hochgekrochen kam.

»Sie hat von den merkwürdigen Spielchen erzählt, die du mit Bettie spielst.« Er suchte Halt bei seinen Schuhspitzen. Ob jemand sie gesehen hatte? Oder hatte Bettie ihrer Mutter davon erzählt?

Seine Mutter redete weiter von ihrem guten Ruf und wie er der ganzen Familie zur Schande gereichte. Dass die Nachbarn denken würden, sie würde ihre Jungs nicht gut erziehen, war das Schlimmste, was ihr in ihren Augen zustoßen konnte. Cees war das nicht so wichtig. Ihn sorgte es eher, ob sie es seinem Vater erzählen würde.

Wie gewöhnlich stellte sie keine Fragen, aus Angst, die Antwort nicht ertragen zu können. Sie stellte es so dar, als wäre hauptsächlich Betties Mutter das Problem. Die war ihr gegenüber wohl ziemlich ausfallend geworden. »Ich an deiner Stelle würde ihr vorläufig aus dem Weg gehen.«

»Ja, Mama.«

»Und Bettie«, fügte sie zögernd hinzu, »Bettie lässt du künftig in Ruhe.«

In den darauffolgenden Tagen versuchte er herauszubekommen, was genau passiert war und wie schlimm es war. Mehr als einmal suchte er Betties Nähe, aber es gelang ihm nicht, mit ihr in Kontakt zu treten. Wenn er auf seinen Rollschuhen ankam, drehte sie sich schnell in die andere Richtung. Sie beteiligte sich auch nicht mehr an den Tunnelwettrennen, die er organisierte.

Seine Eltern hatten die Situation inzwischen auch miteinander besprochen, und eines Abends nach dem Essen kassierte sein Vater die Rollschuhe. Die Mühe, seine Strafe zu erläutern, machte er sich nicht; Cees würde den Grund dafür schon selbst begreifen.

7

So war es nicht«, sagt Monica. Wir fahren in ihrem VW-Passat, der dreihunderttausend Kilometer auf dem Tacho hat, über eine deutsche Autobahn. Den Wagen zu ersetzen wäre ein unverantwortlicher Luxus, denn vielleicht braucht sie ihr Erspartes demnächst für die Transformation. Wir sind unterwegs zu einem Kurzurlaub im Schwarzwald, zum ersten Mal seit gut fünfundzwanzig Jahren. Meine Schwester sitzt neben Monica, und ich sitze hinten mit einer Tasche voll Proviant, den uns Meintje mitgegeben hat. Ich fülle Bugles mit Streichkäse aus der Tube und reiche eins nach dem andern nach vorne durch.

»Hinterher ist es einfach, mein Leben als eine Aneinanderreihung von Vorfällen zu beschreiben, die mit Mädchendingen zu tun haben. Als ob das alles beherrschend gewesen wäre und ich immer bewusst nach einer Möglichkeit gesucht hätte, meine weibliche Seite auszudrücken. Aber so war es nicht.« Wir reden über ein Ereignis, das Monica in früheren Gesprächen als »entscheidend« bezeichnet hat, weil sich ihr die Grenze zwischen Jungen und Mädchen in diesem Moment erstmals so richtig offenbarte. Jetzt schwächt sie dessen Bedeutung ab.

Das erste Mal, als ich davon hörte, sah ich es wie die Eröffnungsszene eines Films vor mir. Ein siebenjähriger kleiner Junge in einer großen, stillen Eingangshalle. Maria und Jesus blicken aus Buntglasfenstern auf ihn herunter. Er trägt eine kurze Hose, und sein dunkles Haar ist ordentlich gescheitelt und im Nacken kurzgeschoren. Aus der Halle führt ein langer Flur nach hinten durch. Von ihm gehen die Klassenzimmer ab. Spärliches Tageslicht fällt durch die Innenfenster der Klassen auf den Steinfußboden. Jacken an niedrigen Garderoben. Ab und zu hört man in der Ferne eine sich öffnende Tür, das vage Stimmengeräusch hallt in der großen Leere wider.

Ich schöpfe aus meinen eigenen Erinnerungen; wenige Jahre bevor das Gebäude abgerissen und durch einen potthässlichen Neubau ersetzt wurde, bin ich selbst in diese Schule gegangen.

In meinem Film senkt sich die Kamera langsam und zoomt auf den kleinen Jungen, erst noch von hinten. Er steht in einer Ecke unter einer breiten Treppe, die sich von der Halle aus nach oben windet. Einsam? Verloren? Dann kommt sein Gesicht ins Bild. Er scheint sich doch ganz wohl zu fühlen. Er steht einfach nur da, ein wenig verträumt. Von Tränen oder einem Schmollmund keine Spur. Fast zufrieden schaut er um sich.

Er befindet sich auf verbotenem Gelände. Eine halbe Stunde vorher hat ihn die Direktorin der Mädchenschule an diese Stelle gebracht. Davor hatte sie ihn in Anwesenheit einer ganzen Klasse kichernder Mädchen ausgeschimpft. »Du gehörst nicht hierher!«, hatte sie gerufen. Der Junge verstand rein gar nichts mehr, er war doch zur Schule gekommen? Mehr oder weniger zufällig hatte er nach einem Murmelspiel mit seinem Nachbarsmädchen beim Läuten der Schulglocke auf dem falschen Pausenhof gestanden. Brav hatte er sich hinten in die Reihe mit Mädchen angestellt, und erst beim Hineingehen hatte ihn eine erschütterte Lehrerin entdeckt.

Die Anekdote ist schon einige Male erzählt worden, und ich weiß immer noch nicht, was ich damit anfangen soll. Falls Cees tatsächlich in die falsche Schule hineingegangen war, ist das kein Beweis dafür, dass er schon damals lieber ein Mädchen gewesen wäre; in diesem Punkt hat mein Vater recht.

»Ja«, gebe ich zu, »vielleicht ergibt es ein schiefes Bild, wenn man alles so hintereinander aufschreibt.« Ich zweifle. In Gedanken gehe ich alles noch einmal durch: mehr Freundinnen als Freunde, eine Vorliebe für Mädchenspiele und auch noch dieses frohe Gefühl in der Mädchenschule. Kein typisches Jungenverhalten.

»Derartige Ereignisse erzählt man den Psychologen«, argumentiert Monica. »Die wollen gern hören, dass man sein ganzes Leben gelitten hat, so als hätte man nur dann ein Anrecht auf Hilfe. Aber ich habe ein ziemlich nettes Leben gehabt, und als Frau hätte ich nie dieselbe Karriere machen und so viel Geld verdienen können wie als Mann. Dank Cees kann ich jetzt problemlos Monica sein.«

Ich frage mich, ob er das nicht nur jetzt im Nachhinein so sagt.

Bei einer Raststätte an der A 61 reihen wir uns in die Schlange vor der Damentoilette ein. Es ist ein etwas heruntergekommener Raum mit standardisierten Fertigkabinen. Um uns herum klingen Spülgeräusche, Türen knallen auf und zu. Bei jedem Knall scheinen die Wände der Klos mitzuzittern.

»Ich bin ja so neidisch auf dieses Röckchen!«, ruft mein Vater. Mein Wickelrock besteht aus verschiedenen Stoffarten, die in vertikalen Bahnen zusammengenäht sind. Kleine und größere Blumenmuster im Wechsel mit einem Paisley-Motiv, es ist eine Art Patchwork. »Du musst mir noch die Adresse von diesem Laden geben.« Es klingt ein wenig entrüstet. Selbst trägt mein Vater auch einen Wickelrock, einen braunen, unifarbenen mit einer Falte. Ich ziehe mein Handy aus der Jackentasche und tippe den Namen des Ladens ein. »Schickst du sie auch gleich an mich?«, fragt Sietske.

Mein Vater ist nicht meine Mutter, dennoch erwecken wir wahrscheinlich folgenden Eindruck: eine ältere Frau unterwegs mit zwei jüngeren, die überdeutlich Schwestern sind. Obwohl die Operation noch bevorsteht und die

Hormonbehandlung noch nicht angefangen hat, ist mein Vater eine sehr weibliche Frau und kein Mann mit Perücke. Finde ich. Manchmal kostet es mich Mühe, weiter zu schauen als auf den Mann, der mein Vater immer war oder zu sein versucht hat. Meine Schwester und ich tun jedenfalls so, als wäre es für uns ganz normal. Seht, da stehen wir. Wir machen Witze, wühlen in unseren Taschen und besprechen, was wir essen werden. Ein fröhliches, genetisch miteinander verbundenes Trio. Meine kleine Schwester und ich und unsere ... Monica.

»Ich bleibe einfach euer Vater«, sagt Monica oft. Dieses Wort beinhaltet sämtliche Informationen über unser Verwandtschaftsverhältnis, und das verändert sich nicht. Trotzdem ist es seit ihrem Coming-out eine Art Geheimnis, das nur Eingeweihte kennen. Und wäre es nur, um dieser neuen Frau eine ehrliche Chance zu geben. Monica kontrolliert ihr Make-up im Spiegel über dem Waschbecken und nestelt ein bisschen an ihrer Frisur herum, unsicher, ob sie auch »passabel« ist. Merken die Leute um uns herum etwas? Für sie gibt es kein größeres Kompliment, als wenn sie ein Fremder spontan als Frau anspricht. Ich achte darauf, sie nicht zu verraten. Mehr als vierzig Jahre habe ich »er« und »ihm« und »ihn« gesagt, und ein Versprecher ist schnell gemacht.

Um zehn Uhr morgens riecht es in dem Hotel nach gebratenen Zwiebeln. »Mein Mann macht die Soße für die Knödel«, strahlt die Wirtin. In ihrem Dirndlkleid sieht sie aus wie die Mutter von Heidi. Eine Wand des Restaurants hängt voll mit vergilbten Ahnen. Hier wird der Begriff »Familie« bis auf den letzten Tropfen ausgequetscht.

Mühelos schaltet die Frau von den Zwiebeln auf das Wohl und Wehe ihrer Söhne um. Gestern Abend hat sie uns bis spät Wein nachschenken dürfen, und offenbar zählen wir jetzt zu ihren Intimi. Wir lernen die Namen ihrer Enkelkinder, und sie weist uns auf das Porträt ihres Schwiegervaters hin.

Dann kann sie die Frage nicht länger hinausschieben. Wir seien doch sicher auch miteinander verwandt? Sietske und ich nicken freundlich und schauen unseren Vater an. »Ja«, beeilt sich Monica zu sagen, »die beiden sind meine Töchter.«

Vor siebenundzwanzig Jahren übernachteten wir in einem Nachbardorf. Auf einer Hotelterrasse hoch oben auf dem Berg aßen wir Forelle mit Mandeln und tranken deutschen Weißwein. Meine Schwester war damals nicht mit dabei; ich denke, das war in der Zeit, als sie unseren Vater nicht sehen wollte. Ich hatte zum ersten Mal in meinem Leben ein eigenes Hotelzimmer und kam mir viel älter als vierzehn vor. Danach sind wir nie mehr zusammen in Urlaub gefahren.

»Ich will auch mal ein Wochenende mit euch weg«, sagte Monica vor einigen Monaten plötzlich. Erst jetzt wagte sie zuzugeben, dass sie »durchaus ein bisschen eifersüchtig« auf den jährlichen Trip war, den meine Schwester und ich mit unserer Mutter machten.

Niemand hatte jemals die Initiative zu einem Vater-und-Töchter-Wochenende ergriffen, und wir fanden das alle drei durchaus in Ordnung so. Gestern Abend, einige Zeit nachdem Frau Wolber die zweite Flasche Blauburgunder entkorkt hatte, ließ Monica die Katze aus dem Sack. »Ich fand es fürchterlich, euch zu jungen Frauen heranwachsen zu sehen. Ich wäre selbst liebend gern eine gewesen.« Also hatte sich unser Vater langsam zurückgezogen.

8

Ex-Soldat wird Sexbombe. Anfang der 50er-Jahre war die Weltpresse im Bann einer bizarren Geschichte. Der sechsundzwanzigjährige Amerikaner George Jorgensen hatte das Geschlecht gewechselt und lebte nun als Christine, eine sexy Blondine, die in jeder Hinsicht eine Frau war. Jedenfalls, wenn man den Fotos glauben durfte.

Es wurde viel spekuliert. War Christine Jorgensen denn ein echter Mann gewesen? Nur wenige konnten glauben, dass es technisch möglich war, einen Männerleib in den Körper einer Frau zu verwandeln. Vielleicht war Christine ja nicht mehr als ein gut gelungener Transvestit und damit faktisch immer noch ein Mann.

Die medizinischen Details blieben unklar. Mangels eines amerikanischen Chirurgen, der ihr helfen wollte, hatte sich Christine ihrer Operation in Dänemark unterzogen, und ihre Ärzte wollten nicht mit der Presse reden. Stattdessen kamen andere Spezialisten zu Wort, die bestätigten, dass derartige »Fehler der Natur« öfters vorkämen.

Christine selbst gab sehr gern Interviews, und es war diese Offenherzigkeit in Kombination mit ihrer verblüffenden Erscheinung, die ihr schon bald zum Status einer Diva verhalf. Sie erschien in sämtlichen Blättern, ließ sich in koketten Posen fotografieren und war überschwenglich in allem. Alle liebten Christine Jorgensen, die erste Transsexuelle der Welt, die sich einer geschlechtsverändernden Operation unterzogen hatte.

Nachdem ich das von meinem Vater wusste, sah ich überall Transgender herumlaufen. Vielleicht weil es mich gerade so sehr beschäftigte, genau wie damals während meiner Schwangerschaft, als es auf der Straße vor dicken Bäuchen nur so wimmelte. Ich verschlang alle Informationen, die ich finden konnte. Ich googelte Begriffe wie »Gender-Dysphorie«, »Transgender und Familie«, »sex reassignment«, »Transfrau«; alles, was mir nur einfiel. Die Menge an Suchergebnissen machte mich schwindelig. Ich wunderte mich vor allem über die vielen Videos mit den Bekenntnissen junger Transgender auf YouTube. Die eine berichtete von ihrem Coming-out, und eine andere gab Tipps für ein erstes Date. Ich lernte, wie ein Mann mit einer abgeschnittenen Socke und einem elastischen Haarband seine Genitalien so verschwinden lassen kann, dass in einem Bikini nichts mehr davon zu sehen ist. Manche führten ein Online-Tagebuch, und ich sah viele Vorher-nachher-Fotomontagen.

Auch von medizinischen Details quoll das Internet über: Broschüren und Videos, in denen erklärt wurde, wie eine geschlechtsangleichende Operation vonstattengeht. Ich wagte sie nicht zu öffnen und scrollte schnell weiter. Auch ohne detailliertes Bildmaterial verstand ich, dass heutzutage sehr viel möglich war. In dieser Hinsicht war es ein angenehmer Gedanke, dass mein Vater erst jetzt am Anfang seiner Wegstrecke stand; ich mochte mir gar nicht ausmalen, sie hätte sich einer solchen Operation in einer Zeit unterzogen, als Chirurgen das Rad noch erfinden mussten.

Das war Ende der 20er, Anfang der 30er Jahre des vorigen Jahrhunderts, lernte ich. Eine Frau wurde zum Mann in einer Londoner Klinik, und in Deutschland unterzogen sich zwei Männer einer Umwandlung zur Frau. Es gab auch noch frühere Berichte, vornehmlich von Männern, die sich kastrieren ließen, aber das musste eher als Verzweiflungstat denn als eine medizinisch fundierte Technik gesehen werden. Jedenfalls war Christine Jorgensen, die mehr als zwanzig Jahre später operiert wurde, nicht die Erste.

Weitere wissenschaftliche Quellen bestätigten die Berichte, die ich im Internet gelesen hatte. Die früheste dokumentierte Geschlechtsoperation vom Mann zur Frau wurde zwischen 1930 und 1931 in Deutschland an einem gewissen Rudolph Richter vorgenommen. Jahrelang hatte er ein Doppelleben geführt: Den Sommer über war er Kellner in Berliner Hotels, und außerhalb der Saison lebte er als Frau und nannte sich Dora. Richter hatte sich von dem Sexualwissenschaftler Magnus Hirschfeld helfen lassen.

Hirschfeld hatte sich schon Ende des 19. Jahrhunderts für Homosexuelle eingesetzt und schrieb 1910 das erste Standardwerk über das Phänomen der Travestie. Männer, die Frauenkleidung trugen (und in geringerem Umfang Frauen, die sich wie Männer kleideten), waren schon häufiger in Büchern aufgetaucht, aber immer unter einem anderen Schlagwort. Zu den »Transvestiten«, die Hirschfeld beschrieb, gehörten nicht nur Männer, für die das Sich-verkleiden ein erotisches Hobby war, sondern auch solche, die dauerhaft als Frau leben wollten.

Hirschfeld war der Erste, der Transsexualität öffentlich als ein Problem anerkannte, das mit Hormonbehandlungen und plastischer Chirurgie angegangen werden könne. Übrigens ohne es so zu nennen; der Begriff »Transsexualität« kam erst in den 1960er Jahren auf. Im Jahr 1922 organisierte er für Richter zunächst eine Kastration. Der Gedanke dahinter war, dass er so kein Testosteron mehr bilden konnte, was möglicherweise einen positiven Effekt auf seinen Körperbau haben würde. Acht Jahre später hatte Hirschfeld Ideen für eine Operation entwickelt, bei der man den Penis durch eine Vagina ersetzte. Er fand zwei Chirurgen, die bereit waren, bei Dora

Richter eine derartige Geschlechtsumwandlung vorzunehmen.

Der dänische Künstler Einar Wegener wird überall in einem Atemzug mit Richter genannt. Er wurde um dieselbe Zeit operiert, auch nach Vermittlung durch Hirschfeld. In einer Serie von Operationen wurden seine männlichen Geschlechtsorgane entfernt, und er bekam Eierstöcke implantiert. Wegener ließ sich »Lili Elbe« nennen; ein Name wie aus einem Märchen.

Für Lili war die Umwandlung vom Mann zur Frau erst dann wirklich vollendet, wenn sie imstande sein würde, Kinder zu gebären, und darum erhielt sie zuletzt – wahrscheinlich, denn nirgendwo steht es wörtlich beschrieben – auch eine implantierte Gebärmutter. Ein paar Monate nach diesem letzten Eingriff verstarb sie im Schlaf an einem Herzstillstand, vermutlich infolge der misslungenen Transplantation. Die Umstände ihres Todes und die Tatsache, dass sie eine Autobiographie hinterließ, sorgten dafür, dass ihre Geschichte noch bis in unser Jahrhundert die Phantasie beschäftigt.

Hitler zufolge war Magnus Hirschfeld »der gefährlichste Jude in Deutschland«. Hirschfeld flüchtete und starb 1935 in Nizza. Das Institut für Sexualforschung, in dem er die unterschiedlichsten Formen der Sexualität dokumentiert hatte, wurde 1933 von den Nazis angezündet. Manche glauben, dass Dora Richter, die nach ihrer Operation als Dienstmädchen in dem Institut gearbeitet hatte, bei diesem Anschlag ums Leben gekommen ist. Noch vor Kriegsbeginn waren alle Hauptakteure tot oder verschwunden, und niemand schien sich mehr für die Sache starkzumachen.

9

Ich kann mich nicht erinnern, ab wann mein Vater Anzüge getragen hat. Den Wechsel zu den dunkelgrauen Jacketts mit Kreidestreifen und den bunten Krawatten, die jetzt auf dem Esstisch liegen, habe ich nicht mitbekommen. Das blau-rot karierte Hemd und die dunkle Jeans, die über der Stuhllehne hängen, erkenne ich dagegen wieder. Die sind relativ neu, und ich erinnere mich noch, dass sie mir für meinen Vater ungewohnt frivol vorkamen. Ich sah es als ein letztes Aufbäumen in dem Versuch, etwas von seiner immer mehr ins Hintertreffen geratenden Jugend zu erhalten.

Die Anzüge sind schon ein halbes Jahr nicht angerührt worden. Zunächst hielt Monica sie noch für Notfälle in der Hinterhand, aber inzwischen wissen alle in der direkten Umgebung, dass es Cees nicht mehr gibt. Meintje kontrolliert nochmals alle Taschen nach vergessenen Dingen. Blisterstreifen mit Rennies, eine Telefonnummer auf der Rückseite eines Parkscheins. Viele Stifte.

Mit großer Geschwindigkeit zieht sie alle Anzüge von ihren Bügeln, faltet sie zusammen und steckt sie in große Tüten. Das Ganze in einer einzigen, durchgehenden Bewegung, als stünde sie am Fließband. Die Tüte mit der Linken aufhalten, den Stapel mit der Rechten hineinschieben, die volle Tüte in die Reihe neben dem Tisch stellen. Die Tüte mit der Linken aufhalten – bei manchen Kleidungsstücken stockt der Prozess, und sie schaut noch mal richtig nach. Eine Mütze mit einer Reklame für irischen Whiskey bringt sie zum Lächeln. »Die werfe ich nicht weg«, flüstert sie, »Pech gehabt!«

Es ist Direktorenkleidung. Die trug mein Vater noch nicht zu der Zeit, als meine Eltern zusammen in einem

Haus wohnten. Vielleicht am Schluss, als er kaum noch zu Hause war, aber daran erinnere ich mich nicht mehr. Der Vater meiner frühen Jugend trug eine Strickweste, die immer weiter ausleierte wegen des ganzen Zeugs, das er in die Taschen stopfte. Zigaretten, Kalender, Sitzungsunterlagen. Zweifellos auch viele Stifte, aber noch keine Rennies, vermute ich. Sein Markenzeichen waren Lederslipper, die wir seine »Pantoffeln« nannten. Die trug er auch im Winter, mit Frotteesocken.

Als mein Vater mit vierundzwanzig Schulvorsteher wurde, beauftragte ihn die Berufungskommission, Kleidung zu tragen, die besser zu seiner Funktion passte. Man dachte dabei wahrscheinlich an solides Schuhwerk und ein Jackett anstelle einer Weste, aber mein Vater machte sich nichts aus dem Gebot und lief einfach weiter in seiner alten Kluft herum. Quasi als Kompromiss kaufte er einen beigefarbenen Cordanzug, den er zu besonderen Gelegenheiten trug. Auf dem einzigen Foto, das ich davon habe, schauen darunter immer noch diese Slipper und Socken hervor.

Ich vermute, die ordentlichen Anzüge haben sich eingeschlichen, als die Karriere meines Vaters einen Aufschwung nahm, er in Arbeitsgruppen des Kultusministeriums landete und mit dem Staatssekretär zusammenarbeitete. Etwa zeitgleich müssen auch die Slipper verschwunden sein. Vielleicht wurden seine Anzüge noch etwas teurer, nachdem er als Spezialist für die Automatisierung des Unterrichts in die Wirtschaft gewechselt hatte. In dieser Zeit wohnten meine Mutter, meine Schwester und ich schon woanders, und ich sah meinen Vater nie mehr von der Arbeit kommen. Wenn ich ihn in seiner Freizeit traf, trug er die wohlanständige Version seiner ehemaligen Kluft: eine Bügelfaltenhose mit leichten Schnürschuhen und einen ordentlichen, aber bequemen Pullover. Immer denselben.

»Cees machte sich nichts aus Kleidung«, sagt Meintje und schiebt einen Stapel leerer Bügel beiseite. »Am liebsten trug er eine olle Hose und einen ollen Pullover.« Sie schüttelt den Kopf, als wäre sie immer noch erstaunt darüber. »Monica würde man niemals so erleben.«

Das stimmt. Als ich das erste Mal bei Monica zu Besuch kam, öffnete sie sofort ihre Kleiderschränke, um mir ihre Riesensammlung an Schuhen und Kleidern zu präsentieren. Ein Lieblingsstück nach dem anderen zog sie daraus hervor und versah es mit Kommentaren; ob zum Muster, zum Stoff oder zum Preis und zum Geschäft, wo sie die Sachen gekauft hatte.

Cees habe ich nie auch nur eine Bemerkung über seine eigene Kleidung machen hören. Aber er hatte schon eine deutliche Meinung zu dem, was wir trugen. »Da hast du dir ja einen wunderbaren Müllsack angezogen«, konnte er einem dezent zu verstehen geben, wenn es ihm nicht gefiel.

Zu Weihnachten waren die Verkleidungsorgien am schlimmsten. »Zieht ihr euch bitte etwas Schönes an?«, bat mein Vater, wenn er uns einlud. Damit halste er mir einen wochenlangen Stress auf. In den letzten Jahren trug ich ein Kleid, das gerade noch als »Abendkleidung« durchging; ein schwarzes, schlichtes Ding mit einem Ballonrock und einem Oberteil, das immerzu runterrutschte, weil meine Größe ausverkauft gewesen war. Offenbar hatte ich damit im ersten Jahr seinen Geschmack einigermaßen getroffen, denn ich habe das Kleid daraufhin zu meinem festen Weihnachtsoutfit erkoren. Meine Mutter war weniger erfreut über die Wahl und packte im darauffolgenden Jahr stillschweigend ein passendes Jäckchen zwischen die Nikolausgeschenke.

Mein Vater trug zu Weihnachten einen Smoking mit

bordeauxroter Fliege und Bauchbinde. »Zur Verhüllung meiner Leibesfülle«, sagte er dann und rieb sich lachend über den Bauch. Man konnte sehen, dass er den ganzen Glitter und Glamour genoss und sich als Herr und Meister des Abends fühlte.

Solche Besuche bei meinem Vater hatten immer mehr von einer Theatervorstellung als von einem gemütlichen Beisammensein. Besonders in der Zeit, als seine Eltern noch lebten, schien es, als spielten wir alle eine Rolle in einem sorgfältig von meinem Vater inszenierten Stück. Meinen Großvater plazierte er als Publikum in die erste Reihe. So konnte er dem Alten zeigen, wie gut er doch dastand und wie wenig sich dessen böse Prophezeiungen bewahrheitet hatten.

Mein Großvater sagte bei diesen Gelegenheiten nie viel. Meistens saß er zurückgelehnt in einem großen Lehnsessel und nippte ruhig an seinem Wein, oder er knabberte die ungesalzenen Nüsse, die er ungefähr in Kinnhöhe auf seiner gestreckten Hand vor sich hielt. Mit äußerster Konzentration steuerte er Daumen und Zeigefinger seiner anderen Hand zwischen dem Nusshäufchen und seinem Mund hin und her. Oft blieb ein Krümel an seinen Lippen hängen, den meine Oma anschließend geniert wegwischte. »Ach, Mensch!«, murmelte Opa dann irritiert und schob Omas Hand beiseite. Ansonsten schien er unsere Gesellschaft zu genießen. In den seltenen Momenten, wenn eine Stille im Gespräch eintrat, schaute er mit vergnügt funkelnden Augen durchs Zimmer und sagte dann etwas wie: »Da schweigt des Sängers Höflichkeit.« Oder: »Ich verstehe zwar nichts von Wein, aber dass der hier schmeckt, das weiß ich.« Wenn er zu Ende gesprochen hatte, lächelte er zufrieden und zog sich wieder in seinen Kokon zurück.

Nach einer Serie von Hirnblutungen war mein Großvater nur mehr ein Schatten des Mannes, der er einst gewesen sein muss. Die erste traf ihn, als er in den Fünfzigern war, ich war da noch nicht geboren. Aus den Erzählungen wusste ich, dass Opa Instrumentenbauer gewesen war. Ich dachte dabei zunächst an Musikinstrumente, obwohl ich mich fragte, warum ich noch nie eine Gitarre, Klarinette oder wenigstens eine Blockflöte in ihrer Wohnung gesehen hatte. In Wirklichkeit war mein Großvater elektrotechnischer Instrumentenbauer gewesen; ein Beruf, der eine solche Präzision erforderte, dass er ihn nicht mehr ausüben konnte, als seine Augen nachließen. Also wurde er zum REFA-Techniker befördert, was beinhaltete, dass er kontrollieren musste, in welcher Geschwindigkeit seine Kollegen ihre Produkte ablieferten. Nicht lange danach bekam er seinen ersten Schlaganfall und wurde schließlich ganz für arbeitsuntauglich erklärt.

Das halbe Leben hatte mein Großvater seine Hände für sich sprechen lassen, und jetzt blieb ihm nur noch das Schweigen. Erst viele Schlaganfälle später schien er sich damit abgefunden zu haben. In den Augen meines Vaters war er ausgeschaltet und damit ungefährlich geworden.

Die Vorstellung begann schon nachmittags mit Geschenken unter einem Trumm von einem Weihnachtsbaum, der leicht bis an die Decke reichte. Das war eine neue Tradition, die mein Vater nach der Scheidung eingeführt hatte. Meiner Mutter war das Nikolausfest zugefallen, und ich denke, er freute sich, davon erlöst zu sein.

Ich war immer erleichtert, wenn wir zu Tisch gingen. Mein Vater servierte ein Diner mit vielen Gängen, wofür er tagelang in der Küche gestanden haben musste. Mit dieser Art von Schick konnte ich etwas anfangen. Auf kleinen Menükarten neben unseren Tellern war zu lesen, was er dieses Jahr für uns in petto hatte; die Gerichte fußten auf der klassischen französischen Küche. Ochsenschwanzsuppe und Fischröllchen mit einer Soße »à la Corneille« (»Ich phantasiere auch bloß munter drauflos«, sagte mein Vater) oder Froschschenkel und Salat mit geräucherter Entenbrust. Das Hauptgericht war meistens irgendwas mit Wild. Hirschsteaks, Hasenrücken, Wildschweingulasch. Manchmal gab es Kaviar (»den *echten* Beluga«) und immer ein Spoom. So ein Glas Sekt mit einer Kugel Eissorbet war für mich der Gipfel des Luxus – in den 80er Jahren stolperte man noch nicht in jedem willkürlichen Speiselokal über den Prosecco –, und ich war stolz zu wissen, was das war und wie man es zubereitete, obwohl ich das in meinem Leben noch nie getan hatte.

Essen, das war die Sprache, die ich mit meinem Vater teilte. Bei jedem Gang ging ich in den Erläuterungen, die er zur Zusammensetzung des Gerichts machte, förmlich auf. Ich fragte nach den Zutaten, die er verwendet hatte, und der Art und Weise der Zubereitung.

Noch immer gehört Essen zu den glücklichsten Erinnerungen, die ich an meinen Vater habe. Im Urlaub in Spanien backten wir selbst in Olivenöl Chips aus hauchdünn geschnittenen Kartoffeln und aßen Fisch auf einer Terrasse am Boulevard. Muscheln, Tintenfisch und frittierte Sardellen, die mitsamt Gräten und allem verschlungen wurden. Wir trauten uns, die abenteuerlichen Gerichte auf der Karte zu bestellen, während sich meine Mutter und meine Schwester für eine sicherere Option entschieden. Selbst wenn mir einmal etwas nicht schmeckte, lobte ich es über den grünen Klee, um unserer Allianz nicht zu schaden.

Meintje schiebt die letzten Kleidungsstücke von Cees in eine Tüte. »Was ich nicht ertrage, ist, wenn Monica über Cees herzieht.« Sie sagt es heftig. »Das habe ich ihr auch gesagt: Das lässt du bitte schön bleiben!«

Ich verstehe, was sie meint. Monica würde Cees lieber gestern als heute begraben, und alles, was mit ihm zu tun hat, scheint sie verbannen zu wollen.

»Ich kann zwar sagen, dass ich mich in den Inhalt und nicht in die Hülle verliebt habe, aber das heißt doch noch nicht, dass man alles einfach so wegwirft!«

Ich bewundere Meintje für die Überzeugung, mit der sie sich hinter die Umwandlung meines Vaters geklemmt hat. Ohne sie wäre Monica vielleicht noch immer nicht zum Vorschein gekommen. Ich habe keine Ahnung, wie ich selbst reagieren würde, wenn mein Freund auf einmal als Frau weiterleben wollte. Wahrscheinlich würde ich mich nach einiger Zeit doch auf die Suche nach einem neuen Mann begeben; die Hülle ist in einer Liebesbeziehung ja nicht ganz unwichtig. Auch für Meintje war es nicht selbstverständlich, mit Monica weiterzumachen. »Du wirst dir alle Mühe geben und dafür sorgen müssen, dass ich mich auch in Monica verliebe«, hatte sie anfangs gesagt.

»Wie macht ihr das eigentlich mit Fotos?« frage ich. Ich muss an die Aufnahmen denken, die ich von meinem Vater bekommen habe.

Es dauert eine Weile, bevor Meintje mir antwortet. »Ich habe auf meinem Bildschirmschoner noch ein paar Bilder von Cees, die tauchen manchmal zufällig auf ...«, meint sie, während sie schluckt, »... und immer betrachte ich sie mit Aufmerksamkeit.«

Für einen Moment ist sie mit den Gedanken anderswo. Dann rafft sie sehr entschieden die leeren Bügel, die auf dem Tisch liegen, beisammen. »So. Für heute habe ich wohl genug aufgeräumt.«

Neben dem Tisch steht die Direktorenkleidung meines Vaters. Die Karriere von Cees, von der Monica immer sagt, ihr habe sie alles zu verdanken, reduziert auf sechs große Einkaufstüten.

10

Die Jungs von der sechsten Klasse nannten ihren Lehrer »Fluppe«. Aus seinem Mundwinkel baumelte nämlich immer eine Zigarette. Wenn sie eine Arbeit schrieben, zog er sich auf seinem erhöhten Lesepult hinter eine Zeitung zurück, in die er in Augenhöhe ein kleines Spickloch gemacht hatte. Auch jetzt waren nur seine Hände zu sehen, die die Zeitung hielten.

Vorn in der Klasse startete der Pater, der ihnen soeben als Bruder Ludovicus vorgestellt worden war, den mitgebrachten Projektor. Wirbelnder Staub erschien im Schein der Lampe. Der Pater schob etwas vor die Linse, und auf der Leinwand war jetzt ein Foto von einer Gruppe von Männern in weißen Ordenstrachten zu sehen. Die in der vorderen Reihe auf Stühlen, die restlichen stehend dahinter. »Die einheimischen Kulturen, denen unsere Missionare begegnen, sind mit der unseren nicht zu vergleichen. Oft sind es waschechte Heiden, die an Medizinmänner und Götzendienst glauben.«

Cees dachte an seinen ehrwürdigen Onkel auf Borneo. Pater Heliodorus war der Bruder von Onkel Frans und hatte sie vor einigen Monaten besucht. Cees hatte ihm sein Bett abgetreten, was ihn gleich wieder mit Stolz erfüllte, wenn er daran zurückdachte. Pater Heliodorus hatte bei seinem Besuch einen javanischen Krieger mitgebracht. Das glatte hölzerne Brustbild stand auf dem Büfett und wurde fast täglich von seiner Mutter abgestaubt.

Er betrachtete die Ordensbrüder unter den Palmen. Ob sein ehrwürdiger Onkel auch so eine weiße Soutane trug, wenn er auf Borneo war? Er kannte ihn nur in einer braunen, die mit einem hellen Strick um seine Taille zusammengeschnürt war.

Bruder Ludovicus schob ein Bild nach dem anderen in den Apparat. Weiße Gebäude unter Palmen. Eine Gruppe indonesischer Jungen in Pfadfinderkleidung. Ein Schlafsaal mit Betten, die eher wie Hängematten aussahen. »Das Werk der Barmherzigkeit umfasst unter anderem Unterricht und Pflege, Sozialarbeit und Jugendbildung. Wir bauen Waisenhäuser, Schulen, Pflegeheime.« Auf dem Bildschirm erschien ein dunkelhäutiger kleiner Junge mit einem Kopfhörer. Neben ihm stand ein Missionspater. »Voriges Jahr haben wir in Wonosobo auf Java in Indonesien ein Institut für taubstumme Kinder eröffnet.«

Cees hatte Entwicklungshilfe nie zuvor als etwas gesehen, das man zu seinem Beruf machen konnte. Die Mission, das waren arme, schwarze Kinder, denen man half, indem man die Aluminiumverschlüsse von den Flaschen sammelte, in denen es die tägliche Schulmilch gab. Aber Bruder Ludovicus präsentierte es als ein höheres Leben, für das man sich entscheiden konnte. Man sorgte dann nicht nur für sein eigenes Seelenheil, sondern machte, dass auch andere in den Himmel kamen. Krankenpfleger, Lehrer, Handwerker, Bruder Ludovicus zählte die Möglichkeiten auf. Man würde in eine Familie von Ordensbrüdern aufgenommen und eine Ausbildung im Beruf seiner Wahl erhalten. Wenn man wollte, konnte man danach zur anderen Seite der Welt geschickt werden. Südafrika, Neuguinea, der Kongo, Indonesien. Cees hörte den Rest schon nicht mehr. In Gedanken stand er in einem weißen Habit vor einer Klasse mit Kindern und ließ einen langen Zeigestock über eine Landkarte gehen. In einer fremden Sprache erläuterte er, wo die Niederlande lagen – das Land, aus dem er stammte, aber wo er längst nicht mehr wohnte.

Eine Woche später brachte der Postbote einen Prospekt mit Informationen über ein Juvenat in Etten mit der

Ankündigung, dass Bruder Ludovicus ihnen demnächst einen Hausbesuch abstatten würde. Cees sah ein langgestrecktes Gebäude mit einer großen Auffahrt. Einen Lesesaal mit ordentlich aufgereihten Bänken und ein Dormitorium mit tadellos gemachten Betten. Der Aufenthaltsraum war hoch und hell. Hier konnte man Billard, Schach und Tischtennis spielen. Es gab einen Theater- und einen Fußballklub – alles erschien möglich.

Seine Eltern stimmten der Idee ohne Zögern zu. Sein Vater voller Stolz bei der Aussicht, dass sein Sohn demnächst ins Kloster eintreten würde, seine Mutter erleichtert, dass alles doch noch gut wurde. Der Rest war Formsache. Nach dem Hausbesuch folgte eine Führung durch Etten, und Papiere mussten ausgefüllt werden. Nicht viel später war alles geregelt. Cees würde nach den Sommerferien in das römisch-katholische Juvenat in Etten gehen.

11

Auf der Schülerkarte des Juvenats stehen die wichtigsten Daten meines Vaters in schwarzer Tinte geschrieben. Nur der erste der drei Vornamen ist erwähnt, »Cornelis«. Geburtsort: »Hilvarenbeek«. Das Datum der Einschreibung ist der 1. September 1957.

Der Bruder, dem die Einschreibung aller dreißig Neulinge oblag, hatte bestimmt nur wenig Zeit zum Ausfüllen der Karten gehabt. Hauptsache war sicher gewesen, den richtigen Namen und das korrekte Geburtsdatum mit dem richtigen Foto zu verbinden. Der Rest würde später kommen. Zwei Nieten halten ein Passbild meines Vaters an seiner Stelle, so eines mit einem altmodisch gezackten weißen Rand. Ein zwölfjähriger Knirps in einem viel zu großen Herrenmantel. Er schaut ernst auf einen Punkt neben der Kamera.

Ich denke zurück an die Zeit, als ich selbst zwölf war. Zum ersten Mal in die weiterführende Schule, den Murmeln kaum entwachsen. Meine Regel musste ich noch bekommen. Wuchsen mir schon Brüste? Ich kann mich nicht daran erinnern. Manche Freundinnen benutzten nach der Grundschule vom einen auf den anderen Moment Lidschatten und Lippenstift und durften Pumps mit richtigen Absätzen tragen. Meine Mutter meinte, solche Schühe seien schlecht für die Füße, und äußerte sich immer ein wenig herablassend über Frauen mit viel Make-up.

Meine Großmutter väterlicherseits war viel mehr mit ihrem Äußeren beschäftigt. Als die Nähmaschine immer öfter im Schrank blieb, kaufte sie ihre Kleider bei einem alteingesessenen Damenmodengeschäft in dem überdachten Einkaufszentrum von Hilversum. Dort wurde die

Kleidung noch säuberlich nach Maß gekürzt oder ausgelassen. Ich durfte mit, um beim Anprobieren zu helfen. Es war ungewohnt für mich, hinter ihr in der Ankleidekabine zu stehen und den Reißverschluss über ihrem Unterrock zuzuziehen. In der Mitte des Geschäfts bewegte sich die Verkäuferin mit einer Kreidepumpe um sie herum und markierte so die Höhe des neuen Saums. Erleichtert stand ich später in der Make-up-Abteilung von Vroom & Dreesmann. Routiniert durchwühlten die Hände meiner Großmutter die Verkaufstische. Mit Lippenstifttestern zog sie Striche auf ihrem Handrücken. »Sollen wir dir nicht auch einen Lippenstift kaufen?«, fragte sie beiläufig. Nichts hätte ich lieber gewollt, aber ich traute mich nicht, es zu sagen. »Ach nein, dazu bist du noch viel zu jung!«, beantwortete sie selbst ihre Frage und schob den Lippenstift resolut in den Halter zurück. »Komm, wir gehen und essen ein Würstchen im Blätterteig.«

Erst jetzt frage ich mich, ob meine Großmutter gern eine Tochter gehabt hätte.

Die Kopie der Schülerkarte meines Vaters bekomme ich zugeschickt, nachdem ich mich beim Sekretariat der Kongregation nach dem Archiv erkundigt habe. Ich wollte alles über das Juvenat wissen. Es faszinierte mich, dass der kleine Cees wegen seiner Eile, dem Regime des Vaters zu entkommen, fünf Jahre in einer Männergemeinschaft gewohnt und während dieser ganzen Zeit kaum Mädchen oder Frauen gesehen hatte. Ausgerechnet in der Pubertät – einer Zeit, die für Transgender besonders verwirrend zu sein scheint, weil sich die verhassten Geschlechtsmerkmale dann voll entwickeln. An einem Ort, wo die Bibel regiert, wird darüber natürlich nicht gesprochen.

Ein gut zugängliches Archiv gab es nicht, wie sich herausstellte, dafür aber diese Karte. Unter die Daten in schwarzer Füllertinte hat jemand anderer mit blauem Kugelschreiber die übrigen Einzelheiten geschrieben. Die Vornamen meiner Großeltern und die Adresse, an der mein Vater aufgewachsen war. »Hilvarenbeek« ist durchgestrichen und durch »Hilversum« ersetzt. Unter »verzogen nach« hat jemand in einer anderen blauen Handschrift »Zeist« geschrieben. »Aug. '61«. Das stimmt, mein Vater ist nach seinem Diplom an das dortige Studienseminar gegangen. Darunter ist mit rotem Stift gekritzelt: »nach Hause, 11.7.62«.

»Warum stehen auf der Schülerkarte zwei Ausschreibedaten?«, frage ich das Sekretariat der Brüder.

»Das habe ich mich auch schon gefragt«, lautet die Reaktion, die ich innerhalb einer halben Stunde als Mail bekomme. »Aber beantworten kann ich es nicht. Vielleicht weiß Ihr Vater es noch?«

Ich bin erleichtert, weil sie davon ausgehen, dass mein Vater noch lebt. Als ich nach dem Archiv fragte, habe ich zwar erzählt, dass ich über meinen Vater schreibe, aber nicht, aus welchem Anlass. Irgendwo befürchte ich doch ein wenig, unsere Familie könnte mit rückwirkender Kraft exkommuniziert werden, oder sie würden meinen Vater vielleicht beleidigt aus den Annalen des Juvenats streichen.

In einem früheren Kontakt mit der römisch-katholischen Pfarrei in Hilversum habe ich mich auch etwas gewunden und damit ungewollt den Anschein erweckt, mein Vater wäre tot. Zu meinem Schreck bekam ich den Tipp, ehemalige Klassenkameraden meines Vaters zu besuchen. »Von denen leben noch genug, und sie können Ihnen bestimmt erzählen, wie Ihr Vater früher war.«

Ein verrücktes Gefühl, im Leben einer Person herumzuwühlen, die alles noch selbst erzählen kann. Besonders, wenn man diese Person alles fragen darf. Aber nicht alle

Fragen führen zu einer befriedigenden Antwort. »Da klingelt es nicht sofort bei mir«, schreibt Monica, als ich sie nach den beiden verschiedenen Abgangsdaten frage. »Offenbar habe ich diese Zeit sehr, sehr gut verdrängt.«

12

Sonntag, der 1. September 1957. Der Tag, der Cees als »strahlend« im Gedächtnis bleiben sollte, ging als »stark bewölkt« in die Annalen ein. Aber kalt war es nicht.

In aller Frühe stiegen Theo und sein Vater auf den Motorroller, einen grünen Goggo, der erst nach mehreren kräftigen Tritten auf den Kickstarter ansprang. Den Rückweg würde seine Mutter mit ihnen gemeinsam antreten, aber hin fuhr sie zusammen mit Cees. Beim ersten Mal sollte sie ihm zeigen, welchen Zug er nehmen musste und wo in Breda er den Bus nach Etten finden konnte. Wenn er in den Ferien nach Hause kam, musste er die Reise dann allein unternehmen. Nicht lange nachdem sie dem Roller nachgewinkt hatten, begaben sie sich mitsamt einem schweren Koffer zum Bahnhof.

Cees' Mutter hatte den Koffer mit äußerster Sorgfalt gepackt; ihre Botschaft an die Brüder, dass sie zu Hause alles gut im Griff hatte. Die Hemden und Hosen lagen fleckenfrei und ordentlich gebügelt in säuberlichen Stapeln nebeneinander. Sie hatte ein zusätzliches Paar warmer Socken gestrickt und im letzten Moment auch noch neue Unterhosen gekauft. Obenauf lag ein Beutel mit seiner Zahnbürste und seinem Kamm.

Das Einpacken der persönlichen Sachen hatte sie Cees überlassen. Neben ein paar Lesebüchern, dem Missale, das er von seinen Eltern bekommen hatte, und seinem Rosenkranz hatte er einen Stapel Zeitungsausschnitte in seinen Schulranzen gepackt. Es war eine Auswahl der Artikel über historische Ereignisse, die er sammelte. Diese Auswahl richtete sich nach der Menge an Fakten und Zahlen in den Berichten, für den Fall, dass er für Geschichte oder Geographie etwas würde nachschlagen müssen.

Sein Spielzeug ließ er zu Hause, abgesehen von einem Miniaturscooter und einem kleinen Teddybären. Was den Bären anging, hatte er lange gezögert: War der nicht zu kindisch? Vor gar nicht so langer Zeit hatte sein Vater ihm »Wimpie« abgenommen und in den Mülleimer gepfeffert, weil er Puppen ungesund für einen Jungen fand. Cees hatte die Stoffpuppe seit seiner Kindheit mit sich herumgetragen. Das Ding war nur noch ein Lappen gewesen, dessen Arme an der Stelle, an der er sie immer festgehalten hatte, schon glänzten, und die letzten Haare waren ihr längst ausgefallen, aber er vermisste Wimpie noch immer. An ihre Stelle war der namenlose Bär getreten. Ein Bär, das ging in den Augen seines Vaters gerade noch so, denn es war eher eine Art Maskottchen oder Glücksbringer als ein Schmusetier, das man nachts im Bett in den Armen hielt.

Zwischen den Büchern hatte Cees ein Stück gelbes Plastik versteckt, das er in den letzten Monaten verwendet hatte, um sein Bett während seines Urinierspiels zu bedecken. Es war der ehemalige Bezug eines ausrangierten Lampenschirms, den er auf dem Markt gefunden hatte. Säuberlich zusammengefaltet ergab es ein dünnes Päckchen von einigen Quadratzentimetern, etwa so groß wie ein Taschentuch. Zwischen den Büchern sah man nur einen kleinen gelben Streifen. Eine Mädchenunterhose mitzunehmen hatte er nicht gewagt. Seit seine Mutter sie entdeckt hatte, war er noch vorsichtiger geworden.

Der Gestank hatte ihn verraten. Während sie über den Mief in seinem Schrank meckerte, war seine Mutter schnüffelnd bei seiner Murmelkiste gelandet. Entsetzt hatte sie dort die schmutzigen Unterhosen herausgefischt. »Wie kommst du nur darauf, einen solchen Schweinkram in deinem Zimmer aufzubewahren?«, hatte sie ihn voller Abscheu angeherrscht, aber wie er an die Sachen kam und was er damit tat, das hatte sie nicht gefragt. Zu seiner großen Verwunderung hatte sie auch seinem Vater nichts gesagt. Von diesem Zeitpunkt an warf er die Unterhosen nach Gebrauch weg.

Die Bahnreise dauerte zwei Stunden. Cees schaute unterwegs kaum in das Buch, das aufgeschlagen auf seinem Schoß lag. Stattdessen starrte er aus dem Fenster und sinnierte über das Leben in einem Kloster nach. Ob er später noch oft an diese Reise zurückdenken würde? Seine Mutter schaute kein einziges Mal hoch aus dem Buch, das sie mithatte.

Nach zweimaligem Umsteigen kamen sie in Breda an, wo sein Vater und Theo sie schon erwarteten. Sie setzten ihren Weg in einer kleinen Kolonne fort: Cees und seine Mutter vorneweg im Bus, sein Vater und sein Bruder auf dem Roller hinterher. Zu viert gingen sie schließlich die große Auffahrt des Juvenats hinauf.

Am Ende des Wegs breitete sich der Komplex vor ihnen aus. Die Gebäude waren erst wenige Jahre alt, aber das änderte nichts an der Ehrfurcht, die Cees dem Ort entgegenbrachte. Es war ein echtes Kloster mit einer Kapelle und langen, gefliesten Fluren. Er sah einige Brüder in Kutten an der Tür stehen. Einer ging gerade mit einigen Kindern und deren Eltern ins Haus.

Ein älterer Bruder kam auf sie zu. Die letzten grauen Haarsträhnen hatte er sich über den kahlen Kopf gekämmt, und der Gürtel seiner schwarzen Soutane spannte sich eng um den runden Bauch. Daran baumelte ein Rosenkranz. Einladend streckte er die Arme vor: »Willkommen.« Er schüttelte Cees' Eltern die Hand. »Ich bin Vater Sylvester. Sie wollen uns also Ihren Sohn anvertrauen?«

»Jawohl, Hochwürden.« Sein Vater machte eine leichte Verbeugung.

»Und du bist der große Junge, der hierher zu uns zieht?« Er schielte, und Cees war sich unsicher, ob er ihn oder Theo anschaute.

»Jawohl, Hochwürden«, antwortete sein Vater und gab Cees einen sanften Schubs in den Rücken, so dass er einen Schritt vortreten musste.

Der Obere beugte sich vor und streckte ihm die Hand entgegen. »Und wie lautet dein Name?«

»Cees, Hochwürden.«

»Willkommen, mein Sohn.« In dem Grübchen seiner Oberlippe standen kleine Schweißtropfen. »Hast du eine lange Reise hinter dir?«

»Ich komme aus Hilversum, Hochwürden.«

»Dann bist du sicher mit dem Zug gekommen.«

Cees nickte.

»Das hier ist ein besonderer Augenblick. Heute beginnt das neue Leben, zu dem du dich entschieden hast, ein Gott geweihtes Leben.« Bei dem Wort »Gott« drehte der Obere seine Handflächen himmelwärts und rollte dabei die Augen, als erwartete er, es könne jeden Moment anfangen zu regnen. »Nachher wirst du deine neue Familie kennenlernen, die Brüder und die anderen Jungen, die hier studieren.« Mit einem Blick auf die Brüder neben ihnen fragte sich Cees, wann seine Eltern wohl nach Hause fuhren. »In einer Klostergemeinschaft wie dieser ist der Prior das Familienoberhaupt. Künftig werde ich dein Vater sein, und so nennen mich alle auch: Vater Oberer.«

Hinterher wusste Cees nicht mehr, wie er diese ersten Stunden überstanden hatte. Alles, erst der Empfang und dann die Führung durchs Haus, war quälend langsam gegangen. Die ganze Zeit über hatte er sich für seine Eltern geschämt, die sich mit ihrer Tasse Kaffee in der Hand brav die Ansprache des Priors anhörten und anschließend ergeben den Brüdern hinterherliefen. Theo trottete mit. »Jetzt fahrt schon weg!«, hätte er ihnen am liebsten zugebrüllt. »Lasst mich doch endlich allein!«

Beim Abschied hatte er kratzbürstig alle gut gemeinten Ratschläge seiner Mutter von sich abgeschüttelt. »Und gib dir viel Mühe, ja? Und zieh bitte ein Wollhemd an, wenn es kälter wird.« Das würde er alles schon selbst sehen.

Erst als er abends im Aufenthaltsraum ein Queue aus dem Regal neben dem Billardtisch zog und die Spitze für den ersten Stoß seines Lebens mit Kreide bearbeitete, hatte er das Gefühl, dass jetzt alles wirklich anfing.

13

Seht mal da!«, ruft mein Vater. »Das ist es!« Wir irren
schon eine Weile durch das Industriegebiet und die
neuen Wohnviertel von Etten-Leur. Am Telefon habe ich
eine ausführliche Wegbeschreibung erhalten – ab von der
Autobahn, erst vorbei an McDonald's und der Praxis und
dann über mehrere Verkehrskreisel –, aber Monica hielt
das für unnötig. »Ich habe dort Jahre meines Lebens verbracht und werde wohl noch zurückfinden!«

Jetzt sehen wir das Juvenat endlich vor uns. Eine kleine
Insel, umgeben von einem Wirrwarr aus Neubauten. Vor
sechzig Jahren war das Kloster selbst erst wenige Jahre alt
und lag außerhalb der geschlossenen Ortschaft. Auf alten
Luftaufnahmen sieht man um das Gebäude herum eine
endlose Leere. Große Grasflächen mit hier und da jungen
Anpflanzungen. Ein Fußballplatz hinter dem Gebäude
und sonst nichts als Wiesen und Bauernhöfe und eine
Bahnlinie.

»Und wo kann ich jetzt parken?«, fragt Monica ungeduldig. Jeder Weg, der näher an das Juvenat heranführt,
ist ein Fahrradweg. Da vorn ist der Bahnhof, das heißt,
wir sind schon zu weit.

»Lasst uns umkehren«, sage ich, »vielleicht kommen
wir ja von der anderen Seite heran.« Ich denke an den
Bruder, der uns schon seit zehn Minuten erwartet. Er hat
meinen Vater noch gekannt; wie alt muss der Mann mittlerweile sein?

Unterwegs haben wir besprochen, was wir dem alten
Ordensmann erzählen werden. Er weiß, dass ich Cees'
Tochter bin und den Ort sehen will, an dem mein Vater
seine Pubertät verbracht hat. Er weiß auch, dass ich vielleicht jemanden mitbringe, aber wen, das weiß er nicht.

Dies auf Bitten Monicas, die das Wiedersehen mit jemandem aus ihrer katholischen Vergangenheit ein klein wenig scheut. Wird so jemand sie denn verstehen? Der Pastor der Dorfkirche, deren Chor Meintje dirigiert, behandelt sie wie eine Aussätzige. Auf dem ersten kirchlichen Fest, bei dem sie als Monica erschien, hatte er sich geweigert, mit ihr an einem Tisch zu sitzen. Umständlich verlangte er einen anderen Stuhl, einen, auf dem schon jemand saß, am anderen Ende des Saals. Als Cees war Monica ein gern gesehener Gast gewesen; es wurmt sie noch immer. Sie hatte immer den Wunsch, einmal kirchlich beerdigt zu werden, aber das ist unter diesen Umständen wohl keine Option mehr.

Monica spielt mit dem Gedanken, dem Bruder einfach überhaupt nichts zu erklären. »Ja, aber«, protestiere ich, »irgendwann kommt es natürlich mal raus, und dann fühlt er sich sicher betrogen. Und was, wenn er annimmt, du wärst tot?« Ich habe keine große Lust, diesbezüglich zu lügen.

Bruder Tarcisius hat unseren Weg eher zufällig gekreuzt. Zunächst hatte ich mich mit Jos verabredet, der die ehemalige Küche des Juvenats als Werkstatt für seine kleine Reparaturfirma verwendet. Lange nach meinem Vater hat Jos selbst auch dort gelebt, in der Zeit, als es ein gemischtes Internat für Kinder war, die aus welchen Gründen auch immer nicht zu Hause wohnen konnten; meist deshalb, weil ihre Eltern einen reisenden Beruf hatten. Mit dem Rückgang der allgemeinen Kirchenfrömmigkeit in den 1960er Jahren war auch das Juvenat in eine Abwärtsspirale geraten. Jedes Jahr hatte es weniger Jungen gegeben, die sich berufen fühlten, bis 1971 nur noch ein einziger Juvenist unter den Schülern war, der Ordensmann werden wollte. Das Juvenat wurde als normales Internat weitergeführt, und das bis in die 1980er Jahre hinein noch von Brüdern. Dann zogen auch sie endgültig aus, und die tägliche Leitung wurde einer Stiftung übertragen, die das Internat noch weitere zwanzig Jahre betreiben sollte.

Angedacht war, dass wir mit Jos »anonym« durch das Gebäude gehen und gegebenenfalls später ein Gespräch mit einem der noch lebenden Brüder führen konnten. Aber als ich heute früh im Auto saß, rief Jos an, um zu sagen, er könnte doch nicht mit dabei sein. Er habe mit Bruder Tarcisius vereinbart, dass der uns herumführen würde.

Der Ordensmann wartet noch auf uns, als wir endlich auf das Gelände fahren. Ein noch reger Mann in Schlabberpulli und weiten Zimmermannshosen mit kräftigen Bauarbeiterschuhen darunter. »Ich habe Cees noch erlebt«, meint er lächelnd, während er uns die Hand schüttelt. Ein freudiger brabantischer Zungenschlag. »Er war schon da, als ich 1958 hierherkam. Mitten im Schuljahr bin ich hier angekommen, und ach, mit welchem Schrecken habe ich dem damals entgegengesehen!« Siebenundzwanzig sei er gewesen, als er in den Osterferien als Juvenistenlehrer für »die Kleinen« anfing, die Jungen aus der ersten und zweiten Klasse. In dieser Eigenschaft habe er die Verantwortung für alles gehabt, was sich außerhalb der Schulzeit abspielte. Die Gemeinschaftsdienste, die Lernbetreuung, die Organisation der Sportwettbewerbe, derartige Dinge. »Man war Vater und Mutter zugleich.«

Er hält uns die Tür auf. Im Hauptgebäude – dem Teil, der früher »das Schloss« genannt wurde und wo sich die Privaträume der Brüder befanden – ist jetzt eine Einrichtung für geistige Gesundheitsfürsorge untergebracht. Bruder Tarcisius winkt uns herein. »Ich habe ihnen erzählt, dass ihr kommt, das gefällt ihnen.« Er zeigt auf die Fenster im Treppenhaus. »Früher waren das da Buntglas-

fenster, die haben wir ausgebaut und nach Gent gebracht.«
Monica nickt zustimmend, was er jedoch nicht sieht. Er
öffnet eine Schwingtür zu einem Flur und zeigt auf eine
Kabine mit Glastür. »Hier war früher das Telefon, da
durften sie manchmal nach Hause anrufen. War immer
ein Gedränge davor.« Ich vermute, dass das erst später
war. Bei meinem Vater zu Hause gab es in den 50er Jahren
jedenfalls noch kein Telefon.

Wir gehen weiter durch eine nächste Tür. »Und das hier
war die Kapelle. Ja, alles sieht jetzt natürlich ganz anders
aus.« Der Raum, in dem wir stehen, hat eher etwas von
einem altersschwachen Partykeller als von einem Gottes-
haus. Da, wo früher die Bänke standen – und in der Zeit
meines Vaters die Klappstühle –, ist eine Sperrholzwand
eingezogen worden. Darauf gemalt ein Meerespanorama
mit Palmenstrand, komplett mit Sonnenuntergang und
rotem Himmel. *'t Trefpunt* – »Der Treffpunkt« steht über
der Tür. In diesem Teil des Saals ist die Decke abgehängt,
als ob mitten im Raum eine Art Kubus abgestellt wäre. In
einer Ecke desselben steht eine Bar aus weißen Latten,
und auf der anderen Seite gibt es eine Erhöhung. Die muss
irgendwann einmal als Bühne gedient haben, jetzt allerdings als Sammelplatz für Ausrangiertes. Einen altmodischen Fernseher, Stühle, eine Wäscheschleuder, mehrere
Büroschubladen und sehr viele Kartons. Der dunkelblaue
Pfeiler, der bis zu dem weiß gestrichenen Deckenstütz-
balken verläuft, muss früher aus gediegenem braunem
Eichenholz gewesen sein.

Durch eine Tür in dem Meerespanorama kommen wir
in die andere Hälfte der Kapelle. Hier hat der Fußboden
noch seine Originalfliesen, und wir können bis hinauf
zum Dach blicken. Weiße Säulen vor einer Rückwand aus
Ziegelsteinen. Auf dem demontierten Altar liegen ein paar
Gymnastikmatten. Nur ein kleines Holzkruzifix neben

der Tür zur einstigen Sakristei erinnert noch an die Gebete, die diesen Raum früher füllten. Jeden Morgen um sieben Uhr eine stille Messe. Bruder Tarcisius berichtet von der Tagesroutine, die hauptsächlich mit Beten, Schule, Gemeinschaftsdienst und Studium gefüllt war. Nach der Abendfreizeit gingen sie um Viertel nach neun ins Bett. »Manche Jungen schafften es gar nicht bis dahin«, meint er lachend.

»Ich sehe ihn noch dasitzen, den Cees«, sagt er dann plötzlich. »Ziemlich in der Mitte der Klasse, in so einer altmodischen Schulbank.« Ich fühle mich unbehaglich. Ich will nach früher fragen, danach, welchen Eindruck mein Vater gemacht hat und was für ein Junge er war. Aber gleichzeitig kommt es mir merkwürdig vor, den Bruder von derjenigen Person erzählen zu lassen, die ohne sein Wissen neben ihm steht.

»Wie geht es ihm, Ihrem Vater?« Durch seine dicken Brillengläser schaut er mich aufrichtig interessiert an. Bisher hat er sich in seinen Erzählungen hauptsächlich an mich gewandt.

»Äh … sehr gut geht es ihm.« Ich schaue Monica fragend an. Was sollen wir tun?

»Ich habe mich noch gar nicht richtig vorgestellt«, kommt sie mir zu Hilfe und streckt dem erstaunten Ordensbruder ihre Hand hin. »Ich bin Cees.«

Es hätte als Szene gut in eine Fernsehsendung gepasst, in der Menschen zu einem Ort aus ihrer Vergangenheit zurückkehren oder worin jemand unerwartet mit einem verloren geglaubten Verwandten konfrontiert wird. Auch Bruder Tarcisius schlägt sich verdutzt die Hand vor den Mund und schaut mich an, um zu prüfen, ob ich ihn nicht auf den Arm nehme. »Das habe ich nicht gewusst!«, ruft er, als müsse er sich dafür entschuldigen, seinen ehemaligen Schüler nicht erkannt zu haben.

Noch bevor wir die Kapelle verlassen haben, graben sie schon begeistert in Erinnerungen. Erinnerungen an Fußballspiele, den Unterricht, die nachschulischen Aktivitäten, das Essen. Beide denken sie mit Wehmut an den Panhas, den sie bekamen, wenn auf der nahe gelegenen Landwirtschaftsschule der Brüder ein Schwein geschlachtet worden war. »Bei einem richtig guten Metzger bekommt man das auch heute noch!«

Bruder Tarcisius zeigt uns das Refektorium und den Lesesaal der jüngsten Juvenisten. Auf der anderen Seite der Kapelle liegt ein identischer Flügel, in dem die Älteren wohnten. Hundertzwanzig Jungen insgesamt, die alle Patres oder Priester werden wollten. Jetzt stehen wir zwischen den Resten der Kindertagesstätte, die es hier bis vor kurzem gab. Zwischen die Klassenräume wurden Toiletten und ein Wickelraum gebaut. Aber Babys und Kleinkinder gibt es hier auch nicht mehr.

Oben erwarten uns ebenfalls Hartfaserplatten; ein großer Schlafsaal für sechzig Betten wurde in den 70er Jahren in kleinere Schlafzimmer unterteilt. Bruder Tarcisius hat die vorfabrizierten Wände noch mit eigener Hand angebracht. Ich versuche, sie mir wegzudenken. Der schmale Gang, in dem wir stehen, muss der Mittelpfad zwischen den Bettreihen gewesen sein. Hier hatte mein Vater morgens neben seinem Bett gestanden und gewartet, bis er an der Reihe war, sich an den Waschbecken zu waschen. Reihe um Reihe schoben sich die Jungen unter den Augen des diensthabenden Bruders über die Lattenroste in der Mitte des Schlafsaals vorwärts; wer fertig war, musste sein Bett abziehen und das Bettzeug ordentlich zusammengefaltet ans Fußende legen. Alles in Stille; erst wenn das gesamte Morgenritual, bestehend aus Studium, Messe, Frühstück und Gemeinschaftsdienst, vorüber war, durften sie sprechen. »An beiden Seiten gab es jeweils ein Zimmer für die

Brüder, die Nachtdienst hatten«, meint Bruder Tarcisius. »Die hatten zum Schlafsaal hin ein Fenster mit Vorhang, so dass sie kontrollieren konnten, ob auch alles mit rechten Dingen zuging.«

»Uff, das habe ich nicht gewusst«, sagt Monica erstaunt. »Jetzt verstehe ich, warum sie immer so schnell da waren, wenn irgendwas los war.«

Zwei Stunden dauert der Rundgang vorbei an allen Dingen, die es nicht mehr gibt. Das Schwimmbad, das Monica in ihren ersten Jahren auf dem Juvenat hat bauen helfen, ist zugeschüttet und zu einem Parkplatz geworden. Das alte Schulgebäude gegenüber wurde für einen Neubau abgerissen. »Was für eine Enttäuschung«, sagt Monica, als wir zwei Stunden später wieder draußen stehen. »Vielleicht hätte ich mir das alles doch lieber nicht ansehen sollen.«

14

Am Sonntag bekamen die Juvenisten ihr Wochenzeugnis. In einem totenstillen Lesesaal las Vater Sylvester einen Namen nach dem anderen mitsamt der entsprechenden Beurteilung vor. »Klaas Kortenaar.« Es folgte eine kurze Pause, die einem die Gelegenheit gab, aufzustehen und sich neben seine Bank zu stellen. »Verhalten: gut. Fleiß: genügend. Höflichkeit: sehr gut. Religionssinn: gut.« Wieder eine Pause, manchmal gefolgt von einer Zusatzbemerkung. »Könnte besser sein.« Oder: »Gut gemacht.« Erst nach einem wohlwollenden Blick des Oberen durfte man sich wieder hinsetzen.

Cees bemühte sich immer um gute Noten. Aus der Sicht der Brüder betrug er sich wie der Klassenprimus, und so sahen ihn die meisten anderen auch. Mit dem Wochenzeugnis, das auch seinen Eltern zugeschickt wurde, zeigte er denen zu Hause eine lange Nase: Seht ihr, ich tauge doch was!

Nach einer dieser sonntäglichen Zeugnissitzungen rief der Obere Cees zu sich. »Würdest du mir einen Gefallen tun?« Der Auftrag war kurz. »Würdest du nächsten Dienstag nach der Schule bei Pater Lucas im Seminar vorbeischauen? Er weiß, dass du kommst.«

Der Vater Obere erklärte ihm, in welchem Zimmer er den Pater finden konnte. Cees kannte Pater Lucas nicht und wagte nicht zu fragen, weswegen dieser ihn sprechen wollte, aber der Besuch erschien ihm wie eine Ehre. Jungen, die gute Noten erzielten und sich der Verantwortung gewachsen zeigten, wurden öfters zu einer Ehrentätigkeit ausgewählt. So hatte er vor einigen Wochen den Auftrag erhalten, zum Nonnenkloster in Essen zu radeln und die Messgewänder abzuliefern, die dort gewaschen werden sollten. Vielleicht hatten sie sich auch jetzt eine besondere Aufgabe für ihn ausgedacht, die Pater Lucas ihm näher erläutern würde.

Das Seminar von Hoeven lag wenige Fahrradkilometer vom Juvenat entfernt. Es war ein großes, würdevolles Gebäude, in dem junge Novizen zu Priestern ausgebildet wurden. Cees hatte dort schon einmal einen vertiefenden Religionsunterricht zur Vorbereitung auf die Gelübde erhalten, die sie später einmal ablegen würden. Nach seinem Eintritt würde Cees in ebendiesem Seminar seine Priesterausbildung erhalten.

Das Zimmer von Bruder Lucas war oben, ein breite Treppe hinauf, in einem Teil des Klosters, den Cees noch nie betreten hatte. Zögerlich klopfte er an die schwere Eichentür. »Herein!« Er hörte sich nähernde Schritte, als er die Tür aufdrückte. »Du musst Cees sein.« Ein alter Pater mit weißem Haar und einer runden Brille kam auf ihn zu. »Willkommen, Junge. Nimm Platz.« Er deutete auf einen Klappstuhl aus Korbgeflecht, der vor einem beeindruckend großen Nussbaumschreibtisch stand, dessen Glanz an polierte Kastanien erinnerte. Cees stellte sich vor, wie er selbst irgendwann hinter so einem schicken Schreibtisch sitzen würde, und ließ in Gedanken die Hände über die lederne Schreibfläche gleiten. Auf dieser lag ein dickes, gebundenes Buch.

»Vater Sylvester hat mich gebeten, einmal mit dir über die Gelübde zu sprechen, die du in wenigen Jahren ablegen wirst, wenn du ins Kloster eintrittst.« Der Mann ging zu seinem Schreibtisch.

»Ja, Pater.« Worum handelte es sich denn diesmal? Er versuchte, die Schrift auf dem Einband des Buches zu lesen.

»Ganz besonders will ich dir etwas über Keuschheit erzählen, eines der wichtigsten Gelübde von allen.« Cees steckte die Spitze seines kleinen Fingers durch eines der Löcher in dem Stuhl und drehte sie hin und her. Hatte das vielleicht etwas mit seiner Beichte von letzter Woche zu tun?

»Und darum …«, der Pater schlug das Buch auf und blätterte darin, »… wollte ich dir erst etwas zeigen.« Er redete zögernd und machte zwischen jedem Satz eine Pause. Es schien, als würde er beim Blättern nach den nächsten Worten suchen. »Hier haben wir Adam …«, sagte er, während er die Seite glatt strich. Er hob das Buch an, um Cees die Abbildung eines nackten Adam zu zeigen. Eines Adam ohne Feigenblatt.

»Gott hat den Mann anders geschaffen als die Frau.« Pater Lucas räusperte sich und begann wieder zu blättern. Schließlich hielt er ein Bild der Eva in die Höhe. »Die Frau ist zugerüstet, um Kinder zu gebären, genau wie Gott es gemeint hat.« Cees schaute auf Evas Brüste, die ihm unendlich viel schöner vorkamen als seine eigene flache Vorderseite. Im Bett drückte er seine Brust manchmal seitlich etwas nach vorn in der Hoffnung, die so entstehenden kleinen Hügel würden festwachsen, während er schlief.

Es war nicht das erste Mal, dass er einen nackten Frauenkörper sah. Manche Klassenkameraden hatten sich irgendwie verbotene Bilder beschafft und ließen einen heimlich einen raschen Blick darauf werfen. Aus Flüstergesprächen während der Freizeit wusste er auch so einigermaßen, wie sich das mit den Frauen und der Fortpflanzung verhielt. Es wurden gern zweideutige Scherze darüber gemacht. »Aus dem Sack deines Alten«, war eine oft gehörte Antwort auf die Frage, woher jemand kam.

»Gehet hin und vermehret euch. So lautete das Gebot, das Gott Adam und Eva gab. Aber …«, ergänzte der Pater mit erhobenem Zeigefinger und indem er Cees über seine runden Brillengläser hinweg anschaute, »die Fortpflanzung ist Männern und Frauen vorbehalten, die sich in der Ehe vereint haben.« Er klappte das Buch zu, bevor Cees das vage Gebiet zwischen Evas Beinen genau hatte studieren können. War da nicht alles abgebildet? Oder hatte er es nur nicht richtig sehen können?

»Für Ordensleute kommt somit nicht in Frage, äh …«, der Pater schob die Brille auf seiner Nase mit einem kräftigen Druck hoch, »eine Frau zu begehren.«

»Selbstverständlich nicht«, antwortete Cees. »Wir werden nicht heiraten und keine Kinder bekommen.« Pater Lucas sollte nicht denken, er sei nicht auf dem Laufenden.

»Es ist eine Todsünde«, betonte der Mann.

Auch das wusste Cees. Die Brüder mühten sich sehr, über die Keuschheit im Juvenat zu wachen. Sie kontrollierten von abends bis spätnachts die Schlafsäle und achteten streng darauf, dass alle mit den Händen über der Bettdecke schliefen. Aber die sexuellen Triebe fanden dennoch ihren Weg. Vor gar nicht langer Zeit war jemand entlassen worden, weil er nachts zu einem Klassenkameraden ins Bett gestiegen war. Auch machten Erzählungen die Runde, dass die Brüder sich nicht immer beherrschen konnten.

Vor zwei Wochen hatte Cees zum ersten Mal erlebt, wozu Begierde führen konnte. Im Bett hatte er seinen Schniedel nach hinten geschoben und von einem Mädchenkörper phantasiert. Diesmal hatten ihm diese sündigen Gedanken ein neues, angenehmes Gefühl beschert, gefolgt von etwas Nassem, Klebrigem in der Hose. Durch die Geschichten, die er von anderen aufgeschnappt hatte, verstand er, was los war, und wusste auch, dass er dafür büßen musste. In seiner wöchentlichen Beichte brachte er das Ereignis zur Sprache, wobei ihm sogar entfuhr, dass er davon geträumt hatte, ein Mädchen zu sein.

Der Pater erhob sich von seinem Schreibtisch und schob das Buch in eines der Wandregale über der Eichenholztäfelung zurück. Daraufhin setzte er sich in einen rotbraunen Chesterfield in der Zimmerecke, unter dem großen Gemälde einer Madonna mit Kind. »Komm, setz dich mal her zu mir.«

Cees trug den Klappstuhl zu der Sitzecke. War er nur wegen dieser überflüssigen Aufklärung herbestellt worden? Er hatte noch nie jemand anderen von einem derartigen Gespräch berichten hören.

»Das Fleisch ist schwach, und es ist schwer, der Versuchung zu widerstehen.« Die Stimme von Pater Lucas klang drohend. »Der einzige Weg ist der, niemals, wirklich niemals die Dinge, die zur Eva gehören, in deinen Gedanken zuzulassen.«

»Nein, Hochwürden.« Cees zögerte. »Außer vielleicht, wenn man so tut, als wäre man ein Mädchen.« Er dachte an seine Auftritte mit dem Theaterklub an den Besuchstagen für die Eltern. Wenn es Frauenrollen gab, bot er sich sofort an, und alle waren zufrieden. Keiner der anderen Jungen wollte in einem Kleid gesehen werden, selbst nicht auf der Theaterbühne, und Cees fand es wunderbar, sich so zu verkleiden.

»Das ist natürlich ausgeschlossen.« Der Pater schaute ihn erschrocken an. »Deuteronomium zweiundzwanzig, Vers fünf! ›Ein Weib soll nicht Mannsgewand tragen, und ein Mann soll nicht Weiberkleider antun; denn wer solches tut, der ist dem Herrn, deinem Gott, ein Greuel.‹«

Cees wusste nicht, was er darauf antworten sollte.

»Versprich mir …«, Pater Lucas schaute immer noch verdutzt, »dass du so etwas nie mehr denken oder sagen wirst. Solche Menschen nehmen ein schlechtes Ende!«

Und mit diesen Worten erhob er sich aus seinem Sessel und geleitete Cees hastig zur Tür. »Komm wieder zu mir, wenn du hierzu später noch Fragen hast, ich werde sie dir gern beantworten.«

Letzteres war nicht nötig. Einige Wochen nach dem Gespräch mit Pater Lucas begann der Theaterklub mit den Proben für ein neues Stück. Eine Komödie um einen verwirrten Staubsaugervertreter, der einer eigensinnigen Hausfrau sein teuerstes Modell zu verkaufen versuchte. Cees bot sich für die Rolle von Frau Jansen an und wurde zu seiner großen Verwunderung abgelehnt. »Diesmal nicht, Cees.« Bruder Martinus, der bei dem Stück Regie führte, schaute sich fragend im Kreis um. »Sonst irgendwer?«

15

Als mein Vater und Meintje Anfang der 90er Jahre in das Dorf in Gelderland umzogen, wo sie bis heute wohnen, wurde er sofort Mitglied des örtlichen Theatervereins. Im Laufe der Jahre haben wir sehr viele Vorstellungen gesehen. Komödien im Wechsel mit Musicals oder Kabarettshows mit Titeln wie »Außer Kontrolle« und »Der Bucklige«. So ein Abend endete jedes Mal mit viel Bier an der Bar des Gemeindezentrums, wo Sietske und ich so herzlich empfangen wurden, dass es schien, als wohnten wir auch dort.

In dieser Zeit habe ich meinen Vater nie in einer Frauenrolle gesehen; er war einer der wenigen Männer in dem Verein, und es mangelte eher an Kandidaten für Männerrollen. Seine allerletzte Rolle war die eines Hahns in einem Hühnerstall. Wortwörtlich. Mit Hahnenkamm, roten Kehllappen und einem kecken Schwanz aus bunten Federn. Bei den Proben für dieses Stück sah ich meinen Vater das letzte Mal als Mann. Kurz vor Toresschluss.

Ein paar Monate nachdem wir die Neuigkeit erfahren hatten, bat ich Monica, ob ich Cees noch ein letztes Mal sehen dürfte. »Dann beeil dich aber«, sagte sie. »Er ist schon fast weg.«

Cees kam nur noch dienstags zum Vorschein. Weil noch fast niemand im Dorf eingeweiht war, hielt Monica sich die ganze Woche über in ihrem »Boudoir« versteckt, einem Zimmer ganz hinten im Haus, das man von der Straße aus nicht sehen konnte. Meintje fungierte als Portier und wimmelte unerwartete Besucher ab. »Cees ist gerade vorhin zur Tür hinaus«, sagte sie dann. »Nein, ich erwarte ihn erst spät wieder zurück.« Ein paar Monate später würde sie ebenso tatkräftig als Vermittlerin auftreten, um Monica ins Dorf zu lotsen. Sie machte die Termine beim Hausarzt und Zahnarzt, um anschließend im Wartezimmer Monica vorzuschicken, wenn »Frau Sips« aufgerufen wurde.

Dienstags zog Monica ihre Männerkluft an, um Cees' letzte Verpflichtungen zu erledigen. Cees war für den Müll verantwortlich und brachte das Auto in die örtliche Werkstatt. Den »Gelegenheitsarbeiter« nannten Monica und Meintje ihn spöttisch. Waren die Arbeiten erledigt, schickten sie Cees schnell wieder auf »seine Insel« zurück.

Das letzte Mal, dass ich ihn sah, hatte der Dienstagsmann noch ein paar Wochen vor sich. Jede Woche probte er mit dem örtlichen Theaterverein, und solange die Vorstellung noch nicht stattgefunden hatte, wollte er seinen Mitspielern das nicht antun: Ein Hahn, der sich mitten in den Proben in ein Huhn verwandelt. Nach der Aufführung würde er es allen erzählen.

Ich hatte noch nie jemanden gesehen, der sich *vor* der Vorstellung abschminkte. Monica setzte ihre Perücke ab und entledigte sich ihrer Ohrringe. Mit einem Wattepad wischte sie sich das Make-up von den Wangen. Erst jetzt fiel mir auf, wie schütter und grau das Haar meines Vaters geworden war. Sein Jackett erschien plötzlich viel zu groß, es schlabberte ihm um die Schultern.

Es war ein warmer Abend. Die Probe fand im Garten eines der Häuser im alten Dorfkern statt. Der Regisseur servierte Sirupwaffeln zum Kaffee.

Die Rolle war meinem Vater auf den Leib geschrieben, er war ein Experte auf dem Gebiet gockelhaften Verhaltens. Jungenschulen, Herrenklub, Aufsichtsrat – in gut fünfundsechzig Jahren hatte er so ungefähr die ganze Palette durch. Mit vorgewölbter Brust warf er sich in den Kampf gegen einen Fuchs, der es auf seine Hühner abgesehen hatte. Eine kleine Fußbank, auf der er stand, sollte den Mangel an physischer Überlegenheit kompensieren. Die Hühner gackerten wie dumme Dinger durcheinander, und der Fuchs ließ sich nicht verscheuchen. Aber der Hahn reckte stolz seinen Kamm in die Höhe und ließ wider besseres Wissen die Muskeln spielen.

Mit dem Hahn nahm es kein gutes Ende. Der Fuchs biss ihn mit einer schlauen List von der Bühne. Bei der ersten Versammlung nach der Vorstellung erschien Monica im Kleid und ließ Cees von der Mitgliederliste streichen.

16

Meine Schwester und ich wurden kaum religiös erzogen. Wir gingen zwar in eine katholische Schule, aber praktisch gemerkt haben wir davon nur wenig. Ich kann mich jedenfalls nicht erinnern, dass wir beten mussten oder dergleichen. Zu Hause taten wir das auch nicht, und zur Kirche gingen wir nur anlässlich der sogenannten Familienmessen, die in gewissen Abständen abgehalten wurden; niedrigschwelligen und mit zusätzlichen Liedern angehübschten Gottesdiensten, damit auch Kinder dem Ganzen ein wenig folgen konnten. Oft war den Schülerinnen und Schülern unserer Schule, die neben der Kirche lag, eine spezielle Rolle vorbehalten. Wir lasen ein Gedicht vor oder halfen beim Anzünden der Kerzen. Einmal durfte ich in einem Krippenspiel die Maria spielen. Der Regisseur des Stücks hatte sich überlegt, dass der Josef zu einem bestimmten Zeitpunkt den Arm um seine Frau legen sollte; ich schämte mich fast zu Tode.

Meine Erstkommunion wurde mir von meinen Eltern allerdings schon als etwas Wichtiges präsentiert. Ein großer Schritt beim Heranwachsen, denn von da an durfte ich mir wie alle anderen Erwachsenen in der zweiten Hälfte der Messe ein Stückchen Hostie am Altar abholen. Vor dem großen Tag hatten wir das Ritual sorgfältig geübt. »Der Leib Christi«, würde der Pastor sagen, wenn er es mir in die Hände legte. Ich musste nach dem Aufsagen meines Textes (»Amen«) die Hostie in den Mund stecken und über den Seitengang wieder zu meiner Bank zurückgehen, um dort fromm zu einem persönlichen Gebet niederzuknien.

Acht war ich. Eigens für den großen Tag hatte ich ein neues Kleid bekommen, in Lila; dazu trug ich eine weiße

Bluse mit Puffärmeln und weißen Kniestrümpfen mit etwas Spitze. Mein Haar trug ich in zwei mit passenden Schleifen geschmückten seitlichen Schwänzen. Auch meine Eltern sahen piekfein aus, mein Vater hatte sogar ein ordentliches Jackett angezogen.

Das ganze Ritual dieser Erstkommunion war repräsentativ für die Art, in der meine Eltern mit dem Glauben umgingen. Vielleicht sogar ihre gesamte Generation. Der Glaube schien für sie nicht länger eine allumfassende Leitlinie fürs Leben zu sein, sondern eher ein Kulturphänomen, bei dem man mitmachte, weil man es von Hause aus so mitgekommen hatte. Ich habe nie beichten oder Ave Marias beten müssen im Tausch für eine Absolution. Niemand hat eine Träne vergossen, als ich mir mit zwölf das Sakrament der Firmung – eine Art zweite Taufe, mit der man zeigte, dass man sich unabhängig von den Eltern für den Glauben entschied – nicht habe spenden lassen.

Das war durchaus anders, als mein Vater mit siebzehn beschloss, doch nicht ins Kloster zu gehen. Seine Eltern waren tief enttäuscht und betrachteten das als ein Debakel für die ganze Familie.

Aus den Erzählungen meines Vaters von früher war nie so deutlich hervorgegangen, dass er dem Kloster bewusst Lebewohl gesagt hatte. Das Juvenat war uns immer als die einzige Möglichkeit für eine Gymnasialbildung präsentiert worden, wonach mein Vater in der »normalen« Welt weiterstudiert hätte. Durch die unerwartet aufgetauchte Schülerkarte weiß ich jetzt, dass während der ganzen Zeit sehr wohl beabsichtigt war, dass mein Vater Priester werden sollte.

Mein Onkel war schließlich derjenige, der das Mysterium bezüglich der beiden Ausschreibedaten aufklärte. »Ist doch logisch!«, rief er sofort, als ich ihm am Telefon von der Schülerkarte erzählte. »Das erste Datum bezieht sich auf den Abgang zum Studienseminar, da bekamen alle Jungen, die als Patres in die Mission wollten, ihre weitere Ausbildung.« Theo erklärt mir, dass mein Vater (»meine Schwester«, sagt er konsequent) nach dem ersten Jahr der Anschlussausbildung zwei Jahre als Novize im Kloster verbringen musste und erst nach dem Ablegen der ewigen Gelübde seine Schule beenden durfte. »Aber das wollte dein Vater nicht«, meinte mein Onkel abschließend, »also konnte er nicht bei den Brüdern bleiben.« Das erklärt eine Menge. Neben das zweite Datum, ein Jahr nach dem ersten, hat jemand in Rot »nach Hause« geschrieben.

Kaum fünf Jahre, nachdem er ins Juvenat gezogen war, war Cees wieder zurück in seinem Elternhaus. Sein Vater hatte erst nichts von einem Anschlussstudium wissen wollen. »Blödsinn«, hatte er es genannt. Für ihn waren Lehrer solche Besserwisser, die anderen sehr gut vorschreiben konnten, wie sie was zu machen hatten, die aber selbst nichts zustande brachten. Cees war ihm zufolge der lebendige Beweis dafür. Mit allen seinen Büchern war er noch nicht einen Schritt weitergekommen, er hatte keinen Beruf erlernt und machte nichts zu Ende. Wenn er wieder zu Hause einziehen wollte, musste er sich den Regeln seines Vaters fügen.

Arbeiten, bedeutete das. Kostgeld bezahlen. Im Sommer 1962 hatte er einen Job als Bäckergehilfe und trotzte täglich mit einem schweren Lastenfahrrad voll Brot, Zwieback und Kuchen den Hügeln eines teuren Villenviertels. Gerade als er sich ein klein wenig an den Gedanken zu gewöhnen begann, vielleicht als Werkstudent doch weiterlernen zu können, kamen seine Eltern mit der erlösenden Nachricht, er dürfe seine Ausbildung vollenden. Eine überraschende Wendung, die er der stillen Diplomatie seiner Mutter zu verdanken hatte.

Dass mein Vater sein Studium als Laie vollendete, besagt nicht, dass der Glaube für ihn danach keinerlei Rolle mehr gespielt hätte. Er ging auch weiterhin treu zur Kirche, wurde in der katholischen Jugendbewegung aktiv und saß in Leitungsgremien katholischer Organisationen.

Noch immer ist der Glaube tief in Monica verwurzelt. Auch wenn sie nicht mehr zur Kirche geht und nicht mehr daran glaubt, dass die Welt von der unsichtbaren Hand Gottes gelenkt wird, so schmachtet sie doch immer noch nach Anerkennung durch die Glaubensgemeinschaft. Es ist schwer für sie, dass der Pastor sie nicht als Frau akzeptiert, und sie ist Mitglied in einem Bibelklub geworden. Warum? »Ich kann es dir nicht erklären«, sagt sie. »Irgendwo muss es in meiner Erziehung genauso einen Webfehler gegeben haben wie in meinem Körper.«

17

Im Sommer 1965 machte Hilversum landesweit Schlagzeilen durch einen Mord, der unweit von Cees' Haus begangen worden war. Unter dem Fußboden eines Friseurgeschäfts in der Nieuwe Doelenstraat hatte man die Leiche eines Neunjährigen gefunden. Es war Arie van Hemert, der bereits zweieinhalb Jahre vermisst worden war.

Seine Mutter hatte Arie an einem kalten Winterabend losgeschickt, um seinen kleinen Bruder Jan abzuholen, der einige Häuser weiter bei einem Freund zum Spielen war. Nicht viel später war Jan allein nach Hause gekommen, ohne seinen Bruder gesehen zu haben. Das war untypisch für Arie, aber seine Eltern machten sich nicht sogleich Sorgen. Vielleicht hatte er Jan knapp verpasst und war danach zu einem Freund gegangen, um sich dort seine Lieblingssendung im Fernsehen anzuschauen. Erst als er nach mehreren Stunden immer noch nicht aufgetaucht war, begaben sie sich auf die Suche nach ihm.

Das Verschwinden sollte Hilversum Monate lang in seinen Bann ziehen. Noch am selben Abend und in der Nacht wurde das Viertel durchkämmt. Der dabei eingesetzte Spürhund folgte Aries Spur bis zu dem Haus, wo Jan gespielt hatte, und wieder zurück. Auf der Hälfte, bei dem Friseurgeschäft, hörte die Spur abrupt auf. Die Zeitungen spekulierten über eine Entführung durch einen Sittenstrolch. War Arie in einem unbeachteten Moment in ein Auto gezerrt worden? Als ein paar Wochen nach seinem Verschwinden auch in Den Haag ein Junge vermisst wurde, schien das eine solche Theorie zu bestätigen. Angeblich hatten die Jungen sogar eine gewisse Ähnlichkeit miteinander gehabt.

Ein Unfall konnte jedenfalls ausgeschlossen werden, und weggelaufen war Arie auch nicht. Polizisten hatten auf hohen Feuerwehrleitern mit Ferngläsern das verfallene Armenviertel bis in die kleinsten Winkel abgesucht. Man hatte Luftaufnahmen gemacht und anschließend jeden Millimeter darauf mit einer Lupe abgesucht. An die tausend Militärs und Freiwillige durchkämmten die Wälder und die Heide um das Dorf, und eine Fahndung im Fernsehen erbrachte Hunderte von Tipps, die alle überprüft wurden. Die Polizei verhörte fast zweitausendfünfhundert Menschen.

»Wir sollten lieber mal nachsehen«, meinte Aries Onkel Piet, als der Friseur Wim van den Driesschen ihm von dem merkwürdigen Geruch erzählte, der ab und zu in seinem Geschäft hing. Wim hatte den Laden neun Monate nach Aries Verschwinden übernommen, und besonders zu Anfang war der Gestank manchmal unerträglich gewesen. Er hatte sich schon bei der Gemeinde darüber beklagt, aber die hatte das als von der Rattenplage verursacht abgetan – ein bekanntes Problem in dem heruntergekommenen Viertel. Einen Teller mit Gift war alles, was sie bieten konnten. Wim hatte es dann dabei belassen, aus Angst, für überspannt gehalten zu werden. Aber als er viel später zufällig entdeckte, dass der Rasiermesservertreter ein Onkel von Arie war, hatte er es doch wieder zur Sprache gebracht.

Ein paar Abende später nahm er Onkel Piet mit in seinen Keller – hauptsächlich, um den Mann zu beruhigen – und zeigte ihm ein Loch in der Wand. Bei der Übernahme des Hauses war es mit Steinen gefüllt gewesen, aber vor einigen Monaten hatte er diese herausgeholt und mit einer Schirmlampe in das Loch geleuchtet. Zu sehen gewesen war nichts. Jetzt zwängte sich Onkel Piet bis zu den

Hüften durch die enge Öffnung. Da war ein etwa sechzig Zentimeter hoher verlorener Raum, darüber befand sich der Fußboden des Friseurgeschäfts, darunter lag Sand. Beim Schein der Handlampe, die er mitgebracht hatte, konnte er nichts Besonderes entdecken. Der Friseur fasste ihn an den Fußgelenken und schob ihn langsam auf dem Bauch weiter. »Wie ein Brötchen in den Ofen«, würde Onkel Piet später einem Kunden erzählen. Ein Stück weiter stieß er auf ein nächstes Loch, das mit Steinen ausgefüllt war. Auch durch dieses kroch er hindurch. Es führte ihn zu einem Kleiderberg »bis hinauf unter den Fußboden«. Zwischen Wollpullovern, Damenunterwäsche und einigen Jeanshosen war die bereits mumifizierte Leiche von Arie versteckt.

Noch in derselben Nacht wurde der Sohn des vorherigen Friseurs in einer Pension in Amstelveen aus dem Bett geholt.

Cees las die Geschichte in *De Gooi- en Eemlander*. Er hatte die Vorderseite der Zeitung sorgfältig auf dem Tisch im Hinterzimmer ausgebreitet und strich die Falten glatt. Wenn sein Vater demnächst nach Hause kam, musste die Zeitung ungelesen für ihn bereitliegen, säuberlich zusammengefaltet und knitterfrei. ARIE VAN HEMERT ERMORDET. LEICHE UNWEIT VON ZU HAUSE UNTER DEM FUSSBODEN GEFUNDEN stand in fetten Lettern über dem Artikel. Neben dem Foto eines scheu lächelnden Arie war der Fundort zu sehen. Das Foto war von oben gemacht worden, aus dem Fenster eines der hinteren Nachbarn. Cees sah den winzigen Innenhof auf der Rückseite des Friseurgeschäfts. Der Zaun grenzte an einen Durchgang, der vorn zur Straße führte. Auf dem Hof stand ein Stuhl, und bei der Küchentür waren zwei Personen von hinten zu sehen. Die eine, eine Frau in einem weißen Kleid, stand drinnen; die andere, ein Mann, schien gerade über die Schwelle zu treten. Durch ein Fenster, das bis zum Boden reichte, konnte man das Zimmer sehen, in dem die Polizei den Fußboden aufgebrochen hatte; das Loch war mit einer Holzplatte abgedeckt. Die Zeitung hatte zur Verdeutlichung noch einen Pfeil hinzugefügt.

Cees kannte das Friseurgeschäft in der Nieuwe Doelenstraat, obwohl er dort nie gewesen war. Es war ein kleiner, etwas altmodisch wirkender Laden. Den Friseur selbst kannte er nicht, und auch dem vorherigen Besitzer und dessen Sohn war er nie begegnet. Siebzehn Jahre alt war der Friseurssohn gewesen, als er den Mord beging, genauso alt wie Cees damals.

Hennie I. hatte sofort gestanden. Er hatte schon die ganze Zeit damit gerechnet, dass es irgendwann herauskommen würde. Nach seinem Geständnis war der Zeitung zufolge kein vernünftiges Gespräch mehr mit ihm zu führen. »[...] die unerträgliche geistige Anspannung, unter der der Verdächtige mehr als zwei Jahre gelebt hat, hat zu viele Gefühle ausgelöst«, schrieb der Reporter. Das Motiv für den Mord war noch unklar. Zu einem späteren Zeitpunkt würde der Verdächtige weiter verhört werden.

Der Rest der Geschichte stand auf der nächsten Seite. Um die Zeitung möglichst unversehrt zu lassen, benutzte Cees zwei Hände beim Umschlagen. Die Überschrift erschreckte ihn. WAR ANGST VOR ENTDECKUNG ALS TRANSVESTIT DAS MORDMOTIV? Der Bericht war nur wenige Zeilen lang. Der Friseurssohn habe sich regelmäßig als Frau verkleidet und sei diesmal von Arie dabei erwischt worden. Die Zeitung berief sich auf eine »sehr zuverlässige Quelle«. Der Kleiderberg, in dem die Leiche gefunden worden war, habe ausschließlich aus Damenkleidung bestanden.

Den Rest las er nicht mehr. Er vergaß Knitter und zu glättende Seiten und schlug die Zeitung mit einem Ruck zu.

Die Zeitung am nächsten Tag bestätigte das Motiv: »Arie durchbrach Bann des krankhaften Spiels. Mord aus panischer Angst in wenigen Minuten begangen.« Auch die überregionalen Zeitungen brachten die Geschichte groß auf der ersten Seite.

Hennie war allein zu Hause gewesen und hatte heimlich Damenunterwäsche angezogen. Gerade als er vor dem Spiegel stand, öffnete sich das Tor zum Innenhof. Da stand Arie, er schaute durchs Fenster direkt in die Küche und sah den so merkwürdig ausstaffierten Friseurssohn. Hennie rannte in Panik zu seinem Nachbarsjungen und fasste ihn am Hals. Ehe er so recht begriff, was geschehen war, lag Arie leblos am Boden. Rasend schnell verwischte er die Spuren und versteckte die Leiche in einer Kiste auf dem Dachboden. Als sein Vater nach Hause kam, machte er gerade den Abwasch, als wenn nichts gewesen wäre. Erst Monate später nahm er sich die Zeit, den Jungen besser zu verstecken.

Cees verstand genau, warum es so abgelaufen war. Hennie hatte sich natürlich zu Tode erschreckt. Cees konnte die Panik im eigenen Hals spüren, die Scham erschien ihm unerträglich. Mord ging zwar sehr, sehr weit, aber ihm fiel auch nichts ein, was Hennie sonst hätte tun können.

Wohl erstaunten ihn die Risiken, die der Friseurssohn eingegangen war. Als Klempnerlehrling kam Hennie oft in Häuser, in denen niemand war. Bei diesen Gelegenheiten inspizierte er wenn irgend möglich die Wäscheleine, auf der Suche nach geeigneter Kleidung. Dann nahm er ein Kleid oder eine Bluse mit nach Hause, oder Unterwäsche und Strümpfe. Cees bewunderte diesen Erfindungsreichtum, wusste aber zugleich, dass er selbst so etwas nie wagen würde. Man sah ja auch, wohin das führte.

Die Leute im Viertel reagierten schockiert, der »Travestiemord« war das Tagesgespräch. Leute, die den Friseurssohn vom Sehen kannten, gaben zu Protokoll, er sei eine sonderbare Gestalt gewesen und sie hätten schon immer angenommen, bei ihm sei eine Schraube locker. Er hatte noch nie ein Mädchen gehabt und sei beim Straßenfußball immer am Rand stehen geblieben.

Die Zeitungen bestätigten in ihren Analysen, dass der Täter psychisch gestört sei, und bezeichneten Travestie als eine psychopathische Anomalie. Einer der Redakteure beruhigte seine Leser: Es sei zwar eine krankhafte Neigung, diese müsse aber nicht immer gefährlich sein.

Cees durfte gar nicht daran denken, dass die Leute so über ihn reden würden. Er verstand nur zu gut, dass Hennie in einem schwachen Moment seiner Sehnsucht nachgegeben hatte. Ihm selbst fiel es auch immer öfter schwer, seine Phantasie zu bezwingen, wenn er das Schaufenster eines Damenmodengeschäfts vor sich sah. Er blieb nur kurz davor stehen, und hinein wagte er sich schon gar nicht. Im Warenhaus Vroom & Dreesmann konnte er manchmal noch unauffällig an den Regalen mit Damenkleidung vorbeigehen, als vorgebliche Abkürzung in eine andere Abteilung. Manchmal ließ er im Vorbeigehen die Hand an den Stoffen entlanggleiten. Immer hallte die Stimme von Pater Lucas in seinem Kopf wider: »Wer solches tut, der ist dem Herrn, deinem Gott, ein Greuel!«

Frauen waren ein Studienobjekt geworden. Er studierte ihre Gesten und ihren Gang und analysierte ihre verschiedenen Kleidungs- und Schminkstile. Er wusste genau, was ihm gefiel und was nicht. Manchmal imitierte er, was er gesehen hatte, und ging auf imaginären Pfennigabsätzen durch die Stadt. In den vollen Einkaufsstraßen übte er den Gang eines Mannequins auf dem Laufsteg und setzte seine Füße Schritt für Schritt in einer kerzengeraden Linie auf. Er wollte liebend gern, dass andere in ihm diese Frau in hohen Absätzen sahen, aber gleichzeitig kam ihm der Gedanke lächerlich vor, und er schämte sich zu Tode.

Er hatte seiner Traumfrau sogar einen Namen gegeben: Sisca. Nachts erwachte sie in den Geschichten und Gedichten zum Leben, die er in seinem Zimmer verfasste. Mit zwei Pullovern übereinander saß er beim Schein seiner Schreibtischlampe und dachte sich ganze Ringbuchblätter voll aus. Hinter den anderen Türen im oberen Flur lagen seine Eltern und Theo dann schon seit Stunden im Bett. Sisca führte ein glamouröses Dasein mit Modeshows, teuren Cocktails und einer unerschöpflichen Garderobe. In berühmten Grand Cafés klatschte sie mit Freundinnen über die anderen Gäste. Wenn sie am Arm eines hübschen Mannes im Smoking ein Theater betrat, waren aller Augen auf sie gerichtet.

Cees fragte sich, ob Hennie dieselben Phantasien gehabt hatte, wenn er seine Kleider anprobierte. Wie sich das wohl angefühlt hatte? Er selbst wagte sich an nicht mehr als ein Stück Tuch, einen weichen, hellblauen Stoffrest, den er aus dem Nähkasten seiner Mutter stibitzt hatte. Diesen legte er sich wie einen Rock um die Taille. Meistens tat er das unter der Bettdecke, damit er den Stoff um seine nackten Beine spürte. Ganz selten nahm er den Stoffrest mit in den Wald, um zu fühlen, wie es draußen sein würde, wo der Wind leicht durch die Falten strich. Das jetzt noch einmal zu tun, war ausgeschlossen. Vielleicht sollte er den Stoff wegwerfen. So zu enden wie Hennie, das wäre ein Alptraum.

18

»Woher weiß ich denn, ob, wie *ich* mich fühle, dasselbe ist, was eine Frau fühlt?«, fragt mein Vater. Ich habe keine Ahnung. Mein Gefühl als Frau jedenfalls äußert sich nicht in einer unbezwingbaren Sehnsucht nach Lippenstift und Netzstrümpfen. Trotzdem wäre ich für kein Geld der Welt gern ein Mann.

Wir sind unterwegs zur Schönheitsspezialistin. Monica entschuldigt sich für ihr Kinderpopo-Gesicht. »Diese alte Perücke sieht auch nicht aus, aber meine gute setze ich nicht auf, sie bringt nachher ja doch alles durcheinander.«

Ich bin noch nie in einem Schönheitssalon gewesen. Gewusel und Getue mit Cremes und Gesichtsmassagen sind überhaupt nicht mein Ding. Monica findet es wunderbar, und darum muss ich mit, sie will mir zeigen, wie ihr Leben als Frau aussieht. All die Dinge, die sie jetzt tun kann! Betrachtet man die erfüllten Klischees, dann ist das mit ihrem Frausein mehr als in Ordnung. Die letzten Monate haben sie alle Revue passieren lassen: Pfennigabsätze, große Mengen an Make-up, tief ausgeschnittene Kleider und übermäßiger Schmuck. Sie hat sich Ohrlöcher stechen lassen. So sah mein Macho-Vater seine Frauen gern.

Monica zieht ihre Bluse und ihre Schuhe aus und schmiegt sich in den Behandlungssessel. Ich schaue von einer normalen Sitzgelegenheit aus zu, wie die Schönheitsspezialistin ihr weiße Pantöffelchen über die Füße schiebt und ein Handtuch über Brust und Schultern drapiert. Die Existenz von Monica hat sie vor einigen Monaten über die Buschtrommel erreicht. Bis zu dieser Zeit war mein Vater für sie nicht mehr als ein bekannter Dorfbewohner, der Beigeordnete, mit dem sie ab und zu ein Schwätzchen hielt. Jetzt werden sie so langsam Freundinnen.

Sie senkt den Behandlungssessel ab und legt eine große, weiche Decke über Monica. Die liegt schon entspannt und mit geschlossenen Augen da und harrt der Dinge, die kommen. Die Schönheitsspezialistin spannt ein Frottee-Haarband um ihren Kopf. Währenddessen plaudern sie über die Tagescreme, die Monica bei ihrem vorigen Besuch gekauft hat. »Einfach toll, unglaublich.«

»Ja, die tut der Haut gut, nicht? Die hat natürlich auch einiges zu leiden gehabt, du fängst ja gerade erst an mit dem Make-up.«

Ich grabe in meinem Gedächtnis, wann habe ich das letzte Mal mit einer Freundin ein solches Gespräch geführt? Ich kann mich nicht erinnern.

»So, und jetzt reinigen wir die Haut erst mal schön.« Die Schönheitsspezialistin hantiert mit Creme, Wattepads und einem feuchten Handtuch. Sie richtet den Nebel aus einem Dampfgerät auf Monicas Gesicht. Nach einigen Minuten hält sie es für ausreichend und beginnt Monicas Augenbrauen mit einer Bürste und einer Schere zu bearbeiten.

Dann ist es Zeit für die Maske, Monica zufolge mit das Wunderbarste, was es gibt. Die Haut um ihre Augen hebt sich nackt gegen die dicke, weiße Creme ab, die Schönheitsspezialistin bedeckt sie mit Wattepads. Nicht mit Gurkenscheiben. »Das sieht man nur in Broschüren und Heften«, sagt sie, »im Salon tun wir das nicht.« Die nächsten zwanzig Minuten muss die Maske, begleitet von New-Age-Musikgeplätscher, ihr Werk verrichten. Wir lassen Monica im Behandlungsraum allein, sie dämmert schon langsam weg.

Monica macht sich Sorgen, ob ein Psychologe denn wohl anerkennt, dass sie an Gender-Dysphorie leidet. Ohne den offiziellen Stempel wird sie nicht für den Weg zu einer geschlechtsangleichenden Operation zugelassen. Sie empfindet diese Abhängigkeit als fürchterlich. »Wenn ein Schwuler sein Coming-out hat, glaubt ihm jeder aufs Wort, aber zu einem Transgender sagen die Fachleute: ›Nun mal langsam, das bestimmen wir!‹«

›Ja‹, denke ich, ›aber wegen seiner sexuellen Orientierung lässt man sich nicht in einen gesunden Körper schneiden.‹ Obwohl ich glaube, dass ihre Gefühle aufrichtig sind, ist es für mich doch eine beruhigende Vorstellung, dass da nicht leichtfertig zum Messer gegriffen wird. Denn nach der Operation gibt es keinen Weg mehr zurück.

Monica hat es eilig; sie hat eine Sterbensangst davor, als Mann ins Grab zu müssen. Immer wieder rechnet sie sich aus, wie viel Zeit der gesamte Prozess noch beanspruchen wird. Neun Monate nachdem sie uns von ihrer Veranlagung erzählt hat, steht sie noch immer auf der Warteliste der Uniklinik in Amsterdam, und das auch nur für ein erstes Aufnahmegespräch. Es wird sicher noch einige Monate dauern, bis sie an der Reihe ist, und nach dem Gespräch kommt sie auf eine neue Warteliste.

Wenn sie einmal auf dem offiziellen Weg ist, kann es weitere zwei Jahre dauern, bevor sie operiert wird. Wenn sie Pech hat, ist sie dann um die siebzig, und vielleicht ist das zu spät. Sie weiß nicht, ob ihr Körper der Operation noch gewachsen ist und ob ihr hinterher genug Zeit bleibt, das Resultat zu genießen. Sie klammert sich an Berichte von Ausnahmefällen, die plötzlich doch früher an der Reihe waren. Es gibt aber auch Leute, bei denen es umgekehrt viel länger gedauert haben soll.

Monica sieht die Gespräche, die sie demnächst mit einem Psychologen führen muss, als größtes Hindernis auf ihrem Weg. Wie soll sie den davon überzeugen, dass sie die Operation wirklich braucht? Sie ist all die Jahre recht gut mit ihrer Männerexistenz zurechtgekommen; einen Selbstmord wie viele ihrer Schicksalsgenossen hat sie jedenfalls nie in Erwägung gezogen. Welchen Kriterien muss sie eigentlich genügen? Und wie weiß man nun, wie sich eine Frau fühlt? Das weiß ich leider auch nicht. Einfach so, wie du dich fühlst.

»Soll ich dich ein wenig schminken?«, fragt die Schönheitsspezialistin, als sie den Sessel aufrichtet. Monica strahlt bei der Aussicht, gleich mit einem professionellen Make-up vor die Tür zu gehen. Es soll ein natürlicher Look sein und den Anschein erwecken, dass eine Frau frisch und ungeschminkt daherkommt, während es insgeheim sehr viel Zeit und Mühe gekostet hat. Der Lippenstift wird mit einem Pinsel aufgetragen.

Ich bin noch immer voll Verwunderung über diese neue Frau in meinem Leben. Eine wie sie habe ich noch nie aus der Nähe erlebt, und ich frage mich, wie es gewesen wäre, hätte ich sie schon früher kennengelernt.

19

Ich habe die digitale Version des *Telegraaf* vom 22. Mai 1969 auf maximale Vergrößerung gestellt. Die Druckerschwärze einer Schlagzeile auf der Rückseite schimmert in dem Foto durch, das ich studiere. Darauf stehen ein Mann und eine Frau hinter dem Tresen einer Kneipe. Zwei junge Leute ganz in dem hippen Stil der späten Sechziger. Er mit Schmalztolle und einem lässig offen stehenden Hemd ohne Krawatte, sie in einer ärmellosen Bluse – oder einem ebensolchen Kleid; nur die obere Hälfte ist zu sehen – und mit dickem Lidstrich, der sich in den Augenwinkeln zu einer schmalen Linie verjüngt. Im Vordergrund steht ein halbes Glas Bier, und hinter der Bar sehe ich einen leeren Sektkühler und ein paar Flaschen unklaren Inhalts. Die Frau hat eine Hand auf den Zapfhahn gelegt, ihre Fingernägel sind lackiert. Rot, stelle ich mir vor. Der Mann bleibt anonym, aber der Name der Frau wird in dem Artikel genannt: Peggy Wijnen.

Und jetzt tue ich etwas, das ich eigentlich ganz unmöglich finde: Ich suche in Peggys Gesichtszügen etwas, das sie verrät; etwas, woran man es sehen kann. Darf man dieses verlegene Lächeln »jungenhaft« nennen? Selbst so extrem vergrößert kann ich nichts Besonderes entdecken. Die Bildunterschrift lässt keinen Zweifel: »Jean-Marie, in Frauenkleidung, hinter der Bar des Antwerpener Lokals, in dem er gearbeitet hat.«

Peggy Wijnen war vier Monate jünger als mein Vater. Im Oktober 1967 legte sie sich auf den Operationstisch des Brüsseler Chirurgen André Fardeau. Ihr stand ein schwerer Eingriff bevor, für den es keine körperliche Notwendigkeit gab; sie war kerngesund. Dennoch wusste sie sicher, ohne Operation nicht weiterleben zu können.

Die zweiundzwanzigjährige Flämin arbeitete in einer Schwulenbar in Antwerpen. In tief ausgeschnittenen Cocktailkleidern oder Miniröcken mit gewagten Blusen stand sie hinterm Tresen. Ihre Erscheinung war so gelungen, dass die meisten Gäste nicht bemerkten, dass sie eigentlich Jean-Marie hieß. Für Peggy gab es kein größeres Kompliment; sie verabscheute alles, was mit ihrem Geburtsgeschlecht zu tun hatte.

Für hunderttausend belgische Francs – damals etwa siebentausend D-Mark – wurde Peggy in Brüssel von ihrem Penis erlöst und erhielt eine Vagina-ähnliche Öffnung, komplett mit Schamlippen, die aus der Haut ihres Hodensacks konstruiert waren. Der Chirurg hatte sich die Unterstützung eines Sexualwissenschaftlers und eines Urologen geholt. Er hatte erst ein Mal zuvor eine vergleichbare Operation vorgenommen, und auch die lag fast schon zehn Jahre zurück. Peggys Freund bezahlte den Eingriff.

Dass ihre Geschichte anderthalb Jahre später in allen Zeitungen stand, lag daran, dass Peggy die Operation nicht überlebte. Keine zwei Wochen nach dem Eingriff erlag ihr neuer Frauenkörper einem akuten Blutgerinnsel, das eine Lungenarterie verstopfte. Sie war gerade an diesem Tag aus dem Krankenhaus entlassen worden und voll Begeisterung darangegangen, ihr Geschlecht auch in ihrer Geburtsurkunde anpassen zu lassen. Einem Zeitungsartikel zufolge hatte sie beim Packen ihres Koffers, weniger als eine Stunde vor ihrem Tod, noch geseufzt, dass sie jetzt endlich glücklich sei.

Peggy hatte schlicht Pech gehabt. Die Komplikationen, an denen sie starb, waren – und sind noch immer – ein reales Risiko bei so einer schweren Operation. Trotzdem kam es zu einer polizeilichen Untersuchung, und ihre Ärzte mussten sich im Frühjahr 1969 vor dem Richter verantworten. Die Anklage lautete auf fahrlässige Tötung. Die drei hätten ihrer Patientin absichtlich »körperlichen Schaden« zugefügt, zwar ohne die Absicht, sie zu töten, aber dennoch mit Todesfolge. Die Kernfrage war, ob sie das Recht gehabt hatten, einen gesunden Körper zu »misshandeln« und zu »verstümmeln«. Die Anklage hoffte auf ein Verbot solcher Praktiken.

Peggys Geschichte ist die erste, auf die ich in den Archiven niederländischer Zeitungen stoße. Ich habe einfach so herumgestöbert, aus Neugierde auf das, was in meines Vaters Jugend in den »normalen« Medien über Transsexualität geschrieben wurde. Für Monica ist von Anfang an ganz klar gewesen: Hätte sie früher etwas von Gender-Dysphorie und der Möglichkeit einer geschlechtsverändernden Operation gewusst, dann hätte sie schon vor fünfzig Jahren den Schritt hin zu einem neuen Körper unternommen. Dann wären meine Schwester und ich nie geboren worden.

Ich bin nicht auf der Suche nach einem Was-wäre-wenn-Szenario. Ich möchte nur gern wissen, was in der Zeit bekannt war, als mein Vater heranwuchs. Wie waren die Handvoll Transgender, die den Weg zum Operationstisch gefunden hatten, an ihre Informationen gekommen? Wie hatten sie entdeckt, was ihr Problem war, und welche Widerstände mussten sie unterwegs überwinden? Vielleicht will ich damit aufzeigen, dass mein Vater das alles nicht hat wissen können und deswegen nichts zu bereuen braucht.

Aber wo ich immer mehr Beweise finde, dass das Tabu in den 50er und 60er Jahren kaum zu durchbrechen war, sieht Monica eine Anhäufung verpasster Chancen. Wäre sie nicht besser dran gewesen, wenn sie seinerzeit auch nur einen dieser Zeitungsberichte gesehen hätte? Sie ist neidisch auf die heutige Generation, die überall auf Informationen stößt und für die eine Selbstdiagnose nur mehr ein kleiner Schritt ist. Ein Coming-out ist immer noch nicht leicht, aber wenigstens braucht man nicht lange nach Hilfe und Schicksalsgenossen zu suchen. Ich dagegen verspüre zunehmend das Bedürfnis, die Geschichte meines Vaters ins richtige Verhältnis zu rücken.

Dem Eifer, mit dem sich sowohl die Staatsanwaltschaft als auch die internationale Presse auf Peggys Fall stürzte, entnehme ich, dass geschlechtsverändernde Operationen Ende der 60er Jahre noch nicht gängig waren. Auch das Phänomen Transsexualität war kaum bekannt. »... ein Junge als Beute geheimnisvoller Phänomene, die ihn tief unglücklich machten«, schrieben manche Zeitungen. Es ging um einen Jungen, der auf der technischen Schule und beim Militärdienst versagt hatte, weil er kein echter Mann war, und die Erfüllung seines Traums mit dem Tod hatte bezahlen müssen.

In der Arena des Gerichtssaals ließen Sachverständige aus der ganzen Welt ihre Muskeln spielen. Ärzte warfen sich gegenseitig vor, nicht auf der Höhe der neuesten Entwicklungen zu sein. Der wichtigste Zeuge der Anklage war ein belgischer Psychologieprofessor, der Peggys Ärzten schwere Nachlässigkeit vorwarf, weil sie keinen Psychiater hinzugezogen hatten. Sie hätten wissen müssen, dass es sich hier um »einen alltäglichen Homosexuellen« gehandelt habe, für den eine Operation nie eine Lösung sein könne. Weiter äußerte er die Vermutung, die drei hätten aus reiner Gewinnsucht gehandelt.

Die Verteidigung ließ einen amerikanischen Arzt einfliegen, der den Unterschied zwischen einem Trans- und einem Homosexuellen erläuterte. Er berichtete, er habe schon vierundzwanzig geschlechtsverändernde Operationen begleitet und kenne weitere vierundachtzig Fälle, denen ebenfalls mit einer Geschlechtsangleichung geholfen wäre, die einen solchen Eingriff allerdings nicht bezahlen konnten.

Die Diskussion im Gerichtssaal war repräsentativ für die Zweifel, die in Bezug auf »Transsexuelle« in der Medizin herrschten. Man war gerade erst dabei, das Phänomen zu entdecken. Der amerikanische Sexualwissenschaftler Harry Benjamin war nach Magnus Hirschfeld der Erste, der es ausführlich untersuchte. Ein Jahr vor Peggys Operation hatte er *The Transsexual Phenomenon* veröffentlicht. In diesem Standardwerk plädierte Benjamin für eine Hormonbehandlung in Kombination mit plastischer Chirurgie. Er arbeitete mit verschiedenen Spezialisten zusammen und hatte Anfang der 1950er Jahre die ersten erfolgreichen Geschlechtsangleichungen in den USA begleitet.

Die Aussagen während des Prozesses zeigen, dass die Sichtweise Benjamins noch längst nicht jedem Arzt bekannt und keinesfalls allgemein akzeptiert war. Falls es überhaupt so etwas gab, wie »im falschen Körper geboren« zu sein, dann war dies eine psychische Erkrankung. In einen gesunden Körper zu schneiden war verantwortungslos und zudem überhaupt nicht nötig. Obwohl die Journalisten Peggys Schicksal deutlich bedauerten, gingen sie kaum auf die Existenz von Transsexualität im Allgemeinen ein. Niemand stellte die Frage, wie es in den Niederlanden um die medizinische Praxis auf diesem Gebiet bestellt war.

Nach dem Urteilsspruch in dem Brüsseler Prozess verschwand das Thema wieder aus den Nachrichten. Die Angeklagten wurden freigesprochen. Der Richter befand, die Ärzte hätten Grund genug für einen chirurgischen

Eingriff gehabt und diesen außerdem mit der Zustimmung des Patienten und dessen Familie durchgeführt. Sie hätten auch keine medizinischen Fehler gemacht. Peggys Tod könne ihnen in keinerlei Hinsicht vorgeworfen werden.

Obwohl in dem Urteil nichts zu einem möglichen Verbot gesagt wurde, schien die Sache damit erledigt zu sein. Der Richterspruch führte weder zu neuen Diskussionen, noch änderte sich die herrschende Meinung über Geschlechtsanpassungen. Wer nicht zufällig im Mai 1969 eine Zeitung aufgeschlagen hatte, dem war die Angelegenheit vollkommen entgangen.

20

In dem Jahr, als Peggy Wijnen starb, war mein Vater zweiundzwanzig und genoss erstmals in seinem Leben eine große Freiheit. Er hatte eine Stellung als Lehrer an einer Schule für Kinder mit Lern- und Erziehungsproblemen bekommen. Mit den monatlich 800 Gulden, die er verdiente, konnte er sich ein eigenes möbliertes Zimmer leisten und die Tür seines Elternhauses endlich definitiv hinter sich schließen.

Fast wäre es nicht dazu gekommen. Kurz vor dem Sommer wurde er zum Militärdienst einberufen und bestand die Musterung glänzend. Der Tag, an dem er sich bei einer Panzerdivision in Amersfoort melden sollte, war wie ein drohendes Unwetter nähergerückt. Wieder unbeugsame Disziplin. Wieder mit lauter jungen Männern in einen Schlafsaal gepfercht, wo sein persönlicher Raum auf einen Spind ohne Schloss reduziert war. Monatelang war ihm die Frage, wie er dennoch ausgemustert werden konnte, durch den Kopf gegangen.

Ein dilettantisches Fußballspiel während der Sommerferien hatte ihn am Ende gerettet. Fast triumphierend unterschrieb er eine Erklärung, dass nicht die Armee verantwortlich sei für die – im Hinblick auf seinen Wehrdienst fatale – Knieverletzung, die er sich dabei zugezogen hatte.

Mit seinem ersten Gehalt in der Tasche hatte er sich sofort ein Zimmer gesucht. Das fand er bei dem Ehepaar Krijn am Wandelpad, an derselben Bahnlinie, die an seinem Elternhaus vorbeiführte, keinen Kilometer Luftlinie von diesem entfernt. Die Straße war nur an einer Seite bebaut, und die Wohnhäuser standen mit dem Gesicht zur Bahnlinie. Ihre kleinen Vorgärten und die Straße waren der einzige Puffer zu den vorbeidonnernden Zügen.

Er hatte eine kleine Dachkammer gemietet. Ein Bett, zwei Stühle und ein winziger Schreibtisch. Es gab ein Waschbecken und einen Ölofen, und unter dem Fenster stand ein altersschwaches Bücherregal. Eine dünne Wand trennte das Zimmer vom restlichen Dachboden, der als Abstellraum diente. Die Kisten und Kästen voll ausrangierter Sachen standen hoch aufgestapelt im Stockdunkeln da. Wenn man die steile Treppe hinaufstieg, überfiel einen der muffige Geruch vergangener Pracht. Schimmel, Staub, faulendes Holz. Aus Angst, der Mief könnte auch in sein Zimmer dringen, zog Cees immer schnell die Tür hinter sich zu. Vor die Klarglasfenster derselben hätte er am liebsten einen Vorhang gehängt, aber er befürchtete, seine Vermieterin könnte damit nicht einverstanden sein.

Frau Krijn stand immer sofort an der Tür, wenn er nach Hause kam. In höflichen Gesprächen, die seinen Gang nach oben verlangsamten, versuchte sie, ihre Neugier zu befriedigen. Sie erkundigte sich nach seiner Post oder dem Besuch, den er gehabt hatte. Cees verdächtigte sie, beim Putzen seines Zimmers die Gläser zu inspizieren, um zu sehen, was daraus getrunken worden war. Er wich ihr soweit es ging aus; alles an ihr widerstrebte ihm. Zähne, die zu groß waren für ihren Mund, und schmale, tief gefurchte Wangen.

Herr Krijn betrieb tagsüber einige Häuser weiter ein Fahrradgeschäft. In den Abendstunden trank er einen Schnaps nach dem anderen, eine stille Rebellion gegen seine Frau, die selbst keinen Tropfen zu sich nahm. Sie waren mittleren Alters, ihr Sohn war schon aus dem Haus.

Cees hatte sich mit Kost und Logis eingemietet, und Frau Krijn gab ihm jeden Morgen ein Lunchpaket mit Broten mit. Abends aß er zusammen mit dem Ehepaar und einem weiteren Mieter im Hinterzimmer. Fleisch, mit Mehl gebundenes Gemüse, Kartoffeln mit einer Fertigsoße. Zu trinken gab es Wasser oder Milch, und als Nachtisch servierte Frau Krijn knallbunte Wackelpuddings, die gefährlich auf den Tellern schwabbelten. Beim Essen sprach sie hauptsächlich über sich selbst und ihre wichtigen Bekanntschaften. Wenn sie das nicht tat, zankte sie sich mit ihrem Mann über dessen Alkoholkonsum.

Nach einiger Zeit warf Cees die Lunchpakete ungeöffnet weg und aß abends immer öfter im Lokal.

21

Im Jonghe Graef van Buuren hing die feste Truppe am Tresen. Während sich immer mehr Tische in dem rauchvernebelten Raum leerten, schoben die Stammgäste den Zeitpunkt des Nachhausegehens weiter vor sich her. Cees saß auf seinem Stammplatz, einem Barhocker an der kurzen Seite des Tresens. Das Glas Zitronengenever mit Zucker, das er bestellt hatte, stand zwischen den Biergläsern. Sein Nachbar schüttelte einen schwarzen Spielbecher und ließ fünf Würfel in Richtung Zapfhahn rollen. Eine Sechs, eine Drei, zwei Vieren und eine Eins. »Acht!«, brüllte der Blumenverkäufer Frits Valk. Der nächste Wurf enthielt keine Einser, und der Becher wurde weitergeschoben. Solange man eine oder mehrere Einser warf, blieb man an der Reihe. Die Einser aus allen Würfen wurden zusammengezählt, und derjenige, der, wenn er an der Reihe war, die siebte Eins würfelte, durfte sich ein Getränk bestellen. Wer die vierzehnte Eins warf, musste es bezahlen, und bei der einundzwanzigsten musste man sein Glas austrinken.

Sie hatten schon Rotwein gehabt, eine Bloody Mary, Cola-Rum und Tia Maria. Vögelchen musste das Zitrönchen bezahlen. Er war ein Junggeselle, der mit seinem langen, schmuddeligen Bart an einen Penner erinnerte. Seinen Spitznamen hatte er bekommen, nachdem jemand entdeckt hatte, dass er im täglichen Leben einen Sämereienhandel betrieb. Großer Spaß kam auf, als sich herausstellte, dass er außerdem auch alles über Vögel wusste und sich auf deren Gezwitscher spezialisiert hatte. Regelmäßig bat Cees Vögelchen, eine Krähe oder ein Rotkehlchen nachzumachen. Hingebungsvoll legte der dann die Hände vor dem Mund zusammen, um den richtigen Pfeifton zu produzieren. Die anderen kriegten sich vor Lachen nicht mehr ein. Dass Vögelchen nichts merkte, sondern eher noch vor Stolz glänzte, machte das Ganze noch lustiger.

Cees betrachtete die Stammgäste im Jonghe Graef als Publikum, er war der Kabarettist. Mit seinen trockenen Kommentaren konnte er sie zum Lachen bringen, bis ihnen die Tränen kamen. Und das nicht nur auf Kosten von Typen wie Vögelchen. Auch der dicke Autoschlosser, der nie ein sinnvolles Wort hervorbrachte, und der Armenpfleger, der am Ende des Abends immer den ganzen Laden aufkaufen wollte, waren Zielscheiben seines Spotts. Am Tresen erschuf Cees eine ganz neue Welt. In Geschichten, die er sich an Ort und Stelle ausdachte, hatte er die Polizei bei einer Kontrolle übers Ohr gehauen und eine schaudererregend spannende Pokerpartie in einer französischen Dorfkneipe gewonnen. Neuen gegenüber gab er sich als Rosenzüchter oder Direktor einer Ölplattform aus.

»Pfui Deibel, Weibergesöff!« Nico kippte sich den Zitronengenever mit einem Mal in den Hals und wischte sich grob mit dem Handrücken über die Lippen. »Das kriegst du zurück, du Schildkröte!« Cees trug seinen Spitznamen mit Stolz, er hatte ihn erworben durch eine alberne Geschichte von einer Schildkröte; den genauen Hergang hatte er schon vergessen. Jedenfalls gehörte er mit dazu und wurde bei einer Runde Bier niemals übergangen. Damit nahm man es im Jonghe Graef sehr genau. Neulinge mussten erst eine unsichtbare Ballotage bestehen, bevor sie am Tresen dabei sein durften. Männer mit Bravour und einem gewissen Status waren hier tonangebend. Wie die Jungs, die regelmäßig in teuren Autos erschienen und auf dem Parkplatz mit viel Trara die Pferdestärken des Motors demonstrierten. Oder eine Gestalt wie Herr De Loos, ein ehemaliger Kapitän der Handelsmarine, der in Laren wohnte und immer per Taxi vorfuhr. Mit seinem beeindruckenden Schnauzbart und dem spanischen Rohrstock, den er unter dem Arm trug, schien er direkt von seinem Schiff hergekommen zu sein, die javanischen Matrosen noch in ihren Kojen unter Deck.

Nico war Sergeant im Ausbildungszentrum der Marine am Noodweg in Hilversum. Als Sanitätssoldat musste er den Rekruten die Feinheiten der Verwundetenpflege beibringen. Nach dem Training standen die auszubildenden Marinesoldaten manchmal reihenweise um den Tresen des Jonghe Graef. Nico kam vorzugsweise ohne seine Schützlinge. Heute Abend war er erst spät hereingeschneit, nach seinem wöchentlichen Besuch im Schützenverein. Seine Pistole lag neben seinem Glas Bier auf dem Tresen. Er hatte sie aus dem Auto geholt, weil einer der Gäste seine Geschichten über das Schützenwesen nicht glauben mochte. Das Ding war daraufhin den ganzen Tresen entlanggereicht worden, alle wollten die Waffe einen Moment lang in der Hand halten. Cees hatte sie mit einem Scherz weitergegeben.

Frits schüttelte den Würfelbecher. Sieben. Er bestellte einen Martini. Die Kneipe war jetzt bis auf den Tresen ganz leer. Einer der Kellner hatte die Gläser schon eingesammelt und leerte gerade die Aschenbecher. Verstreute Asche kehrte er sorgfältig aus den kleinen Perserteppichen auf den Tischen.

»Warum hat eine Frau genau eine Gehirnzelle mehr als eine Kuh?« Nicos Schnauzbart schien sich immer frecher aus seinem sorgfältig getrimmten Bart nach oben zu kräuseln. »Damit sie nicht die ganze Küche vollscheißt!« Brüllendes Gelächter. Cees lachte mit. Der Besitzer des Ladens, Geurts, sprach seine Gäste manchmal auf üble Witze an. »Das mögen wir hier nicht so!«, tadelte er sie dann. Hinter seinem Rücken wurde er dafür ausgelacht. Cees hielt in solchen Momenten wohlweislich den Mund; ehe man sichs versah, wurde man als »Weichei« oder »Warmer« beschimpft.

»Letzte Runde!« Rudi, der hinter dem Tresen Gläser abwusch, schaltete die Nachtbeleuchtung ein. In dem grellen und ungemütlichen Licht verdampfte die Stimmung des Abends schnell. Jemand fragte, ob er es ausschalten könnte. »Lasst mich mal«, murmelte Nico. Mit einem wohlgezielten Schuss knallte er die Lampe über dem Stammtisch zu Scherben. Cees war beeindruckt. Nico sollte sein bester Freund werden.

22

Das Madame Arthur befand sich in der Korte Leidsed-warsstraat Nummer 45, nicht weit entfernt von einem Chinarestaurant, einer Künstlerkneipe und einem Kino. Sobald sie am Leidseplein um die Ecke bogen, sah Cees die blinkenden Neonbuchstaben zwischen den Aushängeschildern mit Bierreklamen. »Arthur« stand senkrecht und in Großbuchstaben da. Fotos in einer Vitrine sollten neugierige Passanten hereinlocken. Neben der Tür stand ein Portier im Smoking.

Sie waren mit einer kleinen Truppe aus dem Jonghe Graef nach Amsterdam gekommen. Cees, Vögelchen und zwei Männer vom Rundfunk. Letztere hatten die Initiative hierzu ergriffen; was sie betraf, war der Abend schon im Vorhinein legendär. Sie waren schon etwas älter und bekannt für ihre Diskussionen über die immer lockerer werdende Moral. Angeregt meckerten sie über Provos, Drogenexperimente, die freie Liebe und was heutzutage sonst noch alles einfach möglich sein sollte.

»Nur zu, nur zu!« Sie schauten Cees und die anderen jüngeren Gäste dann immer kopfschüttelnd an. »Also, die heutigen Studenten …« Eine Anschuldigung, durch die er sich eigentlich angesprochen fühlen musste. Seit kurzem war er für ein Pädagogikstudium in Amsterdam eingeschrieben, und bald würde er seine ersten Prüfungen ablegen. Von den ganzen Protesten hatte er noch nicht viel mitbekommen, aber dass es in Uni-Nähe durchaus heftig zugehen konnte, war ihm schon klar. Es war eine neue Welt, die er aus einiger Entfernung mit Verwunderung betrachtete.

Ausgerechnet die Sittenprediger aus dem Jonghe Graef nahmen ihn mit ins Madame Arthur. In diesem Nachtklub traten Transvestiten auf; der Gipfel der Amsterdamer Sittenlosigkeit. Die Rundfunkleute redeten von nichts anderem mehr; so etwas hatte man noch nie gesehen. Cees wagte nicht genauer nachzufragen, aber er ließ sich kein Wort entgehen. Er konnte es fast nicht glauben, dass es einen Ort gab, an dem Männer öffentlich ein Kleid tragen konnten. Was würden sie anhaben? Würden sie echten Frauen ähneln? Er hatte sich schon vorgenommen, mal heimlich hinzufahren und zu gucken, als die Rundfunkleute selbst mit dem Vorschlag ankamen.

Aus dem Saal klang Stimmengewirr, die Show hatte noch nicht begonnen. Cees konnte es kaum erwarten hineinzugehen, gleichzeitig aufgeregt und beunruhigt wegen dem, was da kommen würde. Sie hatten gesagt, dass die Transvestiten die Besucher manchmal mit auf die Bühne zogen oder singend zu einem Tisch kamen. Er wollte einfach nur gucken.

Der Saal verströmte die Atmosphäre berühmter Pariser Nachtklubs, die er schon mal in einer Zeitschrift gesehen hatte. Es hatte etwas vom Folies Bergère, mit viel Plüsch und Rosa und kissenweichen Wänden. Ein Transvestit in einem Cocktailkleid brachte sie zu einem Tisch. Die Bühne lag versteckt hinter einem Vorhang.

Die Getränke waren erschreckend teuer. Für den Preis von einem Bier konnte man im Jonghe Graef glatt fünf oder sechs trinken. Routinierte Serviererinnen sorgten dafür, dass ein Glas nie lange leer blieb. Lulu erschien auf der Bühne. Sie war wohlgeformt und weiblich, jedenfalls, solange sie sich nicht bewegte. Jeder Schwenk mit dem Arm, jede Verbeugung war übertrieben und triefte nur so vor Spott. Lulu hatte die Aufgabe, die Auftritte anzukündigen, und vollführte dabei selbst einen Striptease, der bei jeder Ansage ein kleines Stück weiterging.

Im Laufe des Abends zog eine bunte Parade von »Damen« mit Namen wie »Daisy Dynamite« (angekündigt als »la exotique africaine«) und »Olivette« (»la fantaisiste comique«) an ihnen vorüber. Sie erschienen aufgerüscht in Abendkleidern mit Glitter und Pelzkrawatte oder in sexy Korsetts mit Netzstrümpfen und einem Cancan-haften Federputz. Hüftwiegend auf den allerhöchsten Stöckeln warfen sie mit Kusshändchen um sich, klimperten mit den Wimpern und kräuselten die Lippen. Cees fand nur einen Transvestiten stilvoll und nicht von einer echten Frau zu unterscheiden, aber die meisten waren überdeutlich verkleidete Kerle. Mit Cees' Sisca-Träumen hatte das nichts zu tun. Seine Begleiter klatschten und pfiffen überschwenglich mit.

Nach und nach wurde das Publikum immer ausgelassener, wenn Lulu wieder auf der Bühne erschien. Sie hatte nur noch einen BH und einen Slip an. »Und jetzt ganz nackt!«, rief ein dicker Mann aus dem Saal. Er war rot angelaufen und schien kurz davor, auf die Bühne zu springen. »Ach, der Herr möchte mich ganz nackt sehen?« Es klang überrascht, aber sie lächelte dabei und ließ ihre epilierten Augenbrauen auf und ab gehen. Das Publikum stimmte von verschiedenen Seiten zu. »Et voilà!« Ehe jemand sichs versah, zog Lulu ihren BH weg. Lautes Johlen. Der Bierbauch wusste nicht, wohin er blicken sollte.

Cees war entsetzt von so viel Flachheit.

23

In der *Wereldkroniek* vom 8. August 1964 las ich, dass »ganze Busladungen« von Provinzlern ins Madame Arthur kamen. »Travestie mit einer traurigen und einer bedenklichen Seite« stand über dem Artikel, und der Verfasser fragte sich, was den großen Erfolg des Klubs erklärte. War es, weil man sich dort »beim Anblick einer Spielart der Natur so schön gruseln« konnte?

Dem Artikel zufolge traten manche notgedrungen als Transvestiten auf, weil sie als männliche Künstler zu wenig Talent besaßen, um professionell Erfolg zu haben. Oft hatten die Auftritte im Kleid »als Scherz« angefangen. Für andere wiederum war es eine sehr ernste Sache und die einzige Möglichkeit, sich als Frau identifizieren zu können und als solche bewundert zu werden. Audrey war so jemand; ihr Foto stand neben der Geschichte abgedruckt. Sie nähte sich gerade an einer Nähmaschine ein Kleid. »Wieder ein Er, der eine Sie sein möchte«, verrät die Unterschrift.

Audrey selbst kam leider nicht zu Wort, man hatte nur ihren Kollegen Paname interviewt. Er sei einer der wenigen Künstler im Madame Arthur, der eine Show auf hohem Niveau abzuliefern verstehe, versicherte der Reporter. Auf einem großen Foto oben auf der Seite war zu sehen, wie Paname tagsüber als »unauffälliger Herr« auf einer Amsterdamer Terrasse saß, daneben sah man ihn als »grande dame« ausstaffiert auf der Bühne des Madame Arthur. Falsche Wimpern, Glanzkleid, eine hohe blonde Perücke und ein enormer Fächer aus Federn. Paname bedauerte es, dass die meisten Leute sein Künstlerdasein mit seinem Privatleben verwechselten. »Wenn ich mich abends schminke, komme ich mir eher wie ein

Clown als wie eine Frau vor«, sagte er. Er nehme seinen Beruf ernst und würde irgendwann gern in einer großen Revue in Las Vegas auftreten, aber dieser Ehrgeiz bedeute noch nicht, dass er zu Hause auch eine Frau sein wollte, wie viele Leute offenbar doch dachten. Letzteres war dem Verfasser des Berichts zufolge genau die bedenkliche Seite des Madame Arthur. Den meisten Künstlern, die als Transvestiten die Bühne betreten würden, sei anfangs noch nicht klar, dass dies auch Folgen für ihr persönliches Leben haben konnte. Nur »ein einziger Beruf [ist] es wert, dass man ihm menschliches Glück opfert«, philosophiert der Berichterstatter zum Schluss. »Und das ist sicher nicht der Transvestitismus, der noch nie einen Künstler mit einem Talent und einer Persönlichkeit von wirklicher Größe hervorgebracht hat.«

Die *Wereldkroniek* war ein Wochenblatt mit einer Vorliebe für Königshäuser, Filmstars und private Dramen. Wenn man der Königlichen Bibliothek glauben durfte, war das Blatt eine Kreuzung zwischen *Stern, Bunte* und *Gala.* Auch eine Witzrubrik und ärztliche Ratschläge fehlten nicht. Mir schien, als sollte ich die *Wereldkroniek* inhaltlich nicht allzu ernst nehmen, aber ich konnte mir vorstellen, dass der Ton, den der Bericht anschlug, durchaus repräsentativ dafür war, wie der Durchschnittsniederländer Berufstransvestiten betrachtete. Bedauernswerte Gestalten, die nichts anderes konnten.

Welch ein Unterschied zu Paris! Dort waren die Transvestiten-Revuen von Nachtklubs wie Chez Madame Arthur und Le Carrousel ein Begriff. Sie waren wenige Jahre nach dem Zweiten Weltkrieg gegründet worden und wurden regelmäßig von Berühmtheiten wie Maria Callas, Josephine Baker, Bob Hope und Edith Piaf besucht. Die dort auftretenden Transvestiten hatten den Status von Diven.

Einer der größten Pariser Stars war Coccinelle, eine sexy Blondine, die sich nicht hinter Marilyn Monroe oder Brigitte Bardot zu verstecken brauchte. Sie war für viele transsexuelle Entertainer das große Vorbild. 1958 unterzog sie sich einer operativen Geschlechtsumwandlung und heiratete Anfang der 60er Jahre, nachdem sie auch juristisch den Status einer Frau erlangt hatte.

Coccinelle ließ sich von dem Gynäkologen Georges Burou in seiner Praxis in Casablanca operieren. Zu diesem Zeitpunkt hatte er erst einige wenige Operationen vorgenommen, aber schon bald erwarb er sich bei Transsexuellen auf der ganzen Welt eine Art Heldenstatus. Nicht nur, weil es keine anderen Möglichkeiten für eine Operation gab, sondern auch, weil er schöne Ergebnisse erzielte. Auch moderne Operationen beruhen noch immer auf der von Georges Burou in seiner Clinique du Parc entwickelten Technik.

Woher hätte mein Vater dies alles wissen sollen? Im Madame Arthur war er Coccinelles Welt sehr nahegekommen, aber die Distanz zwischen Publikum und Bühne muss in diesem Fall ein riesiger Graben gewesen sein.

Ich frage mich, wie mein Vater doch auf die richtige Spur hätte kommen können. Wie sah das Leben von Männern aus, die versuchten, Frau zu sein – in einer Zeit, als noch fast niemand von Transsexualität gehört hatte? Wo konnten diese Menschen sie selbst sein, und wie gelangten sie an Informationen darüber, was mit ihnen los war? Ich las die Biographie von Aaïcha Bergamin, einer der ersten Transsexuellen, die Anfang der 70er Jahre in den Niederlanden operiert worden waren.

Sie schien mir eine exzentrische Type gewesen zu sein, die gern schockierte. Sie liebte es, sich überschwenglich und fast schon ordinär aufzudonnern (»nuttig« nannte sie es selbst, was sie weniger schlimm fand als »ordinär«), und sie trug immer ein dickes Make-up. Ihr Körperbau war kräftig und ihre Sprache grob. Sie war von der Art, für die sich mein Vater im Madame Arthur so geschämt hatte. Auch Aaïcha hatte in Travestieshows gestanden und in den 50er Jahren sogar eine Weile im Le Carrousel in Paris gearbeitet.

Es ging um Sex. Viel und oft. Aaïcha verdiente ihr Geld als Prostituierte und bekam später einen gewissen Status als Puffmutter im Amsterdamer Rotlichtviertel De Wallen. Die plastischen Details über das »bumsen« und »ficken« gaben mir das Gefühl, einen verkappten Porno zu lesen und nicht eine Geschichte über den »bizarren Konflikt einer als Mann geborenen Frau«, wie es der Titel versprach.

Von Aaïcha lernte ich, wie man als Hure mit einem Penis einem Mann so dermaßen den Kopf verdrehen konnte, dass er die fehlenden Körperteile nicht vermisste. Sie legte ihre Kunden auf den Rücken, drückte ihnen ihr Dekolleté unter die Nase, flüsterte geile Sachen und streifte ihnen schnell ein Kondom über, wonach sie deren Glied zwischen ihren Schenkeln hin und her rieb. Ihr eigenes Geschlecht hatte sie zwischen ebendiesen Schenkeln nach hinten gedrückt. Wenn irgend möglich behielt sie ihren Slip an, um das Ganze zusammenzuhalten. Fast keiner kam ihr auf die Schliche. Während die Männer »strunzgeil« ihrem Höhepunkt entgegenfieberten, durchsuchte Aaïcha ihre Taschen. Das Geld, das sie fand, warf sie unters Bett. »Anschaffen und abziehen« nannte sie ihr Vorgehen.

Regelmäßig landete sie in der Zelle. Weil sie beim Diebstahl oder beim Anschaffen erwischt worden war, aber oft auch aufgrund des Travestieverbots, das erst 1983 aufgehoben wurde. Wenn die Polizei nicht aus eigenen Stücken kam, wurde Aaïcha von »normalen« Huren verpfiffen, die diese Konkurrenz nicht zu schätzen wussten. Auf der Polizeiwache ergötzte man sich an der Frau mit dem Schwanz – oder dem Mann mit den Titten. Ihre Garderobe und ihr Make-up wurden immer wieder in Beschlag genommen, und manchmal dauerte es Monate, bevor man sie freiließ.

Aaïcha führte mich in eine Welt von Bordellzimmern, Etablissements und zwielichtigen Nachtlokalen, bevölkert von Figuren mit Namen, die, für die Allgemeinheit allerdings unverständlich, so viel bedeuteten wie Stine die Dicke, Will der Pferdekopf und Püppi Austrickser. Sie alle hatten so ihre Methoden, anderen mit möglichst wenig Arbeit möglichst viel Geld aus der Tasche zu ziehen. Aaïcha und ihre Kollegen hatten es auf »geile Herren« abgesehen, während die Zuhälter die Huren erpressten. Je verletzlicher man war, desto höher die Miete oder der Prozentsatz der Einnahmen, die man abgeben musste.

Es gab noch einige weitere Transsexuelle auf den Wallen und dem Straßenstrich in der Utrechtsestraat. In Schwulenlokalen um den Rembrandtplein träumten sie von einem besseren Leben als Travestiekünstler. Regelmäßig fuhr Aaïcha nach Antwerpen oder Paris, wo es mehr Arbeit in der Revueszene gab. Aber auch im Ausland war es einem Mann verboten, in Frauenkleidung über die Straße zu gehen.

Aaïcha brachte es als Revuekünstlerin nie so weit wie ihre großen Pariser Vorbilder und landete immer wieder in der Prostitution. In ihrem Buch führte sie vielerlei Gründe dafür an. Dass sie auf dunkelhäutige Männer stand, was in dieser Zeit gar nicht ging und zu Reibungen mit der Chefin des Klubs führte, in dem sie arbeitete. Dass die Band, mit der sie auftrat, plötzlich nach Amerika zurückkehrte. Dass sie, indem sie »die Hure spielte«, mehr Geld verdienen konnte denn als Künstlerin.

Ich ärgerte mich über Aaïcha. Obwohl ihre Geschichte erschütternd war, erzählte sie alles geradezu lakonisch, als genösse sie die unterhaltsamen Details. Ihr angeberischer Ton schien mir die Vorurteile über Transgender eher zu bestätigen, als das Tabu zu durchbrechen. So als hätte sie es sich auch ein wenig selbst zuzuschreiben. Ich konnte mir meinen Vater absolut nicht in ihrer Welt vorstellen.

24

Aaïcha wurde in meinen Augen erst ein wenig rehabilitiert, als ich ein anderes Buch las, und zwar »Mann oder Frau? Das Dilemma des transsexuellen Menschen« von dem Mediziner Otto de Vaal. Es war 1971 veröffentlicht worden und damit die erste niederländische Studie zu dem Thema, die ich finden konnte.

In dem Buch analysiert de Vaal einige Fälle sowohl von Männern, die sich als Frau, als auch von Frauen, die sich als Mann fühlten. Die erste Gruppe stellte mit dreißig zu vier weitaus die Mehrheit. Ich erkannte Aaïcha in »Proband A«. De Vaal beschrieb sie als jemanden mit einem relativ starken Bartwuchs, der mit dicken Make-up-Schichten maskiert werden musste. Ihre Stimme war von Natur aus hoch, was wiederum ein Vorteil war.

Ich las die mir bekannte Geschichte mit einigen neuen Details. Otto de Vaal nannte es ein »unglaublich kompliziertes Leben«. Bei der nüchternen Aufzählung der Fakten – zusammengefasst auf wenigen Seiten und ohne diesen Hauch des Sensationellen – ging mir Aaïchas Schicksal durchaus nahe.

Die Entrüstung über den Mangel an Hilfsangeboten in den Niederlanden war nicht zu überlesen. De Vaal erregte sich über die Tatsache, dass Transsexualität nicht als körperliches Problem anerkannt, sondern als psychiatrische Störung gesehen wurde. Die Medizin betrachtete das Phänomen als eine Art Steigerung der Homosexualität, die zu dieser Zeit im *Diagnostic and Statistical Manual of Mental Disorders,* dem weltweiten Standardwerk für psychiatrische Diagnostik, noch als Krankheit geführt wurde. Erst 1973 wurde der entsprechende Artikel aus dem Handbuch gestrichen. Die meisten »Probanden« aus de

Vaals Studie hatten das selbst erlebt. Sie hatten etwa von ihrem Hausarzt zu hören bekommen, die Neigung zum Tragen von Frauenkleidern würde sich schon noch legen, wenn sie erst einmal verheiratet seien und ein geregeltes Sexualleben hätten. Andere landeten in einer psychiatrischen Anstalt.

Weil Transgender ihrem Schicksal überlassen wurden, war es leicht, sie zu missbrauchen. Unter den Ärzten, die bereit waren, ihnen Hormone zu verschreiben, gab es auch solche, die dafür riesige Geldsummen verlangten. Niederländische Transsexuelle verschlug es oft nach Belgien, wo sie fünfzig bis sechzig Gulden pro Dosis bezahlten. Laut de Vaal, selbst Endokrinologe, waren sie ungenau bei der Dosierung und sogar in der Wahl des Medikaments. Das erkannte ich aus Aaïchas Bericht: Sie hatte von einem Hurenarzt auf dem Oudekerksplein ein Mittel gegen Prostatakrebs bekommen; Brustbildung war eine Nebenwirkung der Östrogene in dem Medikament.

Eine geschlechtsverändernde Operation ließ sich hierzulande nicht machen. 1960 war sie in den Niederlanden ein Mal durchgeführt worden – bei einer Frau, die Mann wurde –, und die Reaktion von Medizinern war so heftig gewesen, dass sich danach keiner mehr die Finger daran zu verbrennen wagte. Es hatte parlamentarische Anfragen gegeben, aber zu einer strafrechtlichen Verfolgung kam es nicht. Niemand konnte einen passenden Gesetzesartikel finden, aufgrund dessen die Ärzte hätten verfolgt werden können. Gegner verlangten eine entsprechende Gesetzesänderung. Der Minister für Soziales und Volksgesundheit bat den Gesundheitsrat um eine Empfehlung.

Fünf Jahre später legte der Rat einen Bericht vor, der Otto de Vaal zufolge niemals hätte veröffentlicht werden dürfen. Auch hier lautete die Schlussfolgerung, dass Transsexualität eine psychiatrische Störung sei. Die Kommissionsmitglieder hatten nicht einen Patienten gesprochen. Vielleicht war das der Grund, weshalb sie keine unumwundene Empfehlung für ein Verbot von geschlechtsverändernden Operationen auszusprechen wagten. In Den Haag saß mittlerweile ein neuer Gesundheitsminister, der das Ganze auf sich beruhen ließ.

De Vaals Buch entnahm ich, dass Aaïcha es nicht bei Träumen belassen hatte, sondern in der Nachfolge Coccinelles tatsächlich für eine geschlechtsangleichende Operation nach Casablanca gefahren war. Sie hatte mit einer Freundin vor der Klinik von Doktor Burou gestanden, um dort festzustellen, dass er seinen Tarif gerade von zehn- auf zwölftausend Gulden erhöht hatte. Zusammen fehlten ihnen also viertausend Gulden. Warum sie diese Szene nicht in ihr eigenes Buch aufgenommen hatte, war mir ein Rätsel.

Aaïcha hatte auch nichts von der Brustvergrößerung und den Faceliftings geschrieben, denen sie sich unterzogen hatte, um weiblicher auszusehen. Das, zusammen mit den vielen Epilierbehandlungen zur Entfernung ihres Bartwuchses, hatte sie ein Vermögen gekostet. Ich begann zu verstehen, warum sie das »Anschaffen und Abziehen« einem mageren Künstlergehalt vorgezogen hatte, und fragte mich, wie sich weniger exzentrische Transsexuelle in dieser Zeit über Wasser gehalten haben.

Der erste Transsexuelle hatte 1968 zufällig die Wege von Otto de Vaal gekreuzt. Eines Tages stand ein befreundeter Nachbar und Internist bei ihm vor der Tür: »Otto, ich habe da so einen merkwürdigen Patienten, magst du ihn dir einmal anschauen?« Es handelte sich um einen Studenten, der schon drei Selbstmordversuche unternommen hatte und nach dem letzten ins Weesperplein-Krankenhaus in Amsterdam aufgenommen worden war. Da saß er, ununterbrochen häkelnd und strickend, zwischen lauter anderen Männern im Saal.

Der Junge war ein Transsexueller, und de Vaal beschloss, sich um den Fall zu kümmern. Nicht nur berührte ihn das Los des jungen Mannes, sondern zunehmend interessierte ihn auch das Phänomen als solches, für das es noch immer keine wissenschaftliche Erklärung gab. Das passte zu seinem Interesse für geschlechtliche Anomalien, über die er schon früher in der medizinischen Fachliteratur geschrieben hatte. Er war davon überzeugt, dass es eine körperliche Ursache geben und die Lösung des Problems nicht in der Psychiatrie gesucht werden musste. Zunächst ließ de Vaal Abstriche vom Wangenschleim des Studenten machen, um dessen Chromosomen zu untersuchen. Wie sich herausstellte, hatte dieser das Klinefelter-Syndrom, eine Anomalie, bei der es ein weibliches Geschlechtschromosom zu viel gibt. Anstelle des normalen XY-Musters lag bei ihm ein XXY-Muster vor. De Vaals Neugierde war sogleich geweckt.

In Amsterdam sprach sich schnell herum, dass es einen Arzt gab, der Transsexuelle ernst nahm, und es meldeten sich immer mehr Menschen, die alle ihre Hoffnung auf de Vaal setzten. Die meisten kamen aus dem Bereich des Entertainments und der Prostitution und hatten ähnliche Probleme wie Aaïcha.

Bis zu dieser Zeit hatte de Vaal, der außer Endokrinologe auch Kinderarzt, Pharmakologe und Toxikologe war, die unterschiedlichsten medizinischen Themen ins Bewusstsein der breiten Öffentlichkeit gerückt. Er schrieb Artikel für *De Groene Amsterdammer*, *Vrij Nederland* und *Het Parool* und war fast wöchentlich beim VARA-Sender im Radio zu hören. Brauchte man für eine Fernsehsendung einen Mediziner als Experten, rief die Redaktion Otto de Vaal an. Er konnte gut reden, war leidenschaftlich und ging kontroversen Themen wie dem Gebrauch weicher Drogen oder der Abtreibung nicht aus dem Weg. Als er anfing, sich mit Transsexualität zu beschäftigen, beendete de Vaal diese Art des öffentlichen Auftretens schlagartig. Er wollte seine Forschungen auf keinen Fall gefährden; das Thema wurde ohnehin schon kaum ernst genommen.

De Vaal war fest entschlossen, Transsexuellen zu helfen. Weil er sie nicht als wirkliche Patienten betrachtete, nannte er sie »Probanden«, nach dem wissenschaftlichen Begriff für jemanden, der im Mittelpunkt genetischer Forschungen steht. Aus seiner eigenen Spezialisierung heraus konnte er sichere Hormonkuren verschreiben, aber er brauchte auch jemanden, der bereit war, eine geschlechtsangleichende Operation vorzunehmen. »Detranssexualisierung« nannte er es. Er suchte fast anderthalb Jahre und telefonierte mit sämtlichen Chirurgen, Urologen, Gynäkologen und plastischen Chirurgen, die er kannte, aber niemand war bereit, einen anderen Mann von seinem Geschlecht zu befreien. »Stell dir vor, Otto, du erwachst aus der Narkose und entdeckst, dass du deinen Schwanz los bist!«, riefen sie während der langen Telefonate. »Da sitzt man doch gleich senkrecht im Bett!« Außerdem machten sie sich Sorgen über die juristischen Konsequenzen, die eine solche Operation haben könnte. Ein mögliches Verbot war nach dem Bericht des Gesundheitsrates von 1965 noch immer nicht vom Tisch.

Schließlich landete de Vaal in Beatrixoord, einer kleinen Klinik in einem von der Schließung bedrohten Behelfsgebäude im Amsterdamer Oosterpark. Der junge plastische Chirurg Philip Lamaker, der dort arbeitete, erklärte sich zur Durchführung der Operation bereit. Im Februar 1970 war der Student aus dem Weesperplein-Krankenhaus als Erster an der Reihe. Danach folgten noch viele mehr, unter anderem auch Aaïcha. Mit der Zeit fanden auch ausländische Transgender ihren Weg nach Amsterdam.

Die Direktorin von Beatrixoord, Truus Wijsmuller, drängte de Vaal, eine Stiftung zu gründen, in der sich renommierte Fachleute verschiedener Disziplinen dem Thema als Berater widmen sollten. Eine solche Organisation würde der von de Vaal gebotenen Hilfe Seriosität verleihen und die Hilfe außerdem auf eine höhere Stufe heben. Anfang 1972 war eine Stiftung, die Stichting Nederlands Gender Centrum (später kurz »Genderstichting« genannt), gegründet.

Abgesehen von der medizinischen Seite sorgte sich Otto de Vaal auch um das gesellschaftliche Los von Transsexuellen. In seiner Studie bezeichnete er sie als »sozial invalid«, weil sie oft ihre Arbeit verloren und keinen Kontakt mehr zu Freunden und Verwandten hatten. De Vaal fand, dass er unter diesen Umständen keine Entlohnung für seine Dienste verlangen konnte. Die Leute, denen er half, verdienten ihr Geld oft in der Prostitution, und er wollte nicht, dass jemand seine Rechnungen auf diese Weise begleichen musste. Stattdessen sorgte er auf anderen Wegen für Geld für sie: Seine Frau und deren Freundinnen sammelten Kleidung, und er kümmerte sich um Gelder, mit denen in Notfällen die Zimmermiete und andere Grundbedürfnisse bezahlt werden konnten. So war er auch außerhalb seiner Praxis fortwährend mit den Belangen von Transgendern beschäftigt. Wenn wieder einmal jemand als Transvestit von der Polizei festgenommen worden war, zögerte er nicht, mitten in der Nacht zur Wache zu fahren und den diensthabenden Beamten die Leviten zu lesen.

Alle durften ihn jederzeit in Anspruch nehmen, aber auf Dauer zehrte das Fehlen klarer Grenzen an ihm. Zu

Hause ließ er eine zweite Telefonleitung mit einer Geheimnummer installieren, und schließlich zog er mit seiner Frau nach Heiloo, an eine Adresse, die niemand kannte.

Nach einem Herzinfarkt 1975 musste Otto de Vaal die Sache aufgeben. Er blieb zwar am Rande noch beteiligt, übertrug jedoch seine Probanden – mehr als zweihundert, darunter mittlerweile gut zwanzig operierte – dem Internisten und Endokrinologen G. Hellinga, der seine Praxis über die Amsterdamer Uniklinik fortsetzte. Siebenunddreißig Jahre später würde auch mein Vater sich hier melden.

De Vaals Forschungen nach den Ursachen von Transsexualität waren bis zu diesem Zeitpunkt ohne klares Resultat geblieben. Neben dem ersten Studenten hatte es noch einige Probanden mit dem Klinefelter-Syndrom gegeben, und de Vaal plädierte für weitere Chromosomenuntersuchungen, aber auch das führte nicht weiter. Heutzutage suchen Wissenschaftler, darunter Dick Swaab, die Lösung hauptsächlich in der Gehirnforschung, aber das Geheimnis der Transsexualität ist noch immer nicht gelöst.

25

Das Paket stand auf seinem Schreibtisch, als er nach Hause kam; Frau Krijn musste es dort hingestellt haben, bevor sie zum Einkaufen ging. Cees sah es durch das Türglas, noch bevor er so richtig oben war. Es war schneller gekommen, als er erwartet hatte. Stolpernd nahm er die letzten Treppenstufen.

Er verschloss die Tür hinter sich und hob den Karton auf sein Bett. In den letzten Tagen hatte er es sich ganz genau überlegt. Das hier war die einzige Stelle im Zimmer, an der er für Blicke vom Flur aus unsichtbar war. Den Ankleidespiegel, den er letzte Woche eigens für die Gelegenheit im Hema-Warenhaus gekauft hatte, konnte er nicht vor neugierigen Blicken schützen. Er hatte alle Winkel des kleinen Dachbodenzimmers ausprobiert, aber nur wenn der Spiegel in dem geflochtenen Schalensessel direkt gegenüber der Tür stand, konnte er sich selbst auf seinem Bett stehend von Kopf bis Fuß sehen. Er wagte es; ohne Spiegel war es nicht komplett.

Er brauchte eine Schere, um den Karton zu öffnen. Obenauf lagen die Rechnung und ein Brief über die Prozedur, die man befolgen musste, wenn einem das Bestellte nicht gefiel. Cees legte die Papiere eilends beiseite und schlug das Seidenpapier auf. Er nahm den Stoff zwischen Daumen und Zeigefinger. Der war dünner und steifer, als er ihn sich vorgestellt hatte, und wirkte ein bisschen billig. Schnell zog er alles aus dem Karton.

Er dachte an Sisca. Wie lange lief er nicht schon mit der Sehnsucht herum, sie einmal in einem echten Spiegel zu betrachten? Mit dem Versiegen des Nachrichtenstroms über den Mord an Arie van Hemert hatte die Sehnsucht seine Angst langsam wieder besiegt. Zwei Tage nach Aries

Beerdigung war die Zeitung schon wieder im Bann eines neuen schauerlichen Mordes gewesen: Ein junger Mann ohne Kopf, Beine und Hände war in einem Koffer aus einer Amsterdamer Gracht gefischt worden. Neun Monate später erschienen noch ein paar Berichte über den Prozess – Hennie wurde zu sechs Jahren mit Sicherheitsverwahrung verurteilt –, und danach verlor niemand mehr ein Wort darüber. Cees schaute beim Lesen der Zeitung wieder öfter auf die Modeanzeigen.

Immer war die richtige Kleidung das Problem gewesen. Wie sollte er bloß an ein Kleid kommen? Er hatte schon zahllose Szenarien erfunden, die ihm eine annehmbare Entschuldigung boten, ein Damenmodengeschäft zu betreten und etwas zu kaufen. Seine Schwester suchte ein Kleid für eine Feier, war aber plötzlich erkrankt. Oder: Er wollte seine Mutter mit einem schönen Kostüm überraschen. Aber was er sich auch einfallen ließ, er wagte die Pläne nicht auszuführen.

Bis er eine Anzeige von Ter Meulen Post in der Rundfunkzeitschrift sah. Das Versandhaus versprach ein großes Warenhaussortiment, aus dem per Formular bestellt werden konnte, und in absehbarer Zeit würde das Gewünschte zugestellt werden. Ohne Intervention eines Verkäufers und geliefert im geschlossenen Karton. Er hatte den Katalog sogleich bestellt.

Das Angebot war jedoch enttäuschend gewesen. Erst nach vielen Seiten mit Sachen, die ihn nicht interessierten (Spielzeug, Koffer, Cocktailgabeln), fand er einen kleinen Teil mit Kleidung. Auf diesen wenigen Seiten sah er nur ein einziges Exemplar, das ihm gefiel.

Das Modell entsprach seinem Geschmack. Das schlanke Oberteil ging in einen gefältelten wadenlangen Rock über. Die langen Ärmel umschlossen Schultern und Arme eng. Die anderen Kleider waren viel kürzer. Modernes

Zeugs, das ihn mehr an einen Sack denken ließ als an ein Kleidungsstück. Auf der Schwarzweißzeichnung lächelte eine junge Frau mit blonder Hochfrisur ihm kokett zu, die Hände zierlich auf den Hüften. Er stellte sich die feinen Strümpfe und hohen Absätze vor, die das Ganze komplettieren würden. Das Muster und die Farben konnte er aufgrund der Zeichnung nicht recht beurteilen. Sie nannten es ein »mehrfarbiges, feines Dessin« in »Blau-Gelb-Kombination«. Der Stoff wurde als »behaglicher Musselin« beschrieben, auch das sagte ihm nicht viel. Er trug die Bestellnummer ein. Größe 36. Diese Information hatte er einer Freundin mit einer vergleichbaren Statur entlockt. (»Steht dir aber gut, das Kleid! Was für eine Größe ist das eigentlich?«)

Das Kleid, das aus dem Karton kam, hatte etwas Schlabbriges, und die Farben waren fahl. Nichts für Sisca. Aber damit hielt er sich nicht lange auf. Ob Traumkleid oder nicht, er wollte es schnellstmöglich anhaben. Rasch entledigte er sich seiner Sandalen und zog sich aus. Weste, Hemd, Hose, er warf alles auf sein Bett. Ohne darüber nachzudenken, steckte er den Kopf durch die Öffnung des Kleides, um es wie einen Pulli anzuziehen. Dann fuhr er in die Ärmel, und mit hoch erhobenen Händen ließ er den Stoff nach unten rutschen. Das ging allerdings nur bis zu seinen Schultern, das enge Oberteil passte unmöglich darüber. Der weite Rock hing ihm wie ein merkwürdiges Cape um die Achseln.

Er verstand die Welt nicht mehr, war es also doch die falsche Größe? Wie hatte er so dumm sein können! Mit wilder Verbissenheit wurstelte er sich aus dem Kleid; ob die Nähte vielleicht rissen, interessierte ihn nicht. Wütend stopfte er den Fehlkauf in den Karton zurück. So ein Reinfall!

Aus Angst, von Frau Krijn entdeckt zu werden, wollte er das Kleid schnellstmöglich loswerden. Erst wusste er nicht, was tun – es zurückzuschicken wagte er nicht, erst recht nicht, es gegen eine andere Größe umzutauschen. Unentschieden versteckte er das Kleid an der Stelle, wo seine Vermieterin vermutlich nicht herumschnüffeln würde: auf dem Abstellboden zwischen ihrem eigenen Gerümpel. Der Karton stand vorläufig gut hinter einer Kiste mit muffiger Kleidung.

Ein paar Abende später fuhr Cees auf seinem Moped im Dunkeln zur Bachlaan an der anderen Seite des Dorfes. Dort markierten schicke Villen die Grenze zwischen der geschlossenen Ortschaft und dem Wald. Am Waldrand standen graue Mülleimer, in denen Tagesausflügler ihre Abfälle zurücklassen konnten. Zu dieser Stunde war hier kein Mensch zu sehen. Das Kleid glitt unauffällig durch das Loch des Müllbehälters.

26

Die Jugendlieben meines Vaters bilden einen kleinen Stapel aus Passfotos, der noch immer in Reichweite in einer Büroschublade liegt. Freundlich aussehende Mädchen mit für die Zeit typischen Frisuren, die verlegen an einem vorbeiblicken. Sie lassen sich an einer Hand abzählen.

Ich habe die Fotos schon früher gesehen, aber erst jetzt frage ich mich, ob mein Vater damals wirklich verliebt gewesen ist. Andere Transfrauen stehen meistens auf Männer. Solange sie noch in ihrer alten Geschlechterrolle leben, erscheinen sie als homosexuell, aber faktisch sind sie ebenso heterosexuell wie die meisten Menschen. In der Zeit, in der mein Vater aufwuchs, war diese vermeintliche Homosexualität sicher oft der erste Hinweis, dass »irgendwas nicht stimmte«. Mein Großvater hätte seinen Sohn unwiderruflich enterbt und aus dem Haus geworfen, wenn er mit einem Jungen nach Hause gekommen wäre. Vielleicht wäre er dann allerdings in Kreisen gelandet, in denen er anderen Transgendern begegnet wäre.

Sich mit der Veranlagung seiner Eltern zu beschäftigen ist merkwürdig. Man ist selbst der Beweis dafür, dass sie sich – jedenfalls irgendwann einmal – auch sexuell anziehend gefunden haben müssen. Über alles Weitere möchte ich eigentlich gar nicht nachdenken. Aber die Frage drängt sich auf; wenn nicht aus eigenem Antrieb, dann über andere. »Steht er denn auch auf Männer?«, fragt fast jeder, dem ich von der Geschlechtsumwandlung meines Vaters erzähle. Freunde, Kollegen und Eltern aus der Kinderkrippe finden es plötzlich ganz normal, sich nach den sexuellen Vorlieben meines Vaters zu erkundigen. Ich rede immer irgendwie um den heißen Brei herum und führe zum Beweis des Gegenteils meistens an, dass Monica auch nach ihrem Coming-out weiter mit Meintje verheiratet ist. Aber ganz hieb- und stichfest ist dieser Beweis nicht, denn ich weiß sicher, dass Meintje nicht auf Frauen steht. Sie selbst sagen, sie hätten mittlerweile das Alter erreicht, in dem die Libido auf null zusammengeschrumpft sei. Auch keine Antwort auf die Frage.

Es ist eine Ironie der Geschichte, dass ausgerechnet mein Vater jetzt als lesbische Frau durchs Leben geht. »Lesbisch« war für Cees immer ein spöttisches Wort, ein Symbol für ungeschminkte Frauen mit Bürstenhaarschnitt und in Latzhosen; kurz für alles, womit eine Frau – in den Augen meines Vaters – ihre Art verraten kann.

Dennoch hat er nie sexuelle Gefühle für einen anderen Mann gehegt. Selbst nicht innerhalb der geschlossenen Gemeinschaft des Juvenats, wo die Jungen mit ihren über-kochenden Hormonen manchmal Erlösung beieinander suchten. Die erste Verliebtheit meines Vaters galt einem Mädchen. Diesbezüglich kostete es ihn keinerlei Mühe, allen gesellschaftlichen Erwartungen zu genügen. Das Einzige, was man sich fragen kann, ist, ob diese Verliebt-heit genauso testosteronbefeuert war wie die Gefühle an-derer pubertierender Jungs – vielleicht suchte er etwas ganz anderes bei seinen ersten Freundinnen.

Die Erste war Annelies. Cees hatte sie in seinem letzten Jahr in Etten kennengelernt, als er mit ein paar anderen Jungen an der Frittenbude auf dem Dorfplatz auf seine Pommes wartete. Ein Luxus, der, obwohl immer noch eine Übertretung der Regeln, nur den ältesten Juvenisten vorbehalten war. Im Abschlussjahr durften sie sonntags wählen, bei welcher Nachmittagsaktivität sie mitmach-ten, meistens einem Fußballspiel des Ortsvereins oder einem Spaziergang in der Umgebung. Immer in Begleitung eines der Brüder, aber wenn sie sich beim Spaziergang von der Gruppe lösten und einen anderen Weg einschlugen, ließ man ihnen das durchgehen. Oft bogen sie in Richtung Dorf und Frittenbude ab.

Annelies wollte genau wie er in die Mission und wurde von Nonnen am anderen Ende des Dorfes ausgebildet. Sie verabredeten sich in dem Park hinter dem Kloster, in dem Annelies wohnte. Zusammen träumten sie von exotischen Ländern, wo unbekannte Abenteuer auf sie warteten.

Er liebte ihre dunkelblonden Zöpfe. Sie hatten etwas Freches und versprühten eine Fröhlichkeit, die ihn an Bettie erinnerte. Ihre Kleidung fand er rundheraus enttäuschend. Jeden Sonntag dasselbe alberne lange Kleid, mit hellblauen und weißen Bahnen. Die Längsstreifen ließen sie noch spindeldürrer aussehen, als sie ohnehin schon war. Ihre Füße, die in weißen Socken und Sandalen unter ihrem Rock hervorschauten, waren erst recht fürchterlich.

Das mit ihren heimlichen Stelldicheins klappte nicht immer reibungslos; wenn einer plötzlich verhindert war, wartete die andere vergebens und umgekehrt. Eine Gelegenheit, sich neu zu verabreden, gab es nicht, und sie sahen sich dann erst wieder, wenn es der Zufall so wollte. Insgesamt hielten sie es einige Monate durch, bis der Kontakt durch die Sommerferien gänzlich im Sande verlief. Cees verließ Etten nach seinem Abschlussexamen endgültig und ohne sich von ihr verabschieden zu können. In seinem ersten Jahr in Zeist dachte er noch oft an Annelies; Gedanken, die vielleicht zu seinem Entschluss beigetragen haben, die Gelübde nicht abzulegen und dem Zölibat nicht zu entsagen. Später, als seine Klosterzeit längst hinter ihm lag, würde er, immer wenn er in Etten-Leur war, kurz am Nonnenkloster vorbeifahren.

Erst im letzten Jahr am Studienseminar ging Cees zum ersten Mal richtig mit jemandem. Irene war seine Kollegin beim Kinderferienwerk. Er musste für die Schule eine bestimmte Stundenzahl an Jugendarbeit absolvieren, und gleichzeitig war es eine angenehme Entschuldigung, in den langen Sommerferien nicht daheim herumsitzen zu müssen. Sie betreuten zusammen eine Gruppe von dreißig Kindern, für die sie Aktivitäten organisierten. Hütten bauen in der Heide, Schnitzeljagden, Ballspiele und dergleichen.

Mit Irene konnte Cees erstmals die weisen Lektionen seines Vaters in die Praxis umsetzen. Dieser gab seinen Söhnen gern persönliche Tipps, wie man eine Frau zuvorkommend behandelte. »Denkt immer daran«, sagte er beispielsweise, wenn sie über die Straße gingen, »dass ihr eine Frau an eurer rechten Seite gehen lasst. So seid ihr immer am nächsten zum Rinnstein, und wenn ein Auto durch eine Pfütze neben euch fährt, kriegt ihr die Spritzer ab.« Zu den weisen Lektionen seines Vaters gehörte auch die allgemein geltende Etikette. Man musste einer Frau in den Mantel helfen, ihr immer hübsch die Tür aufhalten und sie vorangehen lassen. Ausgenommen, man betrat einen vollen Gastronomiebetrieb (um sie vor neugierigen Blicken zu schützen), oder man ging zusammen eine Treppe hinauf (sie könnte sonst denken, man wolle ihr unter den Rock schauen). Cees nahm Irene mit zur Tanzstunde, und wenn sie sich hinterher noch irgendwo zum Plaudern niederließen, bezahlte er die Getränke. Zum Schluss brachte er sie nach Hause, wie es sich gehörte.

Irene war die Tochter eines Damenfriseurs und lernte selbst auch Friseurin. Cees war einmal zu einer Haarmodenschau mit dabei gewesen, die ihre Schule organisiert hatte. Das Frisieren dort war in keiner Weise mit dem des altmodischen Herrenfriseurs zu vergleichen, bei

dem er Kunde war. Der ratschte mit der Haarschneide-
maschine um seinen Kopf und schnitt hier und da noch
etwas nach, und immer stand Cees nach zehn Minuten
schon wieder draußen. Hier widmeten sich die Friseure
ihren Modellen ausführlich mit Lockenzangen, Föhns
und Haarspray aus großen Blechdosen. Das Flecht- und
Legewerk fixierten sie mit glänzenden Haarnadeln, und
hoch aufgetürmte Frisuren vollendeten sie mit bunten
Haarbändern. Zum Schluss gingen alle Modelle schön geschminkt und angezogen über einen Laufsteg. Cees hatte
stolz in der ersten Reihe gesessen, verliebt in das ganze
Umfeld von Irenes Beruf.

Irene ging und Tineke kam. Tineke tanzte gern und
wohnte in der Nähe eines bekannten Partyzentrums in
Hillegom, wo Wettbewerbe in Gesellschaftstänzen stattfanden, die auch im Fernsehen gezeigt wurden. Am Sonntagnachmittag nahm Cees den Bus, um Tineke abzuholen.
Je nach Programm schauten sie sich die Wettbewerbe an
oder tanzten selbst in dem großen Saal. Bei all den schicken Cocktail- und Abendkleidern, die zum Rhythmus
eines Dixieland-Orchesters über die Tanzfläche wogten,
war es, als wäre die Zeit stehengeblieben.

Während Altersgenossen in Amsterdam mit den Nor-
men und Werten ihrer Eltern kurzen Prozess machten, mit
Drogen experimentierten und sich von Jimi Hendrix und
The Doors aufpeitschen ließen, bewegte sich Cees in einer
geschlossenen Welt, in der Tradition das Sagen hatte.
Während seines Studiums drang etwas von der großen
Revolution natürlich auch bis zu ihm vor. Allmählich ließ
er sich die Haare wachsen und kaufte sich einen weißen
Anzug, den er später liebevoll »meinen Provo-Anzug«
nennen würde. Nach der Uni verbrachte er viele Stunden
zwischen den Weltverbesserern im Café Hoppe am Spui,
und so erlebte er auch die Maagdenhuis-Besetzung 1969

142

aus der Nähe mit. Aber er blieb ein Außenstehender, der wegen seiner abweichenden Meinung in Diskussionen als reaktionär und konservativ beschimpft wurde.

Er fühlte sich viel wohler zwischen den herumtönenden Männern am Tresen des Jonghe Graef, den Cocktailkleidern an den Tanznachmittagen mit Tineke und bei den Pfadfindern von Hilversum, wo er schon seit Jahren Gruppenleiter war. Treu zog er jeden Samstag seine Uniform mit den Abzeichen an, um die Trupps zu leiten. Am Wochenende organisierte er mit seinen Fähnrichen Feste in der ehemaligen Vorschule neben der Kirche, wo sie einen kleinen Saal mit Hilfe von Fischernetzen und Tropfkerzen zur Kneipe umfunktioniert hatten. Dort wurde ordentlich dem Bier zugesprochen, das sie gleich kastenweise aus einem Gastronomiegroßhandel um die Ecke geklaut hatten. Zu solchen Zusammenkünften nahm Cees Renate mit, mit der er sich nach einem kurzen Verhältnis verlobte.

27

Wetten, das kann ich auch?«, fragte Cees seine Renate. Sie hatte ihm gerade demonstriert, wie ein Model über einen Laufsteg zu gehen hat, genau wie sie es in ihrer Ausbildung zum Mannequin lernte.

»Ich habe sehr lange dafür üben müssen, weißt du.«

»Und wenn du es mir jetzt beibringst?«

Sie musste lachen. »Dann musst du die aber auch anziehen.« Sie hob ihre rechte Fußspitze in die Höhe.

»Nichts leichter als das.« Er streifte seine Sandalen ab und zog sich die Socken von den Füßen. »Wir haben sowieso dieselbe Größe.«

Sie stieg aus den weißen Pumps und kniete sich vor seine nackten Füße. »Dass sie dir passen, heißt noch nicht, dass du auch darauf *laufen* kannst.« Routiniert schob sie einen Schuh über seine Zehen und anschließend seine Ferse. Sie drückte an einigen Stellen, um zu überprüfen, ob er nicht zu eng saß. In dem Schuhgeschäft, in dem sie arbeitete, machte sie das nicht anders. »Halt dich fest.« Beim Aufstehen gab sie ihm die Hand und zog ihn vom Sitz hoch.

Er hatte nicht gedacht, dass das Leder seine Füße so schön umschließen würde. Es fühlte sich an, als hätte er sie immer schon getragen, obwohl diese echten Absätze das Stehen ein Stück schwieriger machten als die imaginären Schuhe, auf denen Sisca ihre kleinen Gänge übte. Er wankte und verzog der Form halber das Gesicht. »Und jetzt? Kriege ich ein Buch auf den Kopf oder so?«

»Ach was, das geht auch ohne. Stell dich einfach hin, die Schultern nach hinten, den Kopf gerade. Als hättest du oben am Scheitel ein Seil, an dem du hochgezogen wirst.« Sie legte ihm ihre Hand auf den Kopf. »Die Nase noch etwas höher.« Er tat einen kleinen Schritt und legte die Hände in die Seite. Nach ein paar weiteren Schritten versuchte er eine zierliche Drehung, die viel hölzerner ausfiel, als er gewollt hatte.

»Das kann man ja nicht mit ansehen!«

Sie hatte recht. Im Spiegel schauten die Schuhe seltsam unter seiner Hose hervor. Er hob die Hosenbeine etwas an und sah nach unten. So stimmte es, aus seinen dünnen Fußgelenken flossen die Pumps wie von selbst hinab. Er wollte sie nicht mehr ausziehen. Er nahm das Kleid von einem Bügel an der Schranktür und hielt es sich vor die Brust. »Meine Damen und Herren, hier sehen Sie eine ganz außergewöhnliche Kreation des weltberühmten Modeschöpfers Jean-Marie de Pompadour ...« Er sprach gepresst, so dass es sich anhörte wie durch ein Mikrophon gesagt.

»Hör auf, ich mache mir gleich in die Hosen!« Kreischend vor Lachen zog Renate einen breitkrempigen Sonnenhut aus dem Schrank und drückte ihm den auf den Kopf. »So, die Dame, Ihr Ensemble ist komplett!«

»Was soll der Unsinn?« Er riss sich den Hut herunter. »Der passt überhaupt nicht dazu.«

»Du hast recht.« Sie tauchte wieder in den Schrank und schob ein paar Bügel beiseite. »Und das Kleid auch überhaupt nicht zu den Schuhen. Aber dieses hier ...« Sie hielt ein dunkelblaues Kleid mit einem geblümten Gürtel hoch. »Das hier ist perfekt.«

Cees nahm den Bügel entgegen, hielt sich das Kleid vor den Körper und betrachtete sich im Spiegel. Es hatte einen runden weißen Kragen mit Dreiviertelärmeln, eingefasst mit einer weißen Borte. Er war tatsächlich perfekt.

»Steht dir ganz reizend ...«, prustete Renate. »Du musst es anziehen!«

Er sträubte sich der Form halber ein wenig, warf dann

aber seinen Pullover aufs Bett und steckte den Kopf durch den Rock.

»Warte, du vergisst den Reißverschluss.« Mit einer raschen Bewegung öffnete sie diesen an der Seite des Kleides. »Sonst kommst du unmöglich hinein.«

Es spannte um die Schultern und schlabberte auf der Brust. Was er im Spiegel sah, war etwas völlig anderes, als was er fühlte. Er drehte sich um; solange er nicht hinsah, konnte er sich den Rest hinzudenken.

Renate hakte den Zeigefinger unter den Gürtel. »Der könnte ein Loch enger sein. Siehst du, wie es die Taille betont?«

Sie fanden sich in ihrer Vorliebe für schöne Kleidung. Zusammen konnten sie einen ganzen Samstagnachmittag bei Wortelboer in der Kerkstraat verbringen, einem auf Stoffe und Kleider spezialisierten Warenhaus. Dann suchten sie ein paar Kleider aus, die Renate anzog, und besprachen, was ihnen gefiel und was nicht. Ihre Inspiration bezogen sie aus Modezeitschriften, die sie zusammen kauften.

Renate ließ sich gern assistieren, und während sie die Kleider anprobierte, suchte er die Accessoires aus. Handschuhe oder einen kleinen Schal. Wenn es wirklich schön war, kaufte er es. Für sie, wie er sagte, aber insgeheim betrachtete er es als seine eigene Kleidung, die sie zufällig in ihren Schrank hängen durfte.

Sie teilten ihre Vorliebe für klassische Modelle. Renate trug nie die ultrakurzen Kleider, die gerade Mode waren, oder – was Cees noch schlimmer fand – die formlosen, knöchellangen Maxiröcke, die man in letzter Zeit immer öfter sah. Ihre Kleider reichten bis zum Knie oder etwas darüber und waren immer von guter Qualität. Keine Schlabbersachen. Vielleicht am meisten gefielen Cees ihre Schuhe. In ihrem Schrank stand eine lange Reihe hochhackiger Exemplare, die er gerne betrachtete.

Und jetzt hatte er welche an. Er machte noch einige Schritte. »Erst die Zehen«, instruierte ihn Renate, »dann erst der Absatz ...« Es war schwer, den einen Fuß gerade vor den anderen zu stellen, wie er es Renate schon so oft hatte tun sehen. Er balancierte wie auf einem Seil.

»Siehst du, dass es nicht so einfach ist ...«

»Du hast recht, ich muss noch sehr, sehr viel lernen.« Er fragte sich, wie lange sie schon so zugange waren und ab wann das Spaßige daran ein Ende hatte. Renate lachte nicht mehr, doch es schien sie auch nicht zu stören, ihn so zu sehen. »Aber jetzt ist es höchste Zeit für einen Drink.« Er zog die Schuhe aus und suchte unsicher nach dem Reißverschluss des Kleides.

Renate ähnelte Sisca in mehrfacher Hinsicht. Das Einzige, was Cees störend fand, war ihre Unterwäsche. »Das sieht doch niemand«, sagte sie dann, aber er konnte nicht verstehen, dass sie mit einem so unvollkommenen Ensemble zufrieden war. Nach langem Drängen erklärte sie sich irgendwann einverstanden, ein pikantes Dessous-Set anzuschaffen. Das Geschäft in Amsterdam war für Männer verboten, aber Cees hatte ihr im Schaufenster gezeigt, was er für geeignet hielt.

Sie hatte es erst ein Mal getragen, als ihre Mutter den Slip aus Spitze in der Wäsche fand. »Wenn du dir eine Blasenentzündung holen willst, musst du solches Zeugs tragen«, hatte sie entrüstet gerufen. »Was soll der arme Junge wohl denken, wenn er das sieht! Dass er sich mit einer Hure verlobt hat?«

Cees hatte den Schlüssel von Renates Wohnung. Manchmal, wenn sie noch arbeitete und er schon schulfrei hatte, suchte er sich ein Kleid aus ihrem Schlafzimmerschrank aus. Meistens war er von seinem Spiegelbild enttäuscht – er sah nur einen Kerl in einem schlecht sitzenden Kleid –, und nach einiger Zeit beließ er es bei ihren Schuhen.

28

Mein Vater öffnet die Tür in Stricksocken, einer Art Uggs, allerdings aus grauer Wolle. Sie sehen bequem aus, besser als die Pfennigabsätze (»Stöckel« sagt Monica), die sie normalerweise auch zu Hause trägt. Monica darf gerade keine Pumps tragen, sie wurde erst vor zwei Tagen operiert. Sie kann noch nicht selbständig aus dem Bett und schlurft vorsichtig in Puschen durchs Haus. Dazu trägt sie Strumpfhosen und ein schwarzes Glitzerkleid. Es ist ein kalter Januarmorgen; ein Jahr, nachdem ich erstmals von Monicas Existenz gehört habe.

»Wow, mein Vater hat Brüste bekommen.« Ich sage es absichtlich laut, vielleicht gewöhne ich mich dann schneller daran.

»Was heißt hier bekommen, gekauft habe ich sie!« Immer gut für einen Scherz. Dann spürt sie mein Zögern. »Biologisch geht es natürlich nicht, eine Frau als Vater. Aber ein Vater kann sich durchaus als Frau fühlen, und das hat weiter nichts mit dir zu tun.« Schon vor Monaten haben wir verabredet, dass die ganze physische Transformation nichts mit unserer genetischen Verwandtschaft zu tun hat. Jetzt finde ich die Vorstellung dennoch verrückt. Den Körper, der mich erzeugt hat, gibt es demnächst nicht mehr. Monica hat inzwischen ein Aufnahmegespräch im medizinischen Zentrum der Freien Universität Amsterdam gehabt (*Vrije Universiteit medisch centrum*, VUmc), wartet aber noch immer auf den ersten Termin mit dem Diagnoseteam, das feststellen soll, dass sie tatsächlich an Gender-Dysphorie leidet. Danach wird ein Behandlungsplan für sie erstellt: mindestens neun monatliche Gespräche mit einem Psychologen, eine Hormonkur und dann endlich die Operation. Brüste sind in dem offiziellen Plan nicht vorgesehen. Wenn man Glück hat, sorgen die Hormone für ein wenig Brustentwicklung, aber wenn einem das nicht reicht, muss man auf eigene Kosten zum plastischen Chirurgen. Genau wie geborene Frauen. Als Monica begriff, dass sie eine Brustoperation zu jedem beliebigen Zeitpunkt vornehmen lassen konnte, war es schnell so weit.

Sie besorgte sich die Brüste in ihrem Geburtsort. Gut zwanzig Jahre hatte sie nichts mehr in Hilversum zu suchen gehabt, und jetzt kehrte sie zurück, als ginge es um einen Fabrikationsfehler, der nur vor Ort behoben werden konnte. Sie durfte aus unterschiedlichen Prothesen wählen, von Tropfenform bis hin zu Halbkugeln; Skizzen des Chirurgen zeigten, was der Effekt sein würde. Zusammen mit Meintje überlegte sie, was ihr wohl am besten stand. Auf Anraten des Arztes begnügte sie sich mit einer bescheidenen Größe, denn es war nicht undenkbar, dass eine Körbchengröße B unter dem Einfluss künftiger Hormone noch um eine Größe wuchs.

In den Wochen zwischen dem Aufnahmegespräch mit der Klinik und der Operation war sie so aufgeregt wie ein Kind, das bald Geburtstag hat. Auch grübelte sie über die Möglichkeit nach, dass eine weitere plastische Chirurgie vielleicht nicht mehr nötig wäre. Es schien sie zu geben, Transfrauen, denen ein schönes Paar Brüste genügte. Sie fanden eine schwere Operation für etwas, das die Außenwelt doch nicht zu sehen bekam, zu heftig. Mir erschien dieser Kompromiss wunderbar. Als ob ich ohne diesen Schniedel keinen Vater mehr hätte.

Monica schiebt sich noch ein Kissen in den Rücken und genießt die ganze Aufmerksamkeit. Stolz zeigt sie mir die Karte, die ihr der Theaterverein geschickt hat. »Ach du dicke Titte« hat jemand darauf geschrieben. Sie hat noch große Schmerzen, aber die Operation hat ihre Erwartungen weit übertroffen. Nachdem sie das hier so gut überstanden hat, will sie wenn nötig auch noch weitershoppen. Mit »shoppen« meint sie Thailand, das Casablanca des 21. Jahrhunderts. Dort scheinen sie keine Probleme zu haben, einen zu operieren, solange man nur bezahlt. Keine Wartelisten, keine endlosen Gespräche mit Psychologen, keine demütigenden Fragen über das eigene Sexualleben. Monica hält es wie einen Joker in der Hinterhand, für den Fall, dass alles andere danebengeht. »Dann fahre ich eben einfach nach Thailand«, hören wir sie bei jeder Unebenheit auf dem Weg sagen. Ein Hin- und Rückflugticket nach Asien bedeutet aber auch, dass die Versicherung vielleicht nicht bezahlt und dass die Nachsorge eingeschränkt ist. Letzteres hat Monica bisher davon abgehalten, ins Flugzeug zu steigen. Sie befürchtet in ihrem Alter Komplikationen. Ich auch. Immer wenn Thailand zur Sprache kommt, denke ich, dass sie von dem einen auf den anderen Tag operiert sein wird. Das mit den Brüsten war ja auch rasend schnell gegangen.

Meintje macht Mittagessen. Sie kocht ein Ei für Monica länger als für Cees, dem das Eiweiß gar nicht glibberig genug sein konnte. Auch sie strahlt ein bisschen; eine Nachbarin hat sich erkundigt, wie es *ihr* denn geht. Das wird bei aller Aufmerksamkeit für den Patienten manchmal vergessen. Die Operation macht ihr bewusst, dass sie ihren Kerl jetzt wirklich los ist. Sie kann es noch nicht trockenen Auges erzählen.

»Es ist ja bloß die Verpackung«, sagt Monica, und wir wiederholen das für uns selbst immer wieder. Mein Vater ist einfach mein Vater, nur glücklicher denn je. Jeder unruhige Gedanke, der auftaucht, verblasst doch bei so viel Schönem.

An einem sommerlichen Montag einige Monate später erscheint zwischen den Nachrichten auf Facebook ein Foto meines Vaters im Bikini. Einem dunkelblauen mit weißen Punkten, darüber eine blonde Perücke und eine große Sonnenbrille. An ihrer Körperhaltung sehe ich, dass sie leicht angespannt ist. »Zum ersten Mal im Bikini«, steht daneben. In den Kommentaren loben Freundinnen ihre Figur. Ich traue mich nicht, auf »Gefällt mir« zu klicken. Niemand will seine Eltern in Badebekleidung in den sozialen Medien sehen.

29

Es ist noch ruhig, als meine Mutter das italienische Restaurant betritt, in dem Rocco, der Sohn meiner Schwester, seinen zweiten Geburtstag feiert. Die Ruhe vor dem Sturm – demnächst wird es sich füllen, auch mit Gästen des Chefkochs, Roccos Onkel. Sie haben beide im August Geburtstag, und es scheint eine Tradition zu werden, dass sie ihre Feiern kombinieren. Die Tische, die normalerweise in der Mitte des Restaurants stehen, sind zur Seite gerückt, in der offenen Küche wird ein Büfett vorbereitet.

Rocco sitzt auf Sietskes Schoß und reißt begeistert das Papier von einem Geschenk, einem Bilderbuch offenbar. Neben ihm auf dem Tisch liegen noch einige Päckchen. Meine Mutter schließt sich der Gruppe von Leuten an, die ihn umstehen, darauf wartend, ihrem Enkel gratulieren zu können, wenn sie an der Reihe sind. Die Plastiktüte mit Geschenken stellt sie so lange zwischen ihre Beine auf den Boden.

Es ist wie ein dummer Scherz. Meine Mutter hat sich neben meinen Vater gestellt, ohne es zu bemerken. Sie weiß, dass sie Monica heute begegnen wird, aber sie hat ihren Ex nicht erkannt. Das letzte Mal haben sie sich vor fast zwei Jahren beim ersten Geburtstag meines Sohnes gesehen, und da war mein Vater noch einfach Cees.

Eigenartig, meine Eltern so nebeneinander, beide eine Frau. Die eine mit ergrauenden Locken und barfuß in Sandalen mit stabilem Fußbett, die andere platinblond mit rot lackierten Zehennägeln, die vorn aus ihren offenen Pumps herauslugen. Sie tragen beide ein Sommerkleid, das meines Vaters ist beträchtlich kürzer als das meiner Mutter. Sie haben beide die gebräunte Haut von

Leuten, die viel draußen sind, aber meine Mutter macht lange Spaziergänge, während mein Vater eher einen Drink auf einer Terrasse zu sich nimmt. Monica hat außerdem mit Farbe aus einem Tiegel nachgeholfen. Selbst ein Außenstehender kann sehen, dass diese beiden Frauen nicht aus eigenem Antrieb zueinander finden würden. Sie sind jetzt beide länger mit jemand anderem verheiratet, als sie je zusammen gewesen sind.

Meine Mutter schaut kurz zur Seite in Richtung Monica. Sieht sie es jetzt? Oder will sie den Bezug noch nicht herstellen? Sie muss Meintje gesehen haben, die sitzt gegenüber, direkt hinter dem Geburtstagskind. Mein Vater zwinkert mir zu, macht aber noch keine Anstalten, sich ihr vorzustellen. Ich greife auch nicht ein. Erst die Geschenke, scheinen wir alle zu denken. Noch ein letztes Päckchen, dann ist meine Mutter dran.

»Ich habe dich überhaupt nicht erkannt!«, meint meine Mutter lachend, als sie Monica auf dem Weg zur Bar endlich wahrnimmt.

»Nein«, sagt mein Vater, »das dachte ich mir schon.« Sie geben sich drei Küsschen auf die Wangen.

»Unglaublich.« Meine Mutter tritt einen Schritt zurück und betrachtet Monica von Kopf bis Fuß. »Nun, du siehst gut aus.«

»Es ist ein bisschen anders, nicht …?«

»Du bist auch schmaler geworden.« Das klassische Kompliment an eine Frau.

»Ja, Veränderung in jeder Hinsicht.«

»Du liebe Güte …« Meine Mutter weiß einen Moment lang nicht, was sie sagen soll. »Ich bin etwas sprachlos«, bringt sie zuletzt heraus. Und nach einer Weile: »Du bist durch und durch eine Frau.« Mein Vater strahlt.

»Ich bin auch schon fast zwei Jahre damit zugange«, sagt sie. »Zufällig habe ich gerade vorgestern die offizielle

Diagnose von dem Genderteam bekommen, dass ich eine Gender-Dysphorie habe.« Es klingt stolz, sie ist endlich anerkannt von *der* Autorität auf dem Gebiet von Transsexualität in den Niederlanden.

»Gender-Dysphorie …« Meine Mutter kostet das Wort. »Das ist also der offizielle Begriff für das Gefühl, in einem falschen Körper zu stecken.«

»Richtig. Und jetzt habe ich Zugang zu einer geschlechtsangleichenden Operation, vielleicht bin ich im Januar oder Februar an der Reihe.«

Meine Mutter bekommt große Augen. »Das ist aber schnell!« An ihrem Lächeln sehe ich, dass sie meinem Vater das Allerbeste gönnt.

»Gut, nicht?« Monica beginnt zu kichern. »Da ist man achtundsechzig, und dann verwandelt man sich in ein altes Weib.«

»Das ist alles schon ganz schön spannend … Du liebe Güte!« Meine Mutter zeigt auf den Boden. »Beeindruckend, dass du darauf laufen kannst, das ist mir in meinem ganzen Leben nicht gelungen.«

»Ich weiß. Du hattest zwar ein Paar … Ja, nicht mit so ganz hohen Absätzen, sondern so ein bisschen dazwischen.« Monica hält Daumen und Zeigefinger fünf Zentimeter auseinander. »Darauf konnte ich damals gut üben.«

»In der Zeit schon?« Wieder diese verwunderten Augen. »Davon hatte ich keine Ahnung.«

»Nein. Aber das zeigt eigentlich auch wieder, wie sehr wir aneinander vorbeigelebt haben.«

Meine Mutter lässt das auf sich wirken. »Puh, das heißt, ich habe dich anscheinend nicht gut genug gekannt.«

»Na ja«, meint mein Vater begütigend, »ich habe mich natürlich auch nicht zu erkennen gegeben.«

Bei ihrer ersten Begegnung vor annähernd fünfundvierzig Jahren war meine Mutter auch schon nicht recht schlau aus diesem Burschen geworden, der da im allerletzten Moment ins Klubhaus der Pfadfinder hereingestürmt kam. »Klubhaus« ist eigentlich ein großes Wort für die paar Räume auf dem Dachboden eines ehemaligen Nonnenklosters. Es gab einen kleinen Saal für die Trupps und einen noch kleineren Raum für den Stab. In regelmäßigen Abständen kamen sie dort zusammen, um die laufenden Geschäfte zu besprechen. Weil die Gruppen das Klubhaus zu unterschiedlichen Zeiten nutzten, sahen sich die Leitenden nur bei solchen Zusammenkünften.

Josien war die neue Wölflings-Anführerin und hatte noch nicht alle kennengelernt. Sie lümmelte schon bequem auf dem Sofa in der Stabecke und unterhielt sich gerade mit einer der anderen Wölflings-Anführerinnen, als der Gruppenleiter hereinkam. Er trug eine Wollweste mit einem karierten Schal. Er begrüßte jeden lakonisch und stellte sich zuletzt ihr vor. »Wollen wir uns einfach duzen?« Für jemanden, der genau wie sie um die zwanzig sein musste, war die Frage schlicht lächerlich, fand sie. Die ersten paar Stunden wusste sie nicht recht, was sie von diesem Cees halten sollte. Er hatte ein flottes Mundwerk und führte oft das Wort. Ganz entspannt schien er alles unter Kontrolle zu haben. Ein bisschen dominant sogar, fand sie. Aber als sie hinterher miteinander ins Gespräch kamen, hatte sie ihre Bedenken schon bald abgeschüttelt und sich dem kleinen Klub angeschlossen, der sich noch einen kleinen Absacker im De Jonghe Graef gönnte. Diesem einen Abend waren dann viele weitere gefolgt.

Sie stehen da und reden, als hätten sie sich gestern noch gesehen. Meine Mutter wagt jetzt einzugestehen, dass sie eine Zeitlang sehr, sehr wütend auf Monica oder besser auf Cees gewesen ist. Diese Wut kam erst später, nachdem sie sich von der ersten Verwunderung erholt hatte. Als klarwurde, dass sich Vater die ganze Zeit über wie eine Frau gefühlt hatte, verstand sie erst recht nicht mehr, warum er sich damals so rüpelhaft benommen und nicht mehr Mitgefühl für sie gehabt hatte.

»Aber jetzt habe ich mit alledem längst meinen Frieden gemacht«, beruhigt sie Monica.

»Ach, ein Glück …« Monica hat die abwartende Haltung von jemandem, der nicht weiß, ob er noch mehr schlechte Neuigkeiten zu hören bekommt.

»Was das angeht, habe ich auch einen ganzen Prozess hinter mir.« Meine Mutter denkt nach. »Dabei hatte ich zunächst nicht erwartet, dass es mich noch so berühren würde.«

»Puh«, stammelt Monica, »tut mir leid … es ist nun mal nicht anders.«

»So ist es, und wir können die Uhr ohnehin nicht zurückdrehen.« Meiner Mutter wird jetzt auch ein wenig unbehaglich zumute. »Ich sehe, dass du vollkommen happy damit bist; das heißt, es ist gut so.«

Nicht lange nach Roccos Geburtstagsfeier sondiert Monica meine Meinung: »Ich habe doch das Gefühl, dass ich Josien eine Erklärung schulde. Was denkst du: Soll ich sie einfach mal zu einem Spaziergang einladen?«

30

Cees fand Josien auf Anhieb wunderbar, in jeder Hinsicht. Sie war spritzig und intelligent, die Gespräche mit ihr hatten beträchtlich höheres Niveau als Renates Geplapper. Während seine Verlobte ihm in allem die Initiative überließ und sich in eine untertänige Rolle fügte, hatte Josien ihre eigenen Träume. Sie war eine markante Erscheinung mit ihrem Lockenkopf, und schön dazu. Überdies trug sie – und vielleicht hatte sich Cees als Erstes in diesen verliebt – einen atemberaubenden Mantel aus braunem Lackleder. Halblang, mit einem breiten Gürtel.

In den Monaten nach ihrer ersten Begegnung sah Cees die Zukunft immer deutlicher vor sich: Josien, oder Sien, wie er sie mittlerweile liebkosend nannte, müsste die Mutter seiner Kinder werden. Renate würde eine Nebenrolle als Modepuppe bekommen.

»Das schaffst du nie«, sagte Nico. Sie standen zu dritt im Jonghe Graef am Tresen. Vor ihnen lag Josiens Ring – oder das, was davon übrig war. Der Silberreif, der ursprünglich aus einem ingeniösen Flechtwerk bestanden hatte, war in sechs einzelne Ringe zerfallen, als Josien ihn sich vom Finger zog.

»Natürlich schaffe ich das.« Cees legte die Ringe auf seine Handfläche, um sie besser zu studieren. Sie waren immer noch miteinander verbunden.

»Nur derjenige, der ihn ihr auf den Finger gesteckt hat, besitzt den Code. Das sagt sie doch.«

Josien schaute amüsiert auf die beiden Männer. Sie hatte den Ring in ihrem Sommerurlaub in Istanbul gekauft. Er war einem traditionellen Hochzeitsring nachempfunden, mit dem türkische Männer früher sicherstellten, dass ihre Frau nicht fremdging. Eine Braut, die sich den Ring vom Finger streifte, würde ihn nie mehr zusammensetzen können und sich damit auf der Stelle verraten. Sie selbst hatte zu ihrem Kauf einen Zettel mitbekommen, auf dem erklärt wurde, wie sie das Geflecht wiederherstellen konnte – erst die beiden Ringe mit den größten Winkeln aneinanderlegen und dann von innen nach außen arbeiten.

»Gib mir ein paar Tage, und ich finde die Lösung.« Cees dachte an einen seiner Kollegen in der Schule, der einen gleichartigen Ring besaß. Der Tradition zufolge hatte jeder Ring einen einzigartigen Code, aber das war bei diesen touristischen Repliken bestimmt nicht der Fall. »Fünfundzwanzig Gulden, wenn ich es nicht hinkriege«, fügte er hinzu, wissend, dass Nico hierfür empfänglich war.

Nico streckte die Hand aus, um die Wette zu besiegeln. »Fünfundzwanzig Gulden.«

»Na ja«, meinte Josien lachend, »dann muss ich wohl abwarten, ob du ihn mir wieder auf den Finger stecken kannst.«

Heimlich lag dem Ganzen noch eine andere Wette zugrunde, nämlich die, wer von ihnen Josien bekommen würde. Von Anfang an war klar gewesen, dass Josien jede Annäherung von Cees an sich abperlen ließ, weil er mit Renate verlobt war. Sie mochte ihn, vielleicht auch mehr als das, aber für sie war jeder Gedanke, dass daraus möglicherweise etwas mehr werden könnte, sinnlos. Auf Nicos Avancen dagegen war sie eingegangen, aber auch mit ihm war es beim Küssen nach dem Verlassen der Kneipe geblieben.

Nach den Sommerferien war Nicos Vorsprung wie Schnee in der Sonne dahingeschmolzen. Cees war ohne Ring um den Finger von seinem Urlaub mit Renate und ihren Eltern wiedergekommen. Er hatte ihn bei einer

Wanderung in den Bergen verloren, Josien aber weisge-
macht, er hätte seine Verlobung gelöst.

»Ich weiß, was du vorhast«, hatte Nico ihn am Anfang
des Abends gewarnt. »Aber ich prophezeie dir, das geht in
die Hose.«

»Das werden wir ja sehen.«

»Mensch, du bekommst nichts als Probleme mit den
Weibern.«

»Ich kriege das hin, wart's nur ab.«

»Fünfundzwanzig Gulden«, brummte Nico, wobei er
sein leeres Glas auf den Tresen knallte, »wenn sie sich innerhalb der nächsten drei Monate für dich entscheidet.«
Er wischte sich den Schnauzbart am Ärmel ab.

In dem Moment, als Josien hereingekommen war, hatten sie rasch das Thema gewechselt.

Später, als Cees seine Mission tatsächlich zum Erfolg
geführt hatte, flog der Betrug natürlich auf. Die Wahrheit landete in Form eines anonymen Briefs bei Josien auf
der Fußmatte. Es war eine Kopie in dem unscharfen Blau
eines Kohlepapier-Durchschlags. Was mit dem getippten
Original geschehen war, blieb unklar. Hatte der Verfasser
das behalten oder jemand anderem zugeschickt? Der Inhalt des Briefs war wirr. Etwas von einer Verlobung, die
aus war, und Cees, der eine tränenfeuchte Hand leer zurücklassen würde. Sollte sie das als eine Drohung auffas-
sen? Das Ganze war in einem mangelhaften Niederlän-
disch geschrieben und wimmelte von Rechtschreibfehlern.

Cees wusste offenbar mehr davon. Auch er hatte den
Brief erhalten – das Original –, und in seinem Umschlag
war Renates Verlobungsring beigefügt gewesen. Es war
die offizielle Aufkündigung ihrer Verlobung, unterzeichnet von Renates Vater.

Die letzten Monate hatte Cees zwischen Renate und

Josien hin und her laviert und dabei immer zu verhindern gewusst, dass sich die beiden in seinem Zimmer begegneten. Bis Renate eines Abends unerwartet vor der Tür stand und ihn zusammen mit Josien sah. Sie war mit der Bemerkung, sie sei hier wohl eine zu viel, sofort wieder aus dem Zimmer gestürmt. Josien hatte noch nichts begriffen und tat Renates bestürzte Reaktion als Liebeskummer ab. Bisher hatte Cees sie in dem Irrglauben gelassen, aber jetzt blieb ihm nichts übrig, als ihr zu beichten, dass er die ganze Zeit über noch immer verlobt gewesen war.

Im Nachhinein betrachtet hätte Josien gewarnt sein müssen. Aber selbst als sie die Geschichte Jahre nach der Scheidung erzählte, ging sie noch lakonisch darüber hinweg. »Ach ja«, sagte sie achselzuckend, »dann war die Verlobung letztendlich doch erledigt und wir konnten zusammen weitermachen.«

31

In der Zeit, als die Beziehung meiner Eltern anfing, war mein Vater Mitglied des niederländischen Vereins für Sexualreform NVSH. Im Nachhinein weiß Monica nicht mehr genau, warum. Sie vermutet, dass es etwas mit »diesem merkwürdigen Gefühl« von Cees zu tun hatte. In einem tabubrechenden Klub wie dem NVSH würde er vielleicht Rat finden für seine Scham. Zugleich waren auch viele Kommilitonen Mitglieder, weil es die einfachste Art war, an Kondome zu kommen. Monica schließt nicht aus, dass Cees sich dem einfach angeschlossen hat.

Im Anfang las Cees auch die Mitgliederzeitschrift *Sekstant,* aber schon bald wurde ihm klar, dass es dort für ihn nichts zu holen gab. Es ging hauptsächlich um Homosexualität, außereheliche Beziehungen und »Mein Bauch gehört mir« – die Selbstbestimmung der Frauen in Schwangerschaftsfragen. Das alles sagte ihm wenig, und er ließ die Zeitschrift immer öfter ungelesen auf seinem Schreibtisch liegen. Irgendwann kündigte er die Mitgliedschaft gänzlich.

Ironischerweise ergriff der Verein genau in der Zeit, als mein Vater Mitglied war, die Initiative zu einer Gesprächsgruppe, in der sich Transvestiten begegnen konnten. Diese Arbeitsgruppe sollte die nächste Phase in der sexuellen Reformierung der Niederlande einläuten. Nach dem Durchbrechen von Tabus in Sachen vorehelichem Sex, Empfängnisverhütung, Pornographie und Prostitution meinte der Verein, die Zeit sei reif für die Emanzipation sexueller Minderheiten. Ende der 1960er Jahre war die Schwulenbewegung schon gut in Gang gekommen – das Verbot von Homosexualität sollte 1971 fallen –, und jetzt waren Leute mit anderen abweichenden Präferenzen an der Reihe. Neben Gesprächsgruppen für Pädophile und Exhibitionisten gab es Zusammenkünfte für Transvestiten, von denen sich im Laufe der Zeit immer mehr als transsexuell herausstellten. Was als ein namenloser kleiner Transvestitenklub begann, wuchs innerhalb weniger Jahre zu einer Arbeitsgruppe für Travestie und Transsexualität, kurz: *TenT* (Travestie en Transseksualiteit) heran.

Die Idee kam von dem jungen Psychologen Anton Verschoor, der gerade sein Studium abgeschlossen hatte. Bei seiner Arbeit hatte er einen Mann kennengelernt, der gern Frauenkleider trug und von den Mühlen der Psychiatrie, durch die man ihn den größten Teil seines Lebens gedreht hatte, ziemlich erledigt war. Das Schicksal dieses Mannes bewegte ihn, und so brachte er den NVSH dazu, auch etwas für diese Gruppe zu tun. Das Ergebnis war eine Anzeige Ende 1969 in *Vrij Nederland,* in der Menschen mit besonderen »Kleidungverhaltensregeln« – in Klammern: Transvestiten – gebeten wurden, sich im Februar des darauffolgenden Jahres beim NVSH zu melden.

An einem kalten Samstagmorgen im Februar 1970 kamen fünf Männer in ordentlichen Anzügen zu der genannten Adresse an der Amsterdamer Keizersgracht. Unbehaglich warteten sie nebeneinander in dem hohen marmornen Eingangsflur des verlassenen Bürogebäudes, in dem der NVSH ein kleines Büro gemietet hatte. Sie waren sich vorher noch nie begegnet, und keiner von ihnen hatte eine Ahnung, was sie zu erwarten hatten. Solange noch niemand von der Organisation da war, wagten sie sich gegenseitig auch nicht anzusprechen oder anzuschauen. Drinnen war es fast genauso kalt wie draußen.

Viel später als vereinbart kamen sie endlich zu zweit hereingestürmt. Anton Verschoor hatte einen etwas älteren Kollegen mitgebracht, vielleicht, weil er nicht wusste, wie viele Leute auftauchen würden, vielleicht auch, weil er selbst noch so unerfahren war, dass er nicht wusste, wo anfangen. Sobald er das Büro aufgeschlossen hatte, heizte er einen großen Kanonenofen ein und kochte Kaffee. Währenddessen erschöpfte er sich in Entschuldigungen für die Verspätung. Die anderen sagten noch immer nicht viel, aber je mehr sich der Raum mit der Ofenwärme, dem Kaffeeduft und Verschoors Herzlichkeit füllte, desto mehr taute die kleine Gruppe auf.

Vorsichtig beschnüffelte man sich gegenseitig. Auch der junge Psychologe gab zu verstehen, dass das alles neu für ihn sei, und bat die Gruppe, ihm dabei zu helfen, sie zu verstehen.

Drei Männer berichteten von dem Glück, das sie empfanden, wenn sie Frauenkleidung anzogen. Der vierte erläuterte, dass er sich mehr als Transsexueller denn als Transvestit fühlte und dass er bei Doktor Otto de Vaal in Behandlung sei, um sein Geschlecht auch physisch zu ändern. Und der fünfte entdeckte schon bald, dass er bei der Gruppe an der falschen Adresse war. Er hatte eine Vorliebe für getragene Slips und gehofft, mit der Unterwäsche der Transvestiten seinen Fetisch befriedigen zu können.

Nach der ersten Zusammenkunft folgten weitere Begegnungen, bei denen die Gruppenmitglieder sich auch bald von ihrer weiblichen Seite zeigten. In Anton Verschoors Badezimmer tauschten sie nach der Ankunft schnell ihren Anzug gegen Kleid, Perücke und Make-up. Der Psychologe stellte sein Haus in Osdorp uneigennützig zur Verfügung, und seine Frau legte sich mit leckeren Häppchen ins Zeug. Eine Nachbarin, die bei C&A arbeitete, brachte stapelweise Kleidung zum Anprobieren vorbei.

In den ersten Jahren gab es noch kein festes Muster bei diesen »Wohnzimmertreffen«, und die neuen Termine wurden von Mund zu Mund weitergegeben. Nach einiger

Zeit war das Interesse für die Abende so groß, dass Anton Verschoors Haus zu klein wurde. Manchmal drängten sich zwanzig Leute in Schlafzimmer und Bad.

Die Arbeitsgruppe beschloss, einen monatlichen offenen Abend zu organisieren, zu einer festen Zeit und an einem festen Ort, an dem jeder willkommen sein würde. Der NVSH stellte das Untergeschoss seines Gebäudes am Blauwburgwal als Begegnungsraum zur Verfügung. 1974 veröffentlichte die Arbeitsgruppe eine erste Einladung, wieder in *Vrij Nederland*. Der Aufruf stand in den Spalten mit den Kontaktanzeigen, zwischen den unterschiedlichsten sexuellen Wünschen. (»M., 28, dunkelbl. 1,75, will sex. Bez. mit molligem, kräft. od. dicken Mädchen od. Frau.« Und: »Gutauss. junger Meister su. folgsamen Sklaven.« Oder: »J.M., 36, geb., su. Frau, Alter unw., die auch ab und zu einen Seitensprung mag.«)

»Die Arbeitsgruppe Travestie und Transsexualität des N.V.S.H. Abt. A'dam, organisiert jeden 1. Mi. im Monat einen ›offenen Abend‹ im Aktionszentrum Blauwburgwal 7–9. Beginn 20:00 h.«

Am ersten offenen Abend hatte die Organisation zwei muskelbepackte Türsteher am Eingang postiert, nicht ganz sicher, welches Publikum die Anzeige vielleicht anlockte.

32

Durch frühere Ausgaben der Zeitschrift *TenT* zu blättern hat etwas Voyeuristisches. Die auf Matrize vervielfältigten DIN-A4-Blätter quellen über von Vorwürfen und Ermahnungen an die Leser, die abwechselnd mit »Mädels«, »Freundinnen« und »Schwestern« angesprochen werden. Es ist, als würde ich unerlaubt die Korrespondenz einer Geheimgenossenschaft mitlesen, zu der ich nie gehören werde. Mitunter geht es auch heftig zu, mit Diskussionen in zänkischem Ton.

Die Exemplare, die im Archiv des Internationalen Instituts für Sozialgeschichte in Amsterdam erhalten sind, müssen irgendwann einmal auf einem Schreib- oder Kaffeetisch gelegen haben. »Sjaan hat angerufen« steht mit Bleistift in unordentlicher Schulschrift auf der Rückseite der Januar-Ausgabe von 1976. Und: »Pastetenteller mitbringen«. Die Person, in deren Briefkasten diese Ausgaben landeten, brauchte die eigene Art offenbar nicht vor Mitbewohnern zu verbergen. Vielleicht war es ein aktives Mitglied der Arbeitsgruppe.

Der Anblick der getippten und von einer Heftklammer zusammengehaltenen Blätter wirft mich mehr als fünfundzwanzig Jahre in der Zeit zurück, in die muffige Sportgeräteecke neben der Turnhalle, wo die Redaktion der Schülerzeitung tagte. »Haben wir noch Material?«, war meistens die erste Frage, die bei einem solchen Treffen gestellt wurde. Unser Briefkasten hing irgendwo an einer unauffälligen Stelle in der Kantine und war fast immer leer. Über diesen Mangel an Interesse beklagten wir uns dann im Vorwort.

Genau dasselbe im »Informations- und Kontaktblatt« von *TenT*. »Bringt solche Dinge doch mal zu Papier und reicht sie uns rein«, schreibt die Redaktion in dem soundsovielten Versuch, die Leser zur Mitteilung ihrer persönlichen Erfahrungen zu ermutigen. Um zu unterstreichen, wie schlimm es um das Engagement bestellt ist, schließt das Vorwort mit einer Übersicht dessen, was in diesem Monat bei der Redaktion eingegangen ist:

Berichte 2
Weiteres Material 0,0
Vorschläge und Kopien 0,0
Adressen 8
Bücher und Artikel 0,0
Anzeigen 1
Fragenlisten für die Infomappe 0,0

»Berichte«, das sind solche von Zusammenkünften wie offenen Abenden und Aufklärungskursen. »Adressen« bezieht sich auf Daten für die Liste am Ende jeder Ausgabe, die Namen von Restaurants oder Bars aufzählt, in denen Transvestiten willkommen sind, und Geschäften, in denen es Kleidung, Make-up und Epilierbehandlungen gibt. Eine Liste, die im Laufe der Jahrgänge wächst.

Ich kann die Frustration der Redakteure beinahe fühlen. »Auch ich habe Bedürfnisse!«, lautet der Notschrei der Koordinatorin Yvonne Anfang 1976 in ihrer monatlichen Rubrik »Boudoirplaudereien«. Die Organisation kostet sie so viel Zeit, dass die wenigen Stunden, die sie als Transvestit verbringen kann, hauptsächlich für das Regeln verschiedenster Dinge draufgehen, anstatt dass sie einmal »nur schön sein [...] und es genießen [kann], ein paar Stunden lang Yvonne zu sein«. Auf ihren wiederholten Aufruf, ihr einige Aufgaben abzunehmen, hatte niemand reagiert.

Die Zeitschrift hat um diese Zeit ungefähr fünfundachtzig Abonnenten und wird in einer Auflage von hundert Exemplaren produziert. Das müsste das Dreifache sein, unterstellt Ina in ihren »Betrachtungen« im zweiten Jahrgang. In England gebe es einen blühenden Verein mit nicht weniger als zwölfhundert Mitgliedern. Warum sei es hierzulande denn so mühsam?

Aktive Gruppenmitglieder haben da so ihre Ideen. Vielleicht gehören Transsexuelle – die »TS-Schwestern« – und Transvestiten – die »TV-Schwestern« – einfach nicht zusammen in ein und denselben Verein. Auf den Seiten von *TenT* kann man ihre Streitigkeiten verfolgen. Diejenigen, die sich zu den Transvestiten zählen, fühlen sich bei den Transsexuellen, die am liebsten dauerhaft Frau sein wollen, nicht zu Hause. Manche beklagen, es gebe zu wenig Aufmerksamkeit für den erotischen Aspekt der Travestie, und meinen, übertrieben viel Aufmerksamkeit gehe an die Aufklärung über die Möglichkeiten einer Geschlechtsangleichung; etwas, woran sie gar nicht erst denken möchten. Umgekehrt wollen sich die Transsexuellen nicht mit Männern zusammenschließen, die sich nur ab und zu als Frau kleiden. »[Ich will] nicht das Etikett [...] eines ›verkleideten Kerls‹ aufgeklebt bekommen, ganz einfach, weil ich das nicht bin«, schreibt jemand in der Ausgabe vom Januar 1980.

Es ist, als würde ich meinen Vater hören. Immer wieder erwähnt Monica ihre Abneigung gegenüber Transvestiten; das Schlimmste, was ihr widerfahren kann, ist, wenn jemand denkt, sie wäre auch einer und trüge Frauenkleidung nur, weil sie es geil findet. Einige Male hat sie einen offenen Abend in Nijmegen besucht – in der Zeit, als diese Abende längst eine feste Einrichtung waren und (wie übrigens immer noch) im gesamten Land stattfanden –, aber die Anwesenheit von Transvestiten hielt sie davon ab, öfter hinzugehen.

Und dann gibt es noch eine Gruppe, die sich in keinem der beiden Lager heimisch fühlt, so wie Hans: »Ich bin ein Mann und will ein Mann bleiben. [...] Ich will lediglich, weil ich das angenehm finde, einen Rock anstatt einer Hose tragen, aber weiter ich selbst bleiben.« Männer in dieser Gruppe betrachten es als Unsinn, sich einen eigenen Frauennamen zuzulegen, sobald sie in einem Rock oder Kleid stecken.

Je weiter die Jahrgänge voranschreiten, desto inhaltlicher wird die *TenT*-Zeitschrift. Spezialisierte Mediziner wie Otto de Vaal und sein späterer Nachfolger Louis Gooren schreiben Artikel über die Wirkung von Hormonen und die wissenschaftlichen Hintergründe der Transsexualität. Die Liste wissenschaftlicher Artikel und Bücher wächst.

Es sind dem eigenen Bekunden nach besonders die »TS-Schwestern«, die sich an dem guten Zweck festbeißen. Sie nehmen ihre Aufgabe, dem Thema mehr Bekanntheit zu verschaffen und Schicksalsgenossen näher zusammenzubringen, ernst, und das Netzwerk der Gruppe wird immer größer. Auch in Utrecht, Rotterdam und Den Haag entstehen jetzt *TenT*-Arbeitsgruppen, und Ende 1977 wird vorsichtig die Grundlage für eine landesweite Arbeitsgruppe geschaffen. Die Mitglieder gehen immer mehr nach außen und berichten in Zeitschriften und im Fernsehen von ihren Erfahrungen. 1977 war ein Spitzenjahr, so ein Rückblick ein Jahr später. Zweiundachtzig Leute meldeten sich bei der Genderstichting zu einer Behandlung.

»Die Zeit des Versteckspiels neigt sich dem Ende zu«, schreibt die Redaktion 1978. »Die Arbeitsgruppe ist nicht länger ein geschlossener Klub hinter verschlossenen Vorhängen, sondern auch eine Aktionsgruppe mit dem Mut, an der Integration von Transsexuellen in der Gesellschaft zu arbeiten. [...] Ganz langsam beginnen wir, uns der ›Bevormundung‹ [...] durch Spezialisten und Helfer zu entziehen.«

»Das glaube, wer will!«, murmelt mein Nachbar im Lesesaal. Er sitzt schon geraume Zeit seufzend über einem Zeitungsstapel und blättert murrend die Seiten um. Er unterstreicht seine neuen Erkenntnisse mit einem ablehnenden Zungenschnalzen.

Recht hat er, denke ich. Nicht, dass ich all das, was ich hier lese, anzweifeln würde, aber die getippten Blätter kommen mir auf einmal so beschränkt vor. Mehr denn je habe ich das Bedürfnis, Geschichten über die Anfangszeit der Arbeitsgruppe von jemandem zu hören, der sie aus eigener Erfahrung nacherzählen kann.

33

Mein Vater hat den kleinen Kerzenständer aus Holz, den Cees zu Anfang von meiner Mutter geschenkt bekommen hat, immer aufgehoben. Er ist rot und rund und steht auf drei kleinen Kugeln, die die Größe einer Erbse haben; etwas, das man auf einem Flohmarkt zwischen alten, geblümten Blechdosen finden könnte.

Eines Abends hatte sie damit vor der Tür gestanden, mitsamt einer kleinen Kerze darin. Renate war gerade fort. »Wir könnten mal zusammen lernen«, sagte sie.

Geküsst hatten sie sich vorher schon, nachdem er sie eines Abends aus dem Jonghe Graef nach Hause gebracht hatte. Draußen herrschte ein Hundewetter, und sie hatte sein Angebot, sie mit dem Auto heimzufahren, dankbar angenommen. Für ihn war es kaum ein Umweg, sondern nur ein paar Straßen hinter der Villa, in der er seit kurzem ein Zimmer bewohnte, endlich erlöst von der neugierigen Frau Krijn.

»Hier ist es«, hatte Josien gesagt, kurz bevor Hilversum als Ortschaft endete. Cees hätte beinahe die Auffahrt verpasst, einen ohnehin schon dunklen Weg, verborgen zwischen hohen Rhododendren und in diesem strömenden Regen von der Straße aus kaum wahrzunehmen. Als er das Haus am Ende des Kieswegs sah, musste er doch ein wenig schlucken. Das klobige Reetdach, das würdevoll vor ihm aufragte, ließ erahnen, dass sich hinter der Fassade ein riesiges Haus erstreckte.

»Wir sind zwölf Kinder daheim«, lachte Josien seine Verwunderung weg. »Wenn du willst, gebe ich dir irgendwann mal eine Führung.« Er war erleichtert, dass er nicht gleich mit hineinmusste, sondern sich die Villa von seinem Auto aus anschauen konnte.

Die Familie meiner Mutter hatte sich 1960 in dem großen Haus niedergelassen, als mein Großvater Professor an der Universität von Utrecht wurde. Es war ein Schlusspunkt für die Familie, die vor dieser Zeit oft umgezogen war und unter anderem in Indonesien und Groningen gewohnt hatte. Fast dreißig Jahre sollte sie es behalten.

Ich kenne das Haus gut. Nach der Scheidung meiner Eltern habe ich selbst eine Zeitlang mit meiner Mutter und meiner Schwester darin gewohnt. Es gab mehr als genug Platz, und meine Großeltern »überwinterten« ohnehin in Spanien. Auch meine Tante wohnte in dieser Zeit mit ihrer Familie in dem Haus. Wir hatten jeweils eine Küche, ein Wohnzimmer sowie eine große Auswahl an Schlafzimmern für uns; nur das Badezimmer teilten wir.

Für ein Kind war es ein traumhafter Ort, eine Art Villa Kunterbunt. Sehr viele Türen, die von hohen Fluren abgingen, ein Treppenhaus mit einem Flur auf halber Höhe und groß wie ein Zimmer, sowie ein feuchter Keller, in dem eine altersschwache Zentralheizung quietschte und knarrte. Man konnte endlos durch stille Zimmer irren, die alle unterschiedlich waren, und überall hing der Geruch von alten Sachen. Die Garage roch trotz des Widerwillens, den mein Großvater gegen Autos hegte, stark nach Benzin, manchmal vermischt mit dem Duft von Gras. Der Geruch stammte aus dem Motormäher, den mein Großvater zur Pflege des immensen Gartens benutzte.

Irgendwann musste es ein Landhaus von Format gewesen sein, ein Ort für schicke Empfänge in Räumen, deren Möbel den Großteil des Jahres durch Tücher geschützt waren. In der Zeit, als meine Mutter dort aufwuchs, war jedes Fleckchen bewohnt, und die Zimmer waren hauptsächlich funktional eingerichtet. Mein Großvater hatte auf der riesigen Dachbodenetage sogar ein paar zusätzliche Zimmerchen bauen lassen, um den ältesten Kindern einen eigenen Schlafplatz zu geben.

Die große, helle Küche war der Mittelpunkt des Hauses. In meiner Erinnerung kochte meine Großmutter dort immer Gerichte, die noch an ihre Zeit in Indonesien erinnerten: Klebereis mit Palmzucker oder Kokoskekse. Und wenn die Schwarzen Johannisbeeren, Stachelbeeren oder Brombeeren aus dem Garten geerntet waren, köchelten Töpfe mit Marmelade oder »Sirup« auf dem Feuer. Die Küche war auch der Ort, an dem sich die ganze Großfamilie um zwei lange Bürotische versammelte, die zu einem großen Rechteck zusammengeschoben waren. Hier ging es immer laut und lebhaft zu.

Mit zwölf Kindern im Alter von sechs bis dreiundzwanzig befand sich die Familie in einem Dauerzustand des Chaos, wobei nur eine gehörige Dosis Improvisation den Laden noch einigermaßen zusammenhielt. Es war eine merkwürdige Ansammlung von Abenteurern, Schmarotzern und Weltverbesserern. Manche agierten fanatisch gegen Missstände in der Welt, und andere waren auf der Suche nach ihrer Bestimmung im Leben. Es gab heftige politische Debatten, wobei hauptsächlich progressiv-linke Meinungen über den Tisch flogen. Eine Ausnahme waren die Jüngsten; sie waren noch zu klein, um sich mit so großen Fragen zu beschäftigen.

Meine Großeltern versuchten derweil, ihre Kinder in der besten katholischen Tradition zu erziehen. Bevor der Lärm am Tisch losbrach, wurde gebetet, und sie mühten sich sehr, alle am Sonntag mit in die Kirche zu bekommen. Ich erinnere mich, dass Nonnen bei meinen Großeltern ein und aus gingen.

Cees konnte sich nur schwer hineinfinden in das, was er nachträglich »eine zügellose Bande« nannte. Er ging davon aus, dass sie ihn gleich auf Anhieb als einen rechten Sack ansahen, und obwohl sie ihn wie selbstverständlich in das Chaos bei Tisch aufnahmen, wahrte er eine gewisse Zurückhaltung. Gleichzeitig schaute er ehrfürchtig zu dem intellektuellen Milieu auf, in dem Josiens Eltern verkehrten. Er kam sich vor wie ein nichtssagender kleiner Schullehrer, der kein Recht auf die Tochter des Professors hatte. Etwas, das sein eigener Vater ohne zu zögern bestätigte; dieser hielt die Ehe mit jemandem, der höher auf der gesellschaftlichen Stufenleiter stand, von vornherein für zum Scheitern verurteilt. Aber statt klein beizugeben, verbiss sich Cees in die Sache und tat alles, um zu beweisen, dass er mehr war als der einfache Bursche, für den sie ihn womöglich hielten.

Als Josien auch eine Stelle an seiner Schule bekam und von ihrem Gehalt ein Zimmer bezahlen konnte, wurde es einfacher. Sie brauchte sich nicht mehr um die kontrollierenden Blicke ihrer Eltern zu scheren und verbrachte den größten Teil ihrer Zeit in Cees' Zimmer, das groß und hell war und wo es überdies eine Kochmöglichkeit gab. Sie selbst hatte für hundert Gulden im Monat ein winziges Zimmer ohne Heizung gemietet. Manchmal ging sie noch nicht einmal zum Schlafen nach Hause, sondern blieb bei Cees, wo sie frühmorgens mäuschenstill wartete, bis die Zeit angebrochen war, zu der sie anständigerweise durch die Haustür hätte hereingekommen sein können.

Nach einiger Zeit zeichneten sich neue Einschränkungen der gewonnenen Freiheit ab. Beide Vermieterinnen begannen zu murren. Die von Josien klagte, sie käme zu spät nach Hause, und die von Cees protestierte gegen den nächtlichen Damenbesuch. Also schmiedeten sie neue Pläne, um dem strengen Regime zu entrinnen. »Wir sollten wohl mal heiraten«, hatte Cees eines guten Tages gemeint, und Josien hatte ihm zugestimmt.

In dem Augenblick, als er Schulvorsteher wurde, wagte Cees den nächsten Schritt. Jetzt, wo er eine Direktorenstellung innehatte, konnten Josiens Eltern kaum mehr leugnen, dass er eine gute Partie für ihre Tochter war. Er fand allerdings, dass er seinen Plan zuvor mit dem Professor besprechen musste.

Vorsichtig klopfte er an die schwere Eichentür, hinter der das Arbeitszimmer von Josiens Vater lag. Er war noch nie in dieser Domäne des Professors gewesen, wahrscheinlich dem einzigen ruhigen Ort im Haus, weil er für den Rest der Familie tabu war. Wenn er sich hinter diese dicke Tür zurückzog, wussten alle, dass Vater nicht gestört werden wollte.

»Komm nur herein«, klang es leise und ruhig aus dem Zimmer. Der Professor war der Einzige in der Familie, der sich nicht zu dem hysterischen »Juhu!« hinreißen ließ, das in diesem Haus bei jeder passenden und unpassenden Gelegenheit benutzt wurde. Das fing schon an, wenn jemand nach Hause kam: »Ju-huuu«, das langgestreckte »uuu« am Ende ließen sie extra laut durch den hohen Flur und das Treppenhaus erschallen. Für Cees eine absurde Angewohnheit.

Er steckte den Kopf in die Tür. Sehr viele Bücher an den Wänden und in der Mitte ein großer hölzerner Schreibtisch, dahinter Josiens Vater. »Haben Sie einen Moment Zeit?«

»Natürlich.« Der Professor legte seine Brille vor sich auf den Schreibtisch und blickte ihn abwartend an. Er hatte ein schiefes Gebiss mit einem Schneidezahn, der so sehr abstand, dass sich seine Oberlippe in der Mitte leicht hochwölbte.

Cees schloss die Tür. »Ich, äh ...« Er wusste nicht recht, wie anfangen. »Josien und ich, wir wollen gern heiraten.«

Der Professor schien nicht überrascht. »Kannst du für ihren Lebensunterhalt sorgen?«

»Ich habe eine Stellung als Schulvorsteher bekommen, und dazu gehört natürlich ein passendes Gehalt.«

»Und wo werdet ihr wohnen?«

»Ja ...« Diese Frage hatte er nicht erwartet. »Äh ... wir machen uns so schnell wie möglich auf die Suche nach einer Bleibe.«

»Das klingt sehr vernünftig. Ich schlage vor, du sorgst erst dafür, dass ihr einen Ort zum Wohnen habt, und dann könnt ihr heiraten.«

Es wurde ein Einfamilienhaus in einem ruhigen Wohnviertel am Rand der Hilversumer Heide. Josiens Vater hatte sie bei dem Kauf beraten und lieh ihnen das noch fehlende Geld. Ein paar Tage vor ihrer kirchlichen Hochzeit fand die Übergabe statt. Sie hatten schon Monate vorher gesetzlich geheiratet, im Dezember, weil das steuerlich günstig war, aber solange der Pastor seinen Segen nicht über dem Paar ausgesprochen hatte, war die Ehe für ihre Eltern nicht gültig, und so gingen sie noch bis März des folgenden Jahres als unverheiratetes Paar durchs Leben.

»Ein unvergesslicher Tag, eine süße kleine Braut«, schrieb meine Großmutter am Tag der Hochzeit in ihren Kalender. »Dass Cees der richtige Mann für Josien ist, wird niemand bezweifeln.« Selbst Josiens Eltern schienen Vertrauen in die Zukunft des frischgebackenen Ehepaars zu haben.

34

Weil meine Eltern schon so lange geschieden sind, kann ich mir nur schwer vorstellen, dass sie irgendwann mal ineinander verliebt waren. Ihre Trennung war unschön, und danach hatten sie keinen Kontakt mehr. Wenn mein Vater meine Schwester und mich aus dem großen Haus meiner Großeltern abholte, wartete er draußen vor der Tür, weil er drinnen nicht willkommen war.

Vielleicht ist es für ein Kind ohnehin schwierig, sich ein Bild von den Ereignissen zu machen, die seiner Geburt vorangingen. Aus den spezifischen Details hat meine Mutter übrigens nie ein Geheimnis gemacht: Ich kam zur Welt, weil die Kondome alle waren, und gesellte mich gut neun Monate nach ihrem Hochzeitstag zur Familie. Viel zu früh, sie hätten ihre ersten Ehejahre lieber noch ganz für sich gehabt, aber als ich einmal unterwegs war, seien sie überglücklich gewesen (so versicherten sie mir jedenfalls, wenn es zur Sprache kam) und hätten mich um keinen Preis missen wollen. Heute frage ich mich manchmal, ob alles nicht anders gelaufen wäre, wenn sie erst eine Weile ohne Kinder gelebt hätten.

»Sie ist so ein süßer, lieber Spatz, ganz dunkle Zottelhärchen auf dem Kopf, und zwar jede Menge. Liesbeth entdeckte gestern, dass sie sogar Haare auf den Ohren hat, wirklich dumm, aber die fallen hoffentlich noch aus.« Zwei Wochen nach meiner Geburt schrieb meine Mutter das an ihre älteste Schwester, die damals in einem israelischen Kibbuz lebte. Der Brief ist auf Luftpostpapier geschrieben, ein blaues Blatt, das gleichzeitig als Briefpapier und als Umschlag diente. Die Juliana-Briefmarke zu fünfundvierzig Cent ist vorgedruckt. Meine Mutter hat extra klein geschrieben, und die Sätze stehen dicht an dicht, sie wollte jeden Zentimeter Papier ausnutzen.

Ihr Bericht führt auch mich kurz in meine ersten Lebensjahre, die ich nur von Fotos kenne. Sie spricht in der Sprache der Dreiundzwanzigjährigen, die sie damals war, mit Wörtern, die im Laufe der Jahre aus ihrem Vokabular verschwunden sind. »Es war einfach spitze!«, schreibt sie über die erste Stunde nach meiner Geburt. »Man begreift noch kaum, dass man jetzt Eltern geworden ist.« Sie fand das alles »total riesig«. Jetzt, wo ich selbst Mutter bin, erkenne ich das Gefühl wieder. Dass solche Situationen irgendwann auch auf die eigenen Eltern zutrafen, hat man nicht erwartet.

Mein Vater kam gerade noch rechtzeitig, um zu sehen, wie ich geboren wurde, weil man ihn im Krankenhaus zunächst zum Schlafen nach Hause geschickt hatte. Es ging auf Mitternacht zu, und es konnte leicht noch sieben oder acht Stunden dauern, bevor ich da war. Auch die Hebamme hatte eilends zurückkommen müssen, weil alles plötzlich doch viel schneller ging. Zwanzig Minuten vor der Entbindung hatten sie meine Mutter im Sauseschritt mitsamt ihrem Krankenhausbett in den Kreißsaal geschoben.

Meine Mutter begeistert sich wieder, wenn sie davon spricht. »Das Kind muss jetzt raus!«, hatte sie gerufen. »Das Kind« – sie wussten natürlich noch nicht, ob ich ein Junge oder ein Mädchen war. Ultraschalluntersuchungen wurden erst später zur Gewohnheit. Den Großteil der Schwangerschaft hatten sie zusammen von »Bart« gesprochen, als würden sie die ganze Zeit von einem Sohn ausgehen. Trotzdem meinten hinterher beide, sie wären sich sicher gewesen, eine Tochter zu bekommen.

»Cees war völlig begeistert von dir und ein sehr lieber Vater.« Meine Mutter scheint immer noch ganz milde gestimmt. »Jeden Abend hat er dir eine Geschichte erzählt, immer irgendwas mit fünf. Fünf Feuerwehrmänner, fünf Frösche, fünf Blumen. Dass du das alles noch nicht verstehen konntest, störte ihn überhaupt nicht.«

Monica kann sich nicht mehr daran erinnern. »Diese ganze Zeit zwischen sagen wir 1975 und 1984 ist ein einziges schwarzes Loch«, sagt sie. »Erst jetzt, wo wir darüber reden, kommen einige Bruchstücke wieder nach oben.« Immer wenn wir auf die Zeit kommen, in der wir als Familie gemeinsam in einem Haus lebten, spricht sie mit Bedauern von ihren Tagebüchern und den Notizen, die sie vernichtet hat. Nur ein paar einzelne Gedichte sind erhalten geblieben. Im Nachhinein zu rekonstruieren, was alles darin gestanden hat, schafft sie nicht. »Ich war in dieser Zeit einfach ein Alkoholiker«, sagt sie. »Ich war nie zu Hause und hatte ein sehr umtriebiges Nachtleben. Tagsüber funktionierte ich zwar, aber nach Hause kam ich erst so gegen vier, fünf Uhr.«

Sie weiß allerdings noch sehr gut, dass sie alles verbrannt hat, weil sie befürchtete, Sietske und ich könnten die Texte nach ihrem Tod finden. Sie schämte sich für die Geschichten, die sie aufgeschrieben hatte und in denen sie phantasierte, eine Frau zu sein. Voller Angst, wir könnten uns das Falsche dazu denken. Offenbar gab es auch noch weitere Betrachtungen, die sie ihren Hinterbliebenen lieber nicht aufhalsen wollte, aber Genaueres weiß sie nicht mehr.

Sie ist sich allerdings fast sicher, dass sie sich in unserer Zeit nie in Frauenkleider gewagt hat, weil zu viel auf dem Spiel stand. Die paar Kleidungsstücke von Renate, die in seinem letzten Zimmer versteckt waren, hatte

Cees beim Umzug weggeworfen. »Im Anfang war das abgeschaltet«, sagt Monica, »aber ich hatte natürlich immer noch meine Phantasie.«

35

Cees war wenig zu Hause. Immer sehr in Arbeit einge-spannt, obwohl er meistens offenließ, was genau ihn so beschäftigte. In der Praxis überließ er die schulischen Angelegenheiten seinem Stellvertreter, so dass er sich selbst auf verschiedene Nebenaktivitäten stürzen konnte. Tätigkeiten, die sich ganz im Einklang mit seiner Funktion befanden, ihm aber mehr Befriedigung und Ansehen einbrachten als nur seine Arbeit als Schulvorsteher. Er hatte ein Studium der Orthopädagogik und Psychologie in Utrecht angefangen und saß in allerlei Arbeitsgruppen innerhalb des katholischen Unterrichtswesens. Als 1974 auch noch ein Sitz im Hilversumer Gemeinderat hinzu-kam, war sein Netzwerk komplett.

In seinem weißen Skoda fuhr er zwischen Vorstandssit-zungen, Seminaren und dem Gemeindehaus hin und her. Zu Hause wuchsen die Papierstapel in seinem Arbeitszim-mer, und was nicht mehr auf seinen Schreibtisch passte, lag auf dem Fußboden. Niemand wusste genau, wo er wann war, ausgenommen die Leute, bei denen er sich ge-rade aufhielt. Er liebte die Hinterzimmer, liebte es, mitzu-reden und neue Pläne auszuhecken. Nicht selten endeten seine Tage in der Kneipe oder an einem Versammlungs-tisch mit einer Flasche, die aus einer Büroschublade zum Vorschein gekommen war. Oft auch verbrachte er heim-liche Stunden mit anderen Frauen. An manchen Tagen begegnete er Josien nur auf der Treppe, wenn sie aufstand und er zu Bett ging.

Cees war einer der wenigen aus seinem Jahrgang, die ein Auto besaßen, und seine Kommilitonen fuhren gern mit ihm mit, wenn sie zum nächsten Seminar von der einen

Seite der Stadt zur anderen mussten. Dabei gewann er schon bald ein paar Freundinnen hinzu, mit denen er unterwegs regelmäßig in einem der Lokale auf dem Neude-Platz zu Mittag aß. Die ungemütliche Mensa des Transitoriums im Uni-Viertel De Uithof mieden sie lieber.

Das Lokal war noch ruhig, als sie hereinkamen. Cees zog einen Stuhl für Lydia zurück und ließ sie Platz nehmen. Eine Förmlichkeit, die sie sich kichernd gefallen ließ.

Er rieb sich die Hände und schaute sich um. »Es gibt hier phantastische Satébällchen.«

»Ich denke, ich nehme lieber einen strammen Max.«

»Mit einem Bierchen jedenfalls.« Lydia war eine angenehme Gesellschaft. Man konnte mit ihr lachen, und sie war keineswegs dumm. Schön war sie nicht. Sie war mindestens zwei Köpfe größer als er und von robuster Statur. Ein eckiges Gesicht, umrahmt von einem strengen, schwarzen Bob, darunter breite Schultern und ein kräftiges Untergestell. Ihre Hüften schienen wohlgeformt zu sein, aber anstatt das zu betonen, trug sie meistens formlose Röcke und Hosen, die ihre Züge noch gröber machten, als sie ohnehin schon waren.

»Siehst du jemanden?« Lydia zupfte ungeduldig an ihrem Schal. »Ich platze vor Hunger.«

Cees sprang auf. »Ich bestelle schnell am Tresen. Schinken, Käse?«

»Ja, gern.«

Als er mit zwei Bierchen zurückkam, hatte Lydia ihre Handtasche vor sich auf den Tisch gestellt und schaute konzentriert in einen kleinen Taschenspiegel, den sie in der linken Hand hielt. Mit der anderen Hand zog sie einen Lippenstift über ihre Oberlippe. Sie presste die Lippen zusammen, während sie den Spiegel zuklappte.

»Gefällt dir die Farbe?«, fragte Cees.

»Ja, warum nicht?«

»Das harte Rosa macht dein Gesicht so blass.«

»Meinst du das im Ernst?« Sie klang erstaunt, nicht beleidigt, wie so viele andere wohl oft reagierten. »Hauptsache, *mir* gefällt es!«, bekam er dann schnippisch zu hören, wenn er eine Bemerkung zu jemandes Kleidung oder Make-up gemacht hatte.

»Ja. Es passt übrigens auch nicht zu deinem Rock. Aber gut, daran müsstest du sowieso etwas ändern«, erwiderte er mit einem entschuldigenden Lächeln. »Das heißt, müssen tust du natürlich nichts.«

»Was stimmt denn nicht mit meinem Rock?«

»Alles. Das Grau ist zu trist, der dicke Stoff eher was für Alte, und die Form …« Cees bückte sich kurz, um einen Blick auf ihre Beine werfen zu können. »Er hat eigentlich keine Form, das ist das Problem.«

Lydia verschränkte die Arme vor der Brust und lehnte sich in gespielter Entrüstung zurück. »Sag nur, du kennst dich plötzlich auch noch in Mode aus!«

»Weißt du, ein schöner Gürtel würde schon was bringen. Obwohl ein anderes Modell echt noch schöner wäre. Etwas mit einer Falte oder so.«

»Du meinst, das würde mir stehen?«

»Aber ja, phantastisch! In der richtigen Farbe und mit dem richtigen Muster.«

Sie schien jetzt ernsthaft zu überlegen. »Du musst mir mal zeigen, was genau du meinst.«

»Ich kenne eine nette Boutique an der Oudegracht. Wir können nachher gleich mal vorbeischauen, wenn du willst.« Cees sah auf seine Uhr. »Das Seminar von Den Brabander können wir auch sausenlassen, der liest ohnehin bloß aus seinem Buch vor.«

Lydia musste lachen. »Gut, wie du willst: Gehen wir einkaufen!« Mit einer entschiedenen Geste zog sie ihre Tasche vom Tisch, um Platz für ihr Spiegelei zu machen.

36

Monica gibt mir zwei Fotos von dem Lehrerteam ihrer Schule. »Ich wage zu wetten, dass du auf Anhieb sehen kannst, mit welchen Frauen ich etwas hatte. Die sind nämlich am besten gekleidet.«

Das eine Foto muss von Anfang der 70er Jahre sein, das Team besteht überwiegend aus Männern mit langen Haaren. Eine der drei Frauen, die zwischen ihnen stehen, hält eine noch nicht angezündete Zigarette in der Hand. Anstatt zu dem Fotografen schaut sie in Richtung meines Vaters, ganz am anderen Ende der Reihe. Sie trägt einen himmelblauen Rock mit einem gestreiften Top in derselben Farbe.

Das andere Foto wurde Jahre später gemacht, auf ihm ist auch schon Meintje zu sehen. Die Riemchen ihrer Schuhe haben genau dasselbe schwarz-weiße Streifenmuster wie ihr Kleid. Ein paar Stühle weiter sitzt eine blonde Frau in einem gleichartigen Kleid. Lang und weit mit einem Gürtel um die Taille, ebenfalls gestreift, allerdings in Blau. Beide tragen sie roten Nagellack.

Ich betrachte die Kleidung der Form halber; auch ohne weiß ich, wer die Eroberungen meines Vaters waren. Es sind Frauen, die regelmäßig bei uns ein und aus gingen, die manchmal auf uns aufpassten und mit denen ich meinen Vater im Wohnzimmer flüstern hörte, wenn sie glaubten, allein zu sein.

»All diese Frauen«, sagt Monica jetzt, »es ging nicht um die Eroberung, sondern ich wollte sie *sein*.«

37

Mein Vater wusste sehr gut, was er mochte und was nicht. Gefiel ihm deine Kleidung nicht, dann tat er das auf wenig subtile Weise kund. Während ihrer Ehe trug meine Mutter fast immer Kleider oder Röcke, und selbst ich begriff, dass mein Vater es nicht mochte, wenn sie etwas anderes trug. Manchmal stritten sie sich deswegen.

Inwieweit meines Vaters Wünsche auch unsere Kleidung beeinflusst haben, weiß ich nicht genau, aber auf Fotos aus dieser Zeit sehe ich mich fast nie in Hosen. Fast immer trage ich fröhlich geblümte oder getupfte Trägerkleidchen. In meiner Erinnerung war es meine Mutter, die mit uns einkaufen ging, wenn wir neue Sachen brauchten. Ich erinnere mich nur an ein einziges Mal, als mein Vater diese Aufgabe übernahm; der Anlass dafür ist mir entfallen. Vielleicht war es eine besondere Gelegenheit, oder mein Vater hatte mir zur Belohnung für etwas ein neues Kleid versprochen.

Ich muss ungefähr zehn Jahre alt gewesen sein. Mein Vater und ich gingen bei Vroom & Dreesmann durch die Abteilung mit Kinderkleidung. Ich zog aufs Geratewohl irgendwelche Bügel aus den Drehständern, schon leicht verzweifelt. Wir hatten bereits mehrere Geschäfte hinter uns, und es war klar, dass ich meine Entscheidung nun wirklich nicht mehr allzu lange hinausschieben durfte. Aber jedes Kleidungsstück, das ich hochhielt, erntete einen abfälligen Blick meines Vaters.

»Wie findest du das hier?« Mein Vater hielt ein Sommerkleid aus Baumwolle hoch, mit Bändern, die auf den Schultern zu Schleifen gebunden werden mussten. Das Bruststück war aus elastischem Stoff, und ungefähr in Höhe der Hüften fächerte sich das Kleid in geblümte horizontale Streifen auf, die unten freies Spiel hatten, weil sie sich teilweise überlappten. Ein bisschen wie bei einem spanischen Flamencokleid, allerdings aus einem Stoff, der mich an die Zeichnungen von Holly Hobbie erinnerte. »Blau«, meinte mein Vater strahlend, »das magst du doch so gern, oder?«

Blau war tatsächlich meine Lieblingsfarbe, aber ich fand das Kleid unheimlich kindisch und kitschig. Jede Schicht hatte eine Paspel aus weißer Spitze, der Gipfel der Vornehmtuerei.

»Ich weiß es nicht«, murmelte ich und begann wieder die Bügel in den Ständern hin und her zu schieben. »Das hier vielleicht?« Ich zeigte ihm ein Jeansröckchen.

»Findest du das nicht ein bisschen langweilig?«

Verzweifelt hängte ich den Rock wieder zurück und suchte nach einem Regal, das ich noch nicht durchgegangen war.

»Zieh es doch einfach mal kurz an, ich bin sicher, es steht dir ganz toll.« Mein Vater stand noch immer mit diesem Holly-Hobbie-Kleid in der Hand da. Ich nahm ihm den Bügel ab und betrachtete das Ding noch einmal. Diese losen Streifen hatten etwas Witziges, und die Farbe war schön. Zusammen gingen wir zu den Umkleidekabinen, wo ich mich hinter den Vorhang zurückzog.

»Genau das ist es!«, rief mein Vater begeistert, als ich wieder zum Vorschein kam. Er stellte sich hinter mich und schaute mit mir gemeinsam in den Ankleidespiegel.

»Sitzen tut es gut«, probierte ich und schaute auf meine weißen Kniestrümpfe, die unter dem Kleid hervorschauten. Passten die denn dazu?

»Es steht dir gut, wirklich sehr flott.«

»Ja?« Ich war allergisch gegen alles, was spießig sein könnte. »Flott« war gut.

»Es ist wirklich mal etwas ganz anderes.«

»Sind diese Streifen nicht merkwürdig?«

»Das ist ja gerade das Originelle daran!« Ich konnte hören, dass mein Vater ungeduldig wurde. »Weißt du was, wir gehen noch eine Runde, um zu schauen, ob du etwas Hübscheres entdeckst. Aber ich an deiner Stelle wüsste, was ich täte.«

Als wir uns endlich der Kasse näherten, war ich inzwischen selbst auch von meiner ausgezeichneten Wahl überzeugt. Froh trug ich die Plastiktüte mit meinem neuen Kleid nach Hause. Ich habe es vielleicht ein Mal angehabt.

38

Josien saß hinter ihrem Frisiertisch, als Cees ins Schlaf-zimmer trat. Sie schob sich noch eine Haarnadel in die hochgesteckte Frisur und neigte den Kopf zur Seite, um zu sehen, ob alles gut hielt. Nur vorn ließ sie einigen Locken freies Spiel. Sie hatte sorgfältig seegrünen Lidschatten aufgetragen, dessen Farbe sich im Dekor ihres langen Rocks wiederholte. Das feine Muster glich etwas einer Stickerei und bedeckte den gesamten oberen Teil. Nach unten hin wurde der Rock schwarz, und das Muster ende-te in langen Spitzen, wodurch es aussah, als hätte sie ein loses Umschlagetuch um die Hüften drapiert. Darüber trug sie ein schwarzes Top mit Spaghettiträgern.

Vor einigen Wochen hatten sie den Rock zusammen in einem Geschäft für Brautmode und Abendkleidung ausgesucht. Er hatte begeistert die Regale durchforstet, und Josien ließ ihn gewähren; sie probierte alles an, was er ihr zeigte. »Es ist dein Abend«, sagte sie, »also musst du sagen, wie du es haben willst.« Er war gerührt, dass sie trotz ihrer Probleme in letzter Zeit so auf seine Wünsche einging. Es war gut ausgegangen, denn auch Jo-sien schien von Stoff und Schnitt des Rocks angetan zu sein.

Während er seine Fliege band, beobachtete er, wie Jo-sien eine Halskette aus seeländischen Trachtenknöpfen aus der Schublade angelte. Eine ausgezeichnete Wahl.

»Soll ich dir helfen?« Er legte ihr die Kette um den Hals und hakte sie zu. Dann schauten sie sich beide im Spiegel an. »Schön«, meinte er lächelnd.

»Dann sollten wir bald los.« Sie stand auf und schaute auf die Uhr. »Ich gehe schon mal nach unten.«

Monate hatte er auf diesen Tag hingearbeitet. Buchstäblich, denn als Präsident der Charter Night war er für die Organisation des Gründungsfests des Lions Club Hilversum verantwortlich. Heute Abend würden sie die Geburt des Klubs feiern, der Höhepunkt sollte die Überreichung der Charter sein; des Dokuments, in dem der amerikanische Mutterklub ihren Verein offiziell anerkannte. Die fünf Initiatoren hatten erst zwanzig Mitgliedsanwärter werben müssen, bevor sie ihren Antrag in die USA schicken konnten. Es durften nur Männer Mitglied werden, und von jedem Beruf durfte es nur einen Vertreter geben. Den Anfang hatten ein Architekt, ein Pilot und ein Zahnarzt gemacht.

Cees war mit seinen siebenunddreißig Jahren einer der Jüngsten. Er war stolz, darum gebeten worden zu sein, mit an der Wiege des neuen Klubs zu stehen. Seinen Status als einer der fünf »*charter members*« betrachtete er als eine Bestätigung dafür, dass er es geschafft hatte, und in seiner Rolle als Organisator der Gründungsfeier konnte er zeigen, dass er es wert war. Voller Elan hatte er sich auf die Sponsorenwerbung gestürzt und eine Location, das Orchester und das Catering organisiert. Wenn er so weitermachte, konnte er womöglich auch noch der nächste Präsident werden. Solange klar war, was man von ihm erwartete, fühlte er sich in dieser Umgebung aus lauter Hähnen pudelwohl. Er hatte inzwischen entdeckt, dass niemand weitreichende persönliche Fragen zu stellen wagte, wenn der eigene Status nur hoch genug war.

Er liebte die Entourage. Den größten Teil des Jahres trafen sich die Lions als Männer untereinander – Abende, prall gefüllt mit Networking und Testosteron –, aber bei besonderen Gelegenheiten durften die Ehefrauen mitkommen. Es waren traditionelle Gala-Abende, zu denen die Frauen in Abendkleidern erschienen und sich wie anmutige Tischdamen benahmen, deren vornehmliche

Aufgabe es war, ihrem Mann in seiner fabelhaften Karriere zur Seite zu stehen.

Für ihn war es wie ein Aufatmen, dass Frauen hier einfach schön sein durften. In den letzten Jahren hatte er zusehen müssen, wie sein Idealbild langsam von militanten Feministinnen ruiniert wurde, die alles, was er unter einem schönen und gepflegten Äußeren verstand, für sexistisch hielten. Sie liefen in Latzhosen oder sonstigen Kartoffelsäcken herum, als ob Hässlich- und Formlosigkeit die wichtigsten Kriterien für ihre Kleidung wären. Mit ihren unfrisierten Haaren und ungeschminkten Gesichtern waren sie halbe Männer.

Zu seinem Entsetzen drang dieses Bild auch bis in sein Zuhause vor. Schon früh in ihrer Ehe war er bei Josien auf Widerstand dagegen gestoßen, sich in dem Stil zu kleiden, den er liebte. Manchmal schien es, als ob sie absichtlich etwas Dummes anzog, um ihn zu ärgern. Sie war selbst zum Glück keine fanatische Aktivistin, hegte allerdings Sympathien für die Welt der progressiven Aktivisten. Vor einigen Monaten hatte sie sich an der Demonstration gegen Atomwaffen beteiligt, und es bereitete ihr keinerlei Schwierigkeiten, seinen Vorstellungen öffentlich zu widersprechen. Er verdächtigte manche ihrer Geschwister, sie in dieser Haltung zu bestärken. Die ließen sowieso keine Gelegenheit aus, ihm zu zeigen, dass sie ihn für einen verachtenswerten Kapitalisten hielten.

Er dachte an einen Streit, bei dem etwas für ihn zerbrochen war. Anlass war der Geburtstag von Josiens älterer Schwester, die in der Frauenbewegung aktiv war und in einem besetzten Haus wohnte. Er war nicht zu dem Fest eingeladen worden, und Josien hatte das einfach so zur Kenntnis genommen. Mir nichts, dir nichts teilte sie ihm mit, dass sie »also allein mit den Kindern« hingehen würde. »Sie ist doch meine Schwester«, erklärte sie, als er durchschimmern ließ, dass er von der Idee nicht angetan war. Aus ihrer Sicht war die Sache damit erledigt; sie konnte auch nichts weiter daran ändern.

»Aber ich bin dein Mann!« Er verstand nicht, was denn nun wichtiger war, sie konnte sich doch wohl ein wenig für ihn einsetzen.

»Ja. Und diesmal kannst du zufällig nicht mit.« Sie stieß einen tiefen Seufzer aus, als verstünde sie nicht, warum er ihr so sehr damit in den Ohren lag. Kein einziger Mann sei zu dem Fest eingeladen, es liege nicht an ihm, sondern rein daran, dass er keine Frau sei. Sie fand es kindisch, wenn er deswegen beleidigt war. Überall spielte er immer die erste Geige, und hier durfte er zufällig mal nicht mit dabei sein, schade aber auch.

Eigens zu der Gelegenheit hatte sie auch noch diese rotbraune Cordhose angezogen, die er so verabscheute. Auch die Schuhe, die sie darunter trug, hasste er. So hellbraune Dinger mit dicken Gummisohlen und einem Riemen über dem Spann. Angeblich ein Damenmodell, an dem er nichts Weibliches entdecken konnte.

Wie anders war das heute; in diesem Moment war Josien für ihn die schönste Frau der Welt. Nie zuvor war er so stolz auf sie gewesen, er freute sich darauf, sie nachher am Arm zu haben. Er fühlte in seiner Innentasche nach dem zusammengefalteten Din-A4-Blatt, auf das sie seine Rede für heute Abend getippt hatte, und beeilte sich nach unten.

Die offizielle Feierlichkeit fand in dem ehrwürdigen Gemeindehaus des Architekten Willem Marinus Dudok statt. Cees hatte seine alten Verbindungen aus dem Gemeinderat von Hilversum spielen lassen, um den Ratssaal nutzen zu dürfen, und erntete für diesen Fund viel Lob. Anschließend gab es einen Empfang in einem Hotel-Restaurant in der Nähe, wobei Abgesandte von Lions Clubs aus dem ganzen Land ihre Glückwünsche überbrachten. Danach zogen die Mitglieder des neuen Klubs sich mit einer Gruppe besonderer Gäste zum Diner zurück.

Cees hatte voller Bewunderung zugesehen, wie sich Josien in die Gesellschaft mischte. Sie hielt zusammen mit zwei anderen Ehefrauen einen Vortrag, der mit lautem Applaus bedacht wurde, und schwebte im Laufe des Diners an allen Tischen vorbei. Überall wechselte sie einige ungezwungene Worte. Er wurde überladen mit Komplimenten für seine wundervolle Frau, und alle wollten mit ihr tanzen. Obwohl er wusste, dass sie es seinetwegen tat, schien sie sich aufrichtig zu amüsieren.

Er war noch wie berauscht, als der Abend zu Ende ging. Bevor er sichs versah, standen die letzten Gäste an der Garderobe und warteten auf ihre Mäntel, und er durchforstete mit einigen anderen nochmals den Saal nach Dingen, die sie mitnehmen mussten. Die Charter, Geschenke, die Flaggen von Klubs, die bei dem Empfang zugegen gewesen waren, das alles packten sie in einen Karton.

»Gute Arbeit, Bursche.« Arend Visser legte ihm den Arm um die Schulter. »Nach heute Abend sind wir definitiv mit von der Partie.«

»Klasse«, pflichtete Jan van Oostrum ihm bei.

Cees nahm die Komplimente lächelnd entgegen. »Mit Dank an meine wunderbare Frau!« Er küsste Josien in den Nacken und zog sanft an einer Haarsträhne, die sich aus ihrer Frisur gelöst hatte.

»Ach, du!« Sie schob ihn verlegen von sich.

»Sollen wir noch einen nehmen? Einen zum Abgewöhnen?« Arend blickte sich in der Runde um.

»Ich dachte schon, du würdest es nie mehr vorschlagen!«

»Dann auf in die Kolenstraat«, sagte Cees, noch immer

im Organisationsmodus, »ich hätte Lust auf ein kleines Saté.« Die anderen stimmten ihm zu.

Der Nachtklub war brechend voll. Sie konnten mit Mühe ein paar Sitzplätze erobern. Cees saß eingeklemmt zwischen Josien und ein paar anderen Frauen. Seine Klubkameraden blieben am Tresen stehen und kümmerten sich um die Bestellung.

Ängstlich schaute er zu, wie Josien den Satételler auf ihrem Schoß abstellte. Am liebsten hätte er sein Taschentuch daruntergelegt, aber weil er seinen eigenen Teller ebenfalls auf dem Schoß hatte, wagte er es nicht, in seiner Hosentasche nach dem Ding zu tasten und es hervorzuziehen. Ein paar Sekunden später war es schon zu spät. Irgendwer schob sich an ihnen vorbei, es gab einen kleinen Zusammenstoß, und Josien konnte den Teller nicht ganz gerade halten. Ein großer Klecks Soße tropfte auf ihren Rock. Eine der anderen Damen reichte ihr erschrocken eine Papierserviette, mit der sie lakonisch über den Fleck rieb. »Das kriegen wir morgen schon wieder heraus«, meinte sie beschwichtigend. »Kommt schon in Ordnung.« Cees war fassungslos. Jedes Kind konnte sehen, dass es überhaupt nie mehr in Ordnung kommen würde. Eine zentimeterbreite braune Spur verlief über das empfindliche Muster des Rocks. Die Euphorie des Abends war mit einem Schlag dahin.

»Verdammt, kannst du nicht aufpassen!«, fuhr er sie an.

»Ach du, das war doch nur ein kleines Missgeschick.« Sie hatte nicht vor, sich die Stimmung von so etwas Banalem verderben zu lassen. »Besser jetzt als am Beginn des Abends«, meinte sie lachend.

»Den Rock kannst du wegwerfen, der Fleck geht niemals wieder raus.«

»Ich halte ihn nachher auf der Toilette kurz unter den Wasserhahn, um das Schlimmste abzuspülen.«

»Bist du völlig verrückt geworden? Damit reibst du ihn nur noch tiefer hinein.«

»Ein bisschen kaltes Wasser kann doch nicht schaden.«

Er hasste es, wenn sie ihm so in den Rücken fiel. Wie konnte sie das nur so locker nehmen?

»Aber du warst gerade dabei, etwas zu erzählen.« Sie wandte sich wieder zu der Frau neben sich. »Ach ja, das neue Restaurant ...«

Cees hörte es nicht mehr, der Fleck erforderte seine gesamte Aufmerksamkeit. »Wir gehen«, brummte er, und nicht viel später fuhren sie in Kriegsstimmung nach Hause.

39

Meine Mutter ist nicht der Typ, sich um eine Rolle in einem Buch zu reißen. Sicher nicht in einem, in dem eine schmerzliche Periode ihres Lebens noch einmal aufgerührt wird. Und doch taucht sie voller Begeisterung in längst vergessene Kartons, um Briefe von früher hervorzukramen. Leider ist es kein breit sortiertes Archiv. Manchmal sind es nur einzelne Fragmente, die irgendwann einmal in eine Word-Datei abgetippt wurden. Die meisten Briefe sind solche von meiner Mutter an ihre Eltern, die regelmäßig in Indonesien oder Spanien waren. Offenbar hat meine Großmutter sie ihr irgendwann wiedergegeben. Es ist viel Geplauder über Alltägliches: mich und meine kleine Schwester, irgendwelche Erkältungen, einen Umzug und die Pläne für Silvester. Sie ergeben ein schönes Bild von der Zeit, auch wenn der Inhalt nicht immer unbedingt zuverlässig ist.

»Da ist zum Beispiel ein Brief an Oma«, sagt meine Mutter, als sie mir den Stapel überreicht, »in dem schreibe ich ganz begeistert, dass wir so wunderbar aufgetankt haben in den Ferien und jetzt wieder so richtig in die Vollen gehen können. Aber ich erinnere mich noch sehr gut, dass wir uns damals die ganze Zeit gestritten haben.« Der Brief stammt vom Februar 1983, anderthalb Jahre, bevor sich meine Eltern scheiden ließen.

Eines Tages macht meine Mutter eine spannende Entdeckung. Es ist eine Reihe von Briefen meines Vaters, geschrieben in den letzten Jahren ihres Zusammenseins. In einem Versuch, ihre Ehe wieder ins Lot zu bekommen, hatte mein Vater meiner Mutter seine Tagebuchnotizen geschickt, um ihr einen Einblick in sein Innenleben zu gewähren. »Diese Briefe erklären zwar eine Menge«, sagt meine Mutter mysteriös, »aber ich will sie dir nicht einfach so geben, ohne dass Monica sie zuvor gesehen hat.«

Weil sie sich noch immer nicht gegenseitig die Tür einrennen, fungiere ich als Postbotin. Beim nächsten Mal, als ich meinen Vater sehe, schiebe ich einen geschlossenen Umschlag über den Tisch des Restaurants, in dem wir uns verabredet haben. Er ist zu groß für Monicas Handtäschchen. Am liebsten wäre es mir, sie würde den Umschlag gleich hier vor Ort aufreißen und den Inhalt auf den Tisch auskippen, aber sie will sich alles in Ruhe zu Hause ansehen.

»Also, nur gut, dass ich alles verbrannt habe«, sagt sie eine Woche später. »Ich will wirklich nicht, dass du das hier benutzt, ja, ich will noch nicht mal, dass du es liest. Am liebsten würde ich diese Papiere auch gleich vernichten.«

Das hatte ich nicht erwartet; bisher ist sie in unseren ganzen Gesprächen sehr offen gewesen. Auch in Bezug auf Dinge, die ich lieber nicht hätte wissen mögen. »Warum nicht?«, frage ich also.

»Das Bild, das sich daraus ergibt … es ist einfach zu arg.« Sie schüttelt den Kopf. »Übrigens denke ich auch nicht, dass es dir etwas bringt.«

Ich zweifle, ob ich versuchen soll, sie zu überreden. Wir haben miteinander vereinbart, dass die Entscheidung bei ihr liegt, und da sie ja offenbar nicht will, dass ich es lese, müsste ich das respektieren.

»Aber jetzt stecke ich doch in einem Dilemma«, fährt sie fort, »denn als ich Josien deswegen eine Mail geschickt habe, bat sie mich, noch etwas länger darüber nachzudenken.« Meine Mutter ist mir also zuvorgekommen. In einer ausführlichen E-Mail plädiert sie dafür, dass Monica mir die Papiere doch besser geben sollte, weil sie davon überzeugt sei, dass sie mehr Klarheit vermitteln und dass ich integer mit dem Inhalt umgehen würde. »Trotzdem denke ich wirklich, dass sie dir nichts bringen«, wiederholt Monica, »es ist alles sehr wirr, die Person, die das geschrieben hat, war völlig durch den Wind, und dabei dreht sich das Ganze eigentlich auch um nichts.«

»Das sagt dann aber doch auch etwas«, versuche ich es.

»Ja, ich war einfach krank damals, davon bin ich inzwischen überzeugt.« Sie durchblättert den Papierstapel auf ihrem Schoß. »Ein Stück darfst du lesen. Notfalls übernimmst du es ungekürzt in dein Buch. Es sagt genug über mich in dieser Zeit.«

40

01.02. '81

Manchmal hat es den Anschein, als wäre ich ein Fehler in dem Werk eines unachtsamen Zeichners. Eine Linie, die ausradiert werden sollte. Aber der Zeichner kann seinen Radiergummi nicht finden, und so bleibe ich störenderweise stehen. Eine kleine Wellenlinie schließlich zeigt an, dass ich eigentlich nicht da sein soll, wodurch meine Existenz in dem großen Bild des Lebens noch einmal zusätzlich hervorgehoben wird.

Ich frage nach dem Namen des Zeichners. Er sollte aus seinem Atelier entfernt werden.

Vielleicht zeichnet er das ganze Bild ja noch einmal neu, und niemand weiß mehr, mit welchen Linien ich verbunden war; eine Frage der Zeit.

Vorläufig bleibe ich störenderweise stehen.

Verstehe eigentlich erst jetzt, dass die ganze Komposition misslungen ist. Ich fühle mich durchgestrichen.

Vorläufig klammere ich mich noch an den Schatten des Zeichners, der im Schein seiner Lampe auch unverkennbar auf seiner Zeichnung präsent ist.

Cees

41

Das Genderteam des VUmc, des medizinischen Zentrums der Uniklinik, versteckt sich ganz hinten im ersten Stock der Poliklinik. Am Ende eines langen Gangs. Monica hat den entschiedenen Schritt von jemandem, der sich auf bekanntem Terrain befindet; in den letzten Monaten war sie hier regelmäßig zu ihren Gesprächen mit der Psychologin des Diagnoseteams. Sie trägt heute eine kurze, graue Perücke, die viel besser zu ihren achtundsechzig Jahren passt als die halblange blonde, die sie letzten Monat am Geburtstag meines kleinen Neffen trug.

»Sie stehen hier noch als Mann im System, das passe ich jetzt mal an«, sagt die Empfangsdame zu meinem Vater. »Frau Sips. Welchen Vornamen soll ich dazuschreiben?«

»Monica.« Ein Grinsen von Ohr zu Ohr.

»Sind Sie nüchtern?«

»Ja, voll und ganz.«

»Sehr gut, dann habe ich hier noch einige Papiere.« Die Empfangsdame gibt meinem Vater ein Formular. »Das hier ist ein Fragebogen dazu, wie Sie sich fühlen, den müssen Sie jedes Mal ausfüllen, wenn Sie hierherkommen, so messen wir nämlich die Wirkung der Medikamente.« Danach schiebt sie ein DIN-A4-Blatt über den Tresen. »Und das hier ist eine Erklärung, die Sie sich bitte gut durchlesen. Nachher beim Arzt werden Sie sie unterschreiben, was bedeutet, dass Sie mit der Behandlung einverstanden sind.« Monica ist nur mehr einen Arztbesuch von der ersten Hormonkur entfernt. Demnächst wird ein Endokrinologe eine letzte Untersuchung vornehmen und beurteilen, ob ihr Körper dazu bereit ist.

Das Wartezimmer ist ein kahler Raum ohne Tageslicht.

Über uns hängt die Neonbeleuchtung zwischen schwarzen Streben, an denen früher eine Systemdecke angebracht gewesen war; Röhren und Leitungen laufen unter ihnen hindurch. Nach uns kommt noch jemand herein. Ach, denke ich, die ist noch längst nicht so weit wie mein Vater. Sie trägt sogar noch ihre Männerkleidung. Erst dann mache ich mir klar, dass es auch Frauen gibt, die Mann werden wollen. Auch sie finden hier Hilfe.

Monica liest die Informationen, die sie gerade erhalten hat. Darin steht, dass die Hormonbehandlungsphase mindestens ein Jahr dauert und dass erst danach eine Entscheidung über das weitere Vorgehen, also »den geschlechtsangleichenden Eingriff« getroffen wird. Monica ist enttäuscht. Sie hatte gedacht, mit der Vereinbarung, mit den Hormonen anzufangen, sei ihre OP schon gesichert. Schnell schiebt sie ihre Befürchtungen beiseite; sie kann sich wirklich keinen Grund denken, warum man ihr die Operation in einem Jahr doch noch verweigern sollte. Jedenfalls gibt es offenbar keine Möglichkeit, den Eingriff zu beschleunigen; etwas, worauf sie heimlich gehofft hatte, weil ihr das Leben als Frau so gut von der Hand geht. Das VUmc verlangt, dass Transgender vom Beginn der Hormonbehandlung an vierundzwanzig Stunden pro Tag in ihrer gewünschten Rolle leben, aber sie hat damit schon vor fast anderthalb Jahren angefangen.

Sie ist voll und ganz bereit für den nächsten Schritt. Alle in ihrem Umfeld scheinen sie als Monica zu akzeptieren, im Dorf wurde sie sogleich eingeladen, Mitglied im Frauenklub zu werden, und ihre Freunde sagen immer wieder, wie mutig sie doch ist. Selbst der Herrenklub, mit dem sie zweimal im Jahr schick essen geht, hat sie mit offenen Armen empfangen, die Herren behandeln sie mit all den Aufmerksamkeiten, die einer Dame in teuren Restaurants zustehen. Dazu gehört auch, dass nicht länger sie den Wein aussuchen darf, obwohl sie davon mehr Ahnung hat als die anderen zusammengenommen. »Manchmal habe ich das Gefühl, besonders in zu sein«, kommentiert Monica all die positiven Reaktionen. »Als wollte heutzutage jeder seinen hauseigenen Schmuse-Transgender haben.«

Nur Nico ist aus ihrem Leben verschwunden. Cees' bester Freund reagierte voller Unglauben auf die Nachricht, die er zu hören bekam, als er einen Abend mit seiner Frau zum Essen gekommen war. Cees hatte beim Schnaps seine Geschichte erzählt und sich anschließend umgezogen, um als Monica ins Zimmer zurückzukehren. Nico fand es lächerlich. »Nur dass du Bescheid weißt: Ich nenne dich einfach weiter Cees«, war alles, was er gesagt hatte.

»Er wird sich daran gewöhnen«, meinte Nicos Frau Ellie begütigend.

Das tat er allerdings nie. Bei einem Frankreich-Urlaub – einem schon Monate zuvor geplanten Trip, als Monica noch Cees war – vermied es Nico, zusammen mit Monica gesehen zu werden. Wenn sie eine Stadt oder eine sonstige Sehenswürdigkeit besuchten, ging er mehrere Meter vor ihnen her, und regelmäßig hatten sie ihn sogar ganz verloren. Er wollte nicht, dass Monica das Auto fuhr oder beim Abendessen das Fleisch anschnitt; Aufgaben, bei denen sich Cees und Nico normalerweise abwechselten. Jeden Abend betrank er sich und beteiligte sich kaum an Gesprächen. Am letzten Abend kam es zu einem Wortwechsel über dieses Verhalten, woraufhin sich Nico rot vor Zorn in sein Schlafzimmer zurückzog. Als Monica und Meintje am nächsten Morgen aufstanden, waren Nico und Ellie kommentarlos abgereist. Die beiden haben nie mehr etwas von sich hören lassen.

Monica freut sich auf die Hormone. Nicht nur, weil sie ein notwendiger Schritt vor der Operation sind, sondern auch, weil sie ihr weibliche Züge verleihen werden. Sie bekommt demnächst Tabletten, die die Testosteronproduktion unterdrücken, und Pflaster, die eine regelmäßige Dosis Östrogen abgeben. Die genaue Wirkung lässt sich nicht vorhersagen, sie ist von Person zu Person verschieden. Manche Transfrauen bekommen Fett an Stellen, wo sie nie zuvor welches hatten, und es können ihnen kleine Brüste wachsen. Womöglich bekommt Monica eine Körbchengröße mehr. Die Körperbehaarung wird abnehmen, obwohl ergänzende Maßnahmen wie Waxing, Rasieren oder Lasern für die meisten nötig bleiben werden.

Transmänner, die den umgekehrten Prozess durchlaufen, kommen durch die Hormone in den Stimmbruch, wonach ihre Stimme tiefer klingt. Umgekehrt funktioniert das nicht; Veränderungen, die der Körper in der Pubertät durchgemacht hat, sind unumkehrbar, und darum wird Monicas Stimme nicht auf einmal höher werden.

Die Stimme ist ihre größte Frustration. Mittlerweile treten die meisten Menschen an sie als eine Frau heran, aber am Telefon wird sie noch oft mit »Herr Sips« angesprochen. »Wie findest du meine Stimme?«, fragt sie regelmäßig zur Kontrolle. Ich finde nicht, dass sie übertrieben männlich klingt, und gebe ihr zum Beweis die Aufnahmen der Gespräche, die wir in den letzten Monaten geführt haben. Meiner Meinung nach gibt es da eine Entwicklung.

Sie selbst ist nicht zufrieden. Sie ist eher enttäuscht, welche Wirkung die Übungen ihres Logopäden haben. In der Logopädie lernt sie, wie sie ihrer Stimme mit der richtigen Intonation eine weibliche Färbung geben kann. Dabei geht es nicht nur um die Höhe, hat sie gelernt, sondern auch um die Wortwahl und die Art und Weise, diese Wörter auszusprechen.

Während wir darüber reden, merke ich, dass sie mit ihrer Stimme etwas höher einsetzt als normalerweise. Am Ende des Nachmittags wird sie müde, und auch das ist zu hören; wenn wir mit einem Glas Wein dasitzen und uns wieder über Belanglosigkeiten unterhalten, fällt ihre Stimme meist wieder ab. Meintje streckt in solchen Momenten den Zeigefinger nach oben. »Höher«, bedeutet das. Sie tut das diskret in Höhe ihrer Taille, damit nur Monica es sieht.

Ganz zu Anfang war Monica in Bezug auf die Hormone noch unentschieden, besonders weil diese ihr nicht zu einem vollen Busen und einer hohen Stimme verhelfen würden. Sie äußerte ihre Zweifel in der Gesprächsgruppe mit Schicksalsgenossinnen, die sie seit den allerersten Anfängen besucht, und dort konnte ihr niemand sagen, was denn die positiven Folgen einer Hormoneinnahme seien. Klar war dagegen, dass man sich damit allerlei Nebenwirkungen wie Leberversagen oder Thrombosen einhandeln konnte. Monica fürchtete jede Komplikation, die ihr die Freude an ihrem zukünftigen Frauenkörper verderben konnte.

Jetzt federt sie begeistert hoch, als die Ärztin sie zur Untersuchung holt, fast ein bisschen in Kicherlaune angesichts des Meilensteins, den sie erreicht hat. Auch das Behandlungszimmer ist ein fensterloser Raum. In der Mitte steht ein Schreibtisch mit einem Computer, dahinter eine Untersuchungsliege, flankiert von einem Regal voll medizinischer Hilfsmittel und einem Rollwagen mit Handtüchern. Ein braunoranger Vorhang hängt bereit, das Zimmer in zwei Teile abzutrennen.

Die Ärztin ist etwa in meinem Alter, denke ich. Ihr kerzengerade gescheiteltes dunkles Haar ist zu einem Pferdeschwanz zusammengebunden. Alles, was sie sagt, klingt munter, und mir kommt sie vor wie eine, die sich nicht so leicht aus dem Konzept bringen lässt. Diese Frau hat für jedes Problem eine Lösung, denke ich erleichtert.

Zuerst befragt sie Monica nach ihrer medizinischen Vorgeschichte. Medikamentengebrauch, frühere Operationen, familiäre Krankheiten, alles wird angesprochen. Sie misst Monicas Blutdruck, misst ihre Körperlänge und ihr Gewicht und bittet sie dann zu einer körperlichen Untersuchung hinter den Vorhang. Nur die Schuhe sind zu sehen: solide Riemchenpumps meines Vaters und rosa geblümte All Stars der Ärztin.

Noch mehr Messungen, alles, um festlegen zu können, welche Veränderungen in Zukunft durch die Hormoneinnahme auftreten werden. Jetzt misst sie den Umfang von Hüften, Brust und Taille. »Den Bauch bitte nicht einziehen«, warnt sie, als sie glaubt, dass Monica zu schummeln versucht. Danach kontrolliert sie Leber, Nieren, Herzschlag und Atmung. Alles ist in Ordnung.

»Ich sehe keinen Grund, nicht mit den Hormonen anzufangen«, so zuletzt ihr erlösendes Wort. Sie erklärt, was die Hormonbehandlung beinhaltet und welche Medikamente mein Vater bekommt. Nachdem sie mit allem durch ist und mein Vater und Meintje keine Fragen mehr haben, stellt sie das Rezept aus und gibt es meinem Vater. Sofort danach schiebt sie das Formular mit der Einverständniserklärung über den Tisch.

Monica liest es aufmerksam durch. »Hiermit erkläre ich, gut über meine Entscheidung für die Hormonbehandlung zur Unterstützung der gewünschten Geschlechtsangleichung nachgedacht zu haben ...« Unten steht, dass sie alle Informationen verstanden hat und dass ihre Fragen zu ihrer Zufriedenheit beantwortet wurden. »Ja, das ist so«, sagt sie mit einem fröhlichen Kopfnicken in Richtung

Ärztin, »das heißt, ich kann das hier jetzt mit Sicherheit unterschreiben.« Mit einer Geste schwungvoller Entschiedenheit setzt sie ihren Namen unter »Unterschrift des/der Patient/in«. Ich muss an das eine Mal denken, als ich einen Kaufvertrag für ein Haus unterschrieben habe: einerseits die Freude, dass sich hier eine Sehnsucht erfüllt, andererseits die Spannung wegen der damit verbundenen Risiken.

Wieder im Wartezimmer füllt Monica die Fragebogen aus, die neben der körperlichen Untersuchung dazu beitragen sollen, die Wirkungen der Hormone zu messen. Auf einem muss sie angeben, in welchem Ausmaß bestimmte Leiden ihr zu schaffen machen. Es ist eine ganze Litanei: Hitzewallungen, Herzklopfen, Schwindel, Schlafprobleme, Panikattacken, Migräne, Gelenkschmerzen, Abnahme der Libido. Bei allem kreuzt Monica »Nein« an.

Noch ist es Nein, denke ich, während ich mich doch auch sehr für sie freue.

42

In dem windigen Eingang eines Pflegeheims in Amsterdam-Oost warte ich auf Will. Oder Thea, ich weiß noch nicht, wie ich die Person, mit der ich mich verabredet habe, demnächst nennen werde. Bei der Vereinbarung des Treffens hat man mir ans Herz gelegt, nach »Will« zu fragen und nicht nach Thea, denn das könnte zu Hause Probleme verursachen. Wills Frau will nichts von seiner Veranlagung wissen. Das ist auch der Grund dafür, dass er es immer bei der Travestie belassen hat, obwohl er viel lieber auch körperlich eine Frau wäre. Schon seit achtundsechzig Jahren sind die beiden verheiratet, und für Will kam eine Scheidung nie in Frage. »Versprechen sind mir als Ungläubigem heilig, das heißt, ich bin an allem selber schuld«, schrieb er in einer der E-Mails, die ich von ihm erhielt.

Will ist einer der Menschen, die seit Anfang der 70er Jahre in der Arbeitsgruppe Travestie und Transsexualität des NVSH aktiv waren. Die Exemplare der *TenT*-Zeitschrift, die ich im Lesesaal des Internationalen Instituts für Sozialgeschichte durchgeblättert habe, stammen aus seinem Privatarchiv. Ich habe keine Ahnung, was mich erwartet. In seinen E-Mails wirkte Will ab und zu ziemlich chaotisch, kam vom Hundertsten ins Tausendste, weshalb es manchmal schwierig war, ihm zu folgen. Gleichzeitig sprühten sie nur so vor Lebenslust. »Ich verfluche meine Geburt, aber ich habe doch etwas aus dem Leben gemacht, trotz aller Rückschläge!!«, schrieb er schon in seiner ersten Mail. Ob sein Alter ihn wirr gemacht hat? Einundneunzig ist er, aber in unserer Korrespondenz hat er mir einen recht vitalen Eindruck vermittelt. Ein paar Straßen weit zu Fuß bezeichnet er als »ein Kinderspiel«, und er möchte sich am Spätnachmittag mit mir verabreden, weil er davor noch so viel auf dem Zettel hat.

Im Jahrgang 1978 der *TenT* las ich ein Interview mit Will, damals ein kämpferischer Mittfünfziger. Jedenfalls glaube ich, dass es Will war, in dem Bericht war nur von Thea die Rede, ohne Nachnamen. Thea berichtet darin von den Problemen, die sie mit ihrer Körperbehaarung hat. »Beim Verteilen der Haare habe ich mich garantiert nicht ans Ende der Reihe gestellt!« Sie ist Instrumentenbauer und hat lange Zeit als Techniker bei IBM gearbeitet, wo sie mit den Vorläufern des Computers beschäftigt ist. In mir entstand das Bild eines hochgewachsenen, kräftig gebauten Mannes mit wirren, halblangen Haaren und einer zottigen, aus seinem Hemdkragen hervorschauenden Brustbehaarung.

Dieses Bild habe ich immer noch im Kopf, während ich dastehe und warte. Angesichts der mittlerweile verstrichenen Jahre versuche ich es etwas anzupassen. Will wird wohl eher schüttere oder vielleicht auch gar keine Haare mehr haben. Vielleicht ist er auch ein wenig geschrumpft.

Zur verabredeten Zeit biegt ein kleines gelbes Auto entschlossen um die Ecke. Hinter der weiträumigen Kurve hält es am Gehwegrand. Will, denke ich. Einen Moment lang geschieht nichts, und dann steigt eine kleine Gestalt aus, öffnet resolut die hintere Seitentür und angelt einen Spazierstock und eine Tasche von der Rückbank.

Abgesehen von dem Stock deutet nichts darauf hin, dass dies ein Mensch von einundneunzig Jahren ist. Er wirkt auch nicht wie ein Mann, der da auf mich zukommt, eher irgendwie unentschieden. Er trägt allerdings Männerkleidung: eine braune Hose mit einem gleichfarbigen Pullover, schwarze Slipper und einen Regenmantel. Manche einundneunzigjährige Frau wäre neidisch auf das halblange, glatte Haar. Die Person kommt mit dem kräftigen Tritt von jemandem auf mich zu, der die Sache schon richten wird, und lächelt mir schon aus großer Entfernung entgegen. Die Idee, sich im Pflegeheim zu verabreden, stammt von Will, er ist hier jeden Montag mit seinem Malklub, und in demselben Raum können wir ungestört ein Gespräch führen.

»Jetzt sag aber bitte du zu mir«, sagt Will, sobald wir einander die Hand geschüttelt haben. Ein lakonischer Amsterdamer Zungenschlag. Er ist kleiner, als ich gedacht hatte, wir können uns geradewegs in die Augen schauen. Ich sehe ein freundliches Gesicht mit sanften Zügen. Seine Statur ist wie erwartet kräftig, aber keinesfalls grob, eher rundlich. Das hier ist eine Thea, denke ich, und kein Will.

»Wie geht es Marjan?«, fragt Thea. Ich grabe ein wenig zu lange in meinem Gedächtnis, um zu verstehen, wen sie meinen könnte. »Oder ... ach, wie dumm, ich vergesse immer, wie dein Vater heißt.«

»Monica.«

»Monica! Wie geht es Monica?« Sie hat unsere Geschichte erst vor ein paar Wochen zum ersten Mal gehört, und doch beschäftigt es sie, als würde sie meinen Vater schon Jahre kennen. Diese Rolle hat sie ihr halbes Leben hindurch gespielt, sich immer dafür eingesetzt, anderen Transgendern zu helfen. Wie ein unermüdlicher Botschafter hat sie Schicksalsgenossen auf dem Weg geholfen, der für sie unbegehbar war.

Thea gehört zu den Leuten der ersten Stunde, genauer gesagt zu den fünf Menschen, die den Mut hatten, am 4. Februar 1970 in die Keizersgracht zu kommen. »Mein neuer, imaginärer Geburtstag«, so nennt sie diesen Morgen. An diesem Tag hatte Will entdeckt, dass es so etwas wie Transsexualität gab, und sofort verstanden, dass auch bei ihm mehr vorliegen musste als der Wunsch nach Frauenkleidern. Einer der fünf Männer aus der Gruppe war bei Otto de Vaal in Behandlung, und so stand auch Will schon bald vor der Tür des Arztes. Aber de Vaal wollte ihm nicht helfen, er hielt es sozial für zu problematisch, einen Vater von drei Kindern einer derart eingreifenden Transformation zu unterziehen.

Zunächst wusste Wills Frau nichts von den *TenT*-Zusammenkünften und der Rolle, die Thea in der Organisation spielte. Will beichtete ihr sein Doppelleben erst, nachdem er mit einer ernsten Thrombose in den Beinen im Krankenhaus gelandet war. Er hatte auf eigene Faust mit weiblichen Hormonen experimentiert und gehofft, so seine Körperbehaarung zu verlieren und Brüste zu entwickeln. Es waren Antibabypillen, die er seinen Töchtern stahl. Unter einem Mikroskop schnitt er die Pillen in acht Teile; er hatte sich selbst ein solches Teil pro Woche verschrieben. Eine Zeitlang sah es so aus, dass ihm beide Beine amputiert werden müssten – im besten Fall; manche Ärzte dachten, er würde es gar nicht überleben.

Wills Frau hatte Verständnis, wollte jedoch nicht mit den Gefühlen ihres Mannes konfrontiert werden. »Ich habe schwören müssen, dass noch nicht mal ein Strumpfband von mir ins Haus kommen würde.« Solange alles draußen vor der Tür blieb, bekam er die Freiheit, er selbst zu sein. Und so hatte Will jeden Mittwoch frei von seiner Familie, und Thea konnte beim NVSH schalten und walten. Ihre Garderobe bewahrte sie im Büro der Arbeitsgruppe auf. Sie nennt es ihre »goldenen Jahre«. Jahre, in denen sie nicht nur als Thea sie selbst sein, sondern sich auch aktiv dafür einsetzen konnte, anderen Transsexuellen den Weg zu Hilfsangeboten zu zeigen. Erst zur Praxis von Otto de Vaal, später zur Genderstichting, die in Baracken auf dem Baugelände der neuen Uniklinik hauste.

Thea stand bei diesen offenen Abenden in Amsterdam als Gastgeberin an der Tür, um Neulingen die erste Auf-

regung zu nehmen und dafür zu sorgen, dass alles glatt-
lief. Dort führte sie lange Gespräche mit Besuchern, die
zum ersten Mal bekannten, dass Travestie für sie nicht
ausreichte. »Geh zu deinem Hausarzt«, sagte sie dann,
»und hole dir eine Überweisung zu Doktor Verschoor.«
Der Psychologe, der seitens des NVSH die offenen Abenden mitbetreute, war mittlerweile bei der Uniklinik angestellt und beurteilte dort sozusagen wie ein Torwächter,
wer für eine geschlechtsangleichende Operation in Betracht kam. Die meisten Transsexuellen, mit denen Thea
sprach, trauten sich nicht, aber sie redete so lange auf sie
ein, bis sie den Mut fanden, doch hinzugehen.

Alle kannten Thea, und noch heute ist sie für viele Leute aus der Szene ein Begriff. Besucher der offenen Abende
kamen nicht einfach so an ihr vorbei. »Ich war ein rich-
tiger Polizist«, sagt sie, »Voyeure und Leute, die sich da-
nebenbenahmen, habe ich persönlich vor die Tür gesetzt.«
Vereinzelt kam es auch zu Reibungen zwischen den beiden Gruppen, den Transvestiten und den Transsexuellen,
aber im Allgemeinen verliefen die Abende sehr gemütlich,
und alle fanden es »einfach nett«. Dafür sorgte Thea
schon.

Heftig wurde sie bei Leuten, die anstößig gekleidet waren. »Besonders diese alten Kerle, die erst in späten Jahren
dahintergekommen sind, sahen manchmal lächerlich aus,
und so gingen sie auch noch über die Straße! Damit for-
dert man die Probleme ja heraus!« Sie selbst hatte eine
Vorliebe für lange Abendkleidung, die sie »distinguiert«
nennt. »Ich war eine Bohnenstange im Kleid, aber in dieser Zeit sah ich wirklich ganz nett aus.« Mir fallen die
kurzen Röcke und tief ausgeschnittenen Kleider ein, die
Monica anfangs trug. In Kombination mit dem riesigen
Schmuck und dem dicken Make-up eine Garantie dafür,
dass jeder noch einmal so richtig zu ihr hinschaute.

Thea zog auch aktiv los, um Hilfe anzubieten. Wie »eine Art Heilsarmee-Schwester« besuchte sie Orte um die Utrechtsestraat, wo junge Transvestiten sich prostituierten. Das waren die Kreise, in denen auch Aaïcha Bergamin verkehrte, aber begegnet sind sich die beiden nie. Thea kann sich jedenfalls nicht daran erinnern. Auf ihren Missionszügen kam sie auch in die Regina Bar an der Amstelstraat, wo Aaïcha zwischen dem Anschaffen oft mit ihren Kolleginnen auftauchte, um kurz Luft zu schöpfen und sich wieder aufzuwärmen. Robbie, der Besitzer, hatte eigens für sie eine Ecke seines Ladens mit einer großen Couchgarnitur und einer Schirmlampe wie ein gemütliches Wohnzimmer eingerichtet. Es war kein Ort für Thea. »Sie waren supernett zu mir, wirklich, aber eigentlich mochten sie mich nicht.« Sie wischt einen imaginären Krümel von dem Schreibblock, in dem sie ihre Notizen für den heutigen Nachmittag festgehalten hat. »Die haben alle dafür gespart, irgendwann zu Doktor Burou zu können.« Der berühmte Chirurg in Casablanca war mit seiner Praxis dem Hilfsangebot in Amsterdam um fast fünfzehn Jahre voraus.

Thea bezeichnet ihre Aktivitäten als »ein Trostpflaster«, weil die erträumte Geschlechtsangleichung für sie selbst nicht in Frage kam. Offenbar hing das nicht nur mit ihrer Ehe, sondern auch mit ihrer Gesundheit zusammen. Die Ärzte weigerten sich, ihr zu helfen, und sie selbst fürchtete sich ebenfalls vor Komplikationen. Viel sagt sie nicht dazu, und ich bohre auch nicht weiter, aus Angst, ihr Bedauern noch weiter anzufachen. »Ich habe mich für meine Frau entschieden und mir damit selbst den Garaus gemacht.« Das klingt schon schlimm genug. Und dann plötzlich erzählt sie so ganz nebenbei, dass sie sich vor fünfundzwanzig Jahren hat kastrieren lassen. »Durch die Hintertür« habe sie einen der plastischen Chirurgen aus dem Genderteam gefunden, der bereit war, den Eingriff vorzunehmen. Ambulant und heimlich. »Ich war mit einem Schlag ohne Testosteron«, sagt sie. Jetzt verstehe ich, welchem Umstand sie ihre androgyne Erscheinung zu verdanken hat. »Innerhalb eines Jahres war ich schon meine Körperbehaarung los.« Damit erfüllte sich zwar einer ihrer größten Wünsche, aber lieber wäre sie noch einen Schritt weitergegangen. »Ich denke mitunter, dass diese Sperre, die alles in meinem Kopf blockiert, sich gelöst hätte, hätte ich die gesamte Transformation durchgemacht.« Sie starrt auf ihre Notizen. »Je älter ich werde, desto mehr sehne ich mich danach.«

Für die Außenwelt ist sie jetzt dauerhaft Will. Seit Privatleute in das vormalige NVSH-Haus am Blauwburgwal eingezogen sind, gab es für Thea keine Gelegenheit mehr, zum Vorschein zu kommen. Das ist jetzt mehr als fünfzehn Jahre her. Nachdem der NVSH in den 80er Jahren fast bankrottgegangen wäre und das Haus veräußern musste, hatten einige einkommensstarke NVSH-Mitglieder es übernommen, bis Geldstreitigkeiten dem Büro und dem Begegnungsraum der Arbeitsgruppe in den späten 90er Jahren dann doch noch ein Ende setzten. Vom einen Tag auf den anderen waren die Schlösser des Hauses ausgetauscht, und niemand konnte mehr hinein. Nach der Räumung gelang es Thea gerade noch, einige ihrer Kleider aus den Containern auf der Straße zu angeln. Dieses Erbe hütet sie in einem Koffer, den sie an ihrer Arbeitsstelle aufbewahrt.

Draußen weht weiter ein rauher Wind, aber bei Theas Auto angekommen, sind wir noch nicht am Ende und stehen eine Weile auf der Straße herum. Wir haben uns schon zwei Mal die Hand geschüttelt, und immer flackert das Gespräch wieder auf. Sie erzählt von ihrer Frau, ich von meinem Vater. »Ich gebe dir jetzt einen Kuss«, sagt sie zuletzt und fasst mich spontan an den Schultern. »Ich finde es so schade, dass ich Monica nie kennenlernen werde.« Es klingt aufrichtig.

43

Sieh mal, das hier haben wir auch noch!« Mein Freund kniet vor unserem Getränke- und Gläserschrank, den wir gerade aufräumen. Er zieht eine Flasche aus dem untersten Fach und hält sie in die Höhe. Beerenburg. Früher einmal das Lieblingsgetränk meines Vaters; er bildete sich etwas darauf ein, dass jeder, der ihn wirklich gut kannte, eigens für ihn eine Flasche im Haus hatte. Wir also auch. Weduwe Joustra, seine Lieblingsmarke. Seit es Monica gibt, hat niemand diese Flasche mehr angefasst.

»Ob das Zeug noch gut ist?« Peter hält die Flasche gegen das Licht. Ein paar undeutliche Flocken haben sich auf dem Boden abgesetzt.

»Natürlich, Schnaps verdirbt doch nicht.« Ich nehme ihm die Flasche ab. »Nobel & echt«, prahlt das Etikett. Auf der Rückseite ist ein Porträt von Anjenette Joustra, der Witwe, die irgendwann mit dieser Variante des berühmten friesischen Kräuterschnapses angefangen hat.

Ich schraube den roten Verschluss von der Flasche und rieche daran. Ich selbst habe nie viel Beerenburg getrunken, aber der würzige Geruch ist mir dennoch sehr vertraut. Der Geruch, der morgens in den verlassenen Schnapsbechern aus weißer Keramik hing, wenn Sietske und ich uns schon unten herumtrieben, während unsere Eltern noch schliefen.

Beerenburg ist unlösbar mit den Segelfreizeiten verbunden, die sich in meiner Grundschulzeit jährlich wiederholten; eine Tradition, die mein Vater begründet hatte. Die Sechstklässler seiner Schule fuhren am Ende ihres letzten Jahres für eine Woche nach Friesland, um segeln zu lernen. Schon bevor wir selbst zur Schule gingen, kamen meine Schwester und ich auch mit, zusammen mit unserer Mutter, die während der Segelfreizeit den Haushalt managte. Während dieser Woche durften wir abwechselnd in einem Boot mitfahren, oder wir halfen meiner Mutter dabei, Butterbrote für den Lunch zu schmieren.

Meine Eltern fuhren schon länger zu Segelfreizeiten. Meine Mutter hatte in ihren Teenagerjahren als Teilnehmerin damit angefangen, und nach ihrer Hochzeit schlug sie meinem Vater vor, zusammen eine solche Freizeit zu leiten. Die Organisation arbeitete am liebsten mit Eheleuten, die wie eine Art Elternpaar eine vertraute Atmosphäre schaffen konnten. Dank ihrer Erfahrung in der Jugendarbeit wurden sie mit offenen Armen aufgenommen. In den Sommerferien fuhren sie jedes Jahr für mindestens eine Woche, manchmal auch zwei. Bei ihrer ersten gemeinsamen Segelfreizeit war meine Mutter mit mir schwanger.

Vielleicht hat die Ehe meiner Eltern bei diesen Freizeiten ihre beste Zeit erlebt. Die beiden bildeten ein reibungslos funktionierendes Team und waren bei vielen Segellehrern beliebt. Sobald klar war, in welcher Woche sie als Freizeiteltern da sein würden, trudelten die Anmeldungen nur so ein. Sie liebten die ungezwungene Atmosphäre. Wenn die Kinder (die »Schützlinge«) im Bett waren, kam der Beerenburg auf den Tisch und es wurde viel gequatscht und gelacht.

Die Segellehrer waren fast immer Männer, robuste Typen mit Schnauzern oder Bärten, die grob gestrickte Pullover trugen. Sie hatten Namen wie Hisse, Hein oder Tjerk. Die Stimmung unter ihnen war familiär und offenherzig, bisweilen auch hitzig. Ebenso »nobel & echt« wie das Getränk in ihren Gläsern. Der eine oder andere war buchstäblich aus der Kneipe hierhergelockt worden, etwa der Makler, den meine Eltern aus dem Jonghe Graef kannten und der jedes Jahr in seinem eigenen Segelboot zur Freizeit kam. Mein Vater schien sich in dieser Gesellschaft so wohl zu fühlen wie ein Fisch im Wasser. Nach einiger Zeit saß er auch im Vorstand der Organisation, was das Familiengefühl noch verstärkte.

Es gibt ein Foto, auf dem meine Eltern das ansteckende Lachen eines glücklichen Paares ausstrahlen. Jemand, der nicht im Bild ist, hält eine Rede auf sie; ich vermute, ein Segel- oder Klassenlehrer, der sich mit einem zweifellos humoristischen Vortrag für ihre Fürsorge bedankt. Mein Vater hat den Arm fest um meine Mutter gelegt, sein Hemd ist bis zum Bauch aufgeknöpft und sein haarloser Leib braungebrannt. Um ihre Schultern hängt ein improvisierter Lorbeerkranz aus Schilf und zu Blüten zerknüllten Servietten. Meine Mutter hat ein Gläschen Beerenburg in der Hand.

Man sagt, der Beerenburg wäre an wirklich wilden Abenden in Teegläsern serviert worden. Nicht selten mündete das Trinkgelage in ausgelassene Aktionen seitens der Lehrer. Ich erinnere mich, dass die Tische eines Morgens zwischen den Booten im Wasser trieben, weil jemand bei Tagesanbruch die Idee geäußert hatte, »im Hafen« zu frühstücken.

Cees trug in solchen Nächten manchmal eine Schnur um den Hals, deren Ende mit einer Schlaufe um das kleine Beerenburg-Glas in seiner Hand passte. Zog er am anderen Ende der Schnur, konnte er in Momenten, wenn seine Koordination versagte, seine Hand doch direkt zu seinem Mund lenken.

Für die Kinder waren die Segelfreizeiten auch ein Höhepunkt, und wir freuten uns genauso darauf wie die Schulabgänger. Magisch war allein schon die Tatsache, dass wir eine zusätzliche Woche schulfrei bekamen; ein Privileg, das mein Vater für uns aushandeln konnte, weil er einfach jeden in den Hilversumer Schulverwaltungen kannte. Für uns war es ein Fest der ersten Male: vorn im Cockpit mit der Fockschot in den Händen, in einer gemütlichen Dorfkneipe mit einem großen Teller Pommes frites und Schwimmen in einem natürlichen Gewässer.

Letztendlich war es eine Segelfreizeit, die der Ehe meiner Eltern endgültig den Garaus machte. Im letzten Jahr fuhr meine Mutter allein nach Friesland und lernte dort den Mann kennen, mit dem sie bis heute verheiratet ist. Mein Vater ist nie mehr bei einer Segelfreizeit gewesen; nur der Beerenburg blieb.

44

Mein Vater, meine Mutter und ich sind in demselben Restaurant verabredet, in dem ich Monica den geschlossenen Briefumschlag mit den wiedergefundenen Tagebuchaufzeichnungen überreicht habe. In Hilversum, neben dem Jonghe Graef, an das meine Eltern so viele gemeinsame Erinnerungen haben. Es war die Idee meines Vaters, sich hier zu verabreden, und meine Mutter war sofort damit einverstanden. »Vielleicht können wir dir gemeinsam etwas mehr Klarheit über diese Zeit unseres Lebens verschaffen.«

Sie sitzen schon da, als ich hereinkomme. Einander gegenüber und beide mit einem Glas Rotwein vor sich. Sie scheinen in ein vertrautes Gespräch verwickelt zu sein, ich schnappe etwas von der Flüchtlingshilfe auf, in der sich meine Mutter ehrenamtlich engagiert. Einen Moment lang ist mir sehr bewusst, was die anderen Gäste denken werden, wenn ich mich gleich zu meinen Eltern an den Tisch setze. Sie werden annehmen, dass es sich um ein älteres Paar mit seiner erwachsenen Tochter handelt. Ein witziger Gedanke, wie ich finde, weil das zwar stimmt, wir aber seit meinem zwölften Lebensjahr nicht mehr in dieser Form zusammen gewesen sind. Ich habe mich im Laufe der Jahre daran gewöhnt, dass andere die jeweiligen heutigen Partner meiner Eltern als meine Mutter oder meinen Vater betrachten.

Erst als ich fast an ihrem Tisch bin, wird mir klar, dass ich einen Denkfehler mache. Niemand in diesem Restaurant wird auch nur eine Sekunde lang vermuten, dass ich ein Kind dieser beiden Frauen bin. Allenfalls werden sie meine Mutter richtig identifizieren und meinen Vater als eine Tante sehen oder als eine Freundin meiner Mutter.

Der Kellner schenkt auch mir ein Glas Rotwein ein und lässt die Flasche auf dem Tisch stehen. Seine Kollegin kommt mit den Karten. Sobald wir bestellt haben, fängt Monica von den Briefen an. Sie ist noch immer geschockt von dem Bild ihres alten Ichs, das sich aus dem Papierstapel ergeben hat. »Offenbar habe ich eine Menge Dinge verdrängt.«

Meine Mutter nickt verstehend.

»Weißt du ...« Mein Vater beugt sich vor. »Als du mich als Monica kennengelernt hast, hast du etwas gesagt, was mich noch immer verfolgt.«

Ein fragender Blick von meiner Mutter.

»Du hast gesagt, wenn ich mich damals als Frau gefühlt hätte, hätte ich die Fähigkeit haben müssen, dich besser zu verstehen. Das impliziert, dass meine Frauengefühle nicht echt waren.«

»Ich glaube schon, dass sie echt waren«, sagt meine Mutter, »aber ich habe am Anfang nicht verstanden, warum du dich dann nicht etwas besser in mich hineinversetzen konntest.«

»Ich denke, wenn ich in Einklang mit mir selbst gewesen wäre, dann hätte ich dich wohl auch besser verstanden. Jetzt fühle ich mich wohl in meiner Haut und denke: Wie konnte das nur alles passieren?«

»Ja, aber es ist Vergangenheit.«

»Ich weiß noch so gut, wie bei uns die Telefonleitung gelegt wurde.« Monica schlägt sich die Hand vor den Mund. »Ich habe mich so geschämt, als ich das wieder las!«

»Und ich kann mich daran überhaupt nicht erinnern«, sagt meine Mutter. Ich habe keine Ahnung, wovon sie sprechen. Die Szene ist offenbar in den Papieren beschrieben, die sie zwar gesehen haben, ich jedoch nicht.

»Wir hatten gerade eine etwas bessere Phase. Nach vielen guten Gesprächen sahen wir beide wieder positiv in die Zukunft«, erzählt Monica. »Und mit diesem fröhlichen Auftrieb hatten wir beschlossen, abends mit den Kindern essen zu gehen und uns einfach wieder auf schöne Weise gegenseitig Zeit zu widmen. Na ja, dieses Essen habe ich natürlich vollkommen verdorben.«

Mein Vater war eigens rechtzeitig nach Hause gekommen. Schon gleich als er eintraf, ging er direkt weiter in sein Arbeitszimmer, wo ein Monteur von der Post an diesem Morgen eine Telefonanlage eingebaut hatte. Über seinem Schreibtisch hing ein grauer Kasten mit einem Wirrwarr von Kabeln, ein hässliches Unding, das das ganze Zimmer verunstaltete. Er war stark verstimmt und ließ seine Wut bis in den späten Abend an meiner Mutter aus. Wie in aller Welt hatte sie das zulassen können? War es denn so schwer, irgendetwas einmal richtig zu machen? Selbst ein Narr konnte doch erkennen, dass das Ding nicht normal eingebaut war.

Genau wie meine Mutter weiß ich nichts mehr davon, aber der Mann, den Monica beschreibt, ist ganz typisch mein Vater. Jedenfalls so, wie ich seine weniger netten Seiten in Erinnerung habe. Ungeduldig, sich wegen Lappalien aufregend und von einer Sogwirkung, mit der er die Stimmung gewaltig dominieren konnte.

»Ich habe das Gefühl, ich habe da etwas gutzumachen«, meint mein Vater abschließend.

»Was mich angeht, brauchst du das nicht.«

»Ich schäme mich, dass ich mich so verhalten habe.«

»Du bist jetzt eine Frau«, sagt meine Mutter nüchtern, »und die sind ohnehin mit einem viel größeren Schuldgefühl behaftet als Männer.«

Die Vorspeisen kommen. Monica schneuzt sich die Nase in ein kariertes Männertaschentuch und steckt es zurück in ihren Ärmel. »Dafür habe ich noch keine Lösung gefunden«, sagt sie. »Wohin stecke ich so ein Ding am besten, seit ich keine Hosentasche mehr habe?« Sie muss darüber lachen. »Es ist eigentlich absurd, dass ich noch immer die Taschentücher von Cees benutze, aber tja, sie sind halt einfach noch gut.« Es scheint sie zu erleichtern, dass wir immer noch entspannt am Tisch sitzen und meine Mutter ihren Groll offenbar hinter sich lassen konnte.

»Weißt du ...« Mein Vater versteht schon, was meine Mutter damals so unglücklich gemacht hat. »Diese Frauen ... Ich selbst habe das nicht als Fremdgehen betrachtet. Ich suchte einfach nach einem Wesen, das die Kleider anziehen wollte, die mir gefielen. Eine zusätzliche Ankleidefrau.«

»Na ja ... ich habe damals schon auch gehört, dass du nicht nur solche Absichten mit ihnen hattest.« Meine Mutter klingt empört.

»Trotzdem konnte ich nicht verstehen, dass du dir Sorgen wegen dieser Beziehungen gemacht hast.«

»Du hattest sehr viel Charisma, und es gab immer Mädchen, die dich interessant fanden. Das fand ich schrecklich. Aber zum Glück gab es auch solche, die das sofort durchschauten.«

»Eigentlich ging es erst schief, als auch du meintest, du könntest dir jemanden hinzunehmen.« Monica nimmt einen Schluck von ihrem Wein. »Für mich war das wohl eine Bedrohung.«

Das verstehe ich. Ich kenne meinen Vater aus dieser Zeit als jemanden, der die Zügel in den Händen hielt. Er verstand alles immer so zu manipulieren, dass er bekam, was er wollte. Auch in den Gesprächen, die wir jetzt führen, taucht das regelmäßig wieder auf. »Ich wollte keinen Chef über mir«, sagt Monica immer, sobald ihre Karriere zur Sprache kommt. In jeder hierarchischen Situation forderte mein Vater für sich die autonomste Rolle ein, und das waren oft leitende Positionen. »Auch wenn ich selbst als Mensch nicht eindeutig war, meine Rolle war immer vollkommen klar und deutlich. Es war eine Art, mich selbst in einer Umgebung zu behaupten, in der ich mich nicht wohl fühlte.« Gleichzeitig machten diese hohen Funktionen meinen Vater besonders verletzlich: Je höher Cees auf der sozialen Leiter stieg, desto mehr hatte er zu verlieren.

Anfang der 80er Jahre war mein Vater schon geraume Zeit dabei, sich das für ihn ideale Ehe-Szenario einzurichten: Josien als hingabevolle Ehefrau und Mutter, und dazu eine schöne Frau zum Ankleiden – inzwischen war das Meintje.

Mein Vater hatte Meintje an einer Hilversumer Grundschule kennengelernt, er saß während des Unterrichts hinten in ihrer Klasse, um einen Problemschüler zu beobachten. Er kam dann ohne Aufzeichnungen nach Hause, denn er hatte seine Augen nicht von der Lehrerin lassen können. Sie war so um die dreißig, wirkte aber älter, wie jemand mittleren Alters. Ihr fast schwarzes Haar trug sie in einer nichtssagenden schulterlangen Frisur und dazu einen soliden grünen Hosenanzug, der ihm sofort zuwider war. Und das, obwohl sie eine Modelfigur besaß, an der wirklich alles gut aussehen musste. Wenn ich sie doch nur einmal anziehen dürfte, dachte er, und noch vor der Mittagspause hatte er eine komplett neue Garderobe für sie zusammenphantasiert.

Zu dem Zeitpunkt, als Meintje das erste Mal zu uns nach Hause kam, war *ihre* Verwandlung schon ein Stück vorangeschritten. Ich erinnere mich jedenfalls nicht, dass sich im Laufe der Zeit an ihrem Äußeren noch etwas veränderte. Von Anfang an war sie eine Frau auf hohen Absätzen, mit einem nachdrücklichen Make-up und in Kleidern, die meine Mutter nie tragen würde. Sietske und ich lernten sie als eine Freundin unserer Eltern kennen, die alleinstehend war und es darum viel gemütlicher fand, etwas mit uns zusammen zu unternehmen. Nikolaus, Weihnachten, Urlaub – allein war das natürlich nicht schön. Meintje eroberte uns mit einer Einladung ins Schwimmbad und anschließendem Poffertjes-Backen bei ihr zu Hause.

Mein Vater wollte am liebsten mit beiden Frauen unter einem Dach wohnen, und aus diesem Wunsch heraus versuchte er, eine innige Freundschaft zwischen meiner Mutter und Meintje in die Wege zu leiten. Er schickte sie zusammen nach Rom in die Ferien und nahm sie für ein langes Wochenende mit nach Luxemburg. Meintje arbeitete – genau wie meine Mutter – bald an der Schule meines Vaters, und im Laufe der Zeit gewöhnten wir uns völlig daran, dass sie manchmal auf uns aufpasste und die Feiertage zusammen mit uns verbrachte. Es war eine einzige große Generalprobe, die gar nicht mal katastrophal verlief. Erst als meine Mutter selbst jemand anderen kennenlernte, musste mein Vater die Regie der Ehe aus der Hand geben.

45

In den letzten Jahren vor der Scheidung warnte mein Vater uns mehr als einmal, dass er nicht älter als vierzig werden würde. Er beschäftigte sich zu der Zeit viel mit Astrologie und fand den Beweis für seine These in einer komplizierten Horoskopzeichnung, in die er den Stand der Planeten zum Zeitpunkt seiner Geburt eingetragen hatte. Dem vorangegangen waren unzählige Berechnungen, deren Ergebnisse sorgfältig in einen Kreis gezeichnet waren. Symbole für Sonne, Mond und die Planeten lagen über die zwölf Segmente verbreitet, in die der Kreis eingeteilt war, analog zu den zwölf Tierkreiszeichen. »Häuser« nannte mein Vater die. Sie stellten alle Aspekte des Lebens dar: Beruf, Gesundheit, Familie und so weiter. Bunte Linien verbanden die Symbole in den verschiedenen Häusern und zeigten, welche Dinge zueinander in einer wichtigen Beziehung standen.

In diesem geometrischen Spiel hatte mein Vater seinen nahenden Tod entdeckt, was ihm aber nichts auszumachen schien; es war einfach, wie es war. Nicht weniger lakonisch sollte er mir Jahre später vorhersagen, dass ich wahrscheinlich jung bei einem Unfall sterben würde. Was genau »jung« war, ließen die Sterne allerdings offen.

Ich habe nie verstanden, warum jemand mit der Intelligenz meines Vaters so viel Wert auf so unwissenschaftliches Zeugs legte. Er hatte immer einen Hang zu Mystischem. Wicca, okkulte Symbole, Alchimie, solche Themen waren in seinem Bücherschrank stark vertreten. Vielleicht entsprang dieses Interesse ja dem Bedürfnis, seine eigenen unerklärlichen Gefühle zu deuten.

Nicht lange nach der Scheidung wurde mein Vater vierzig. Ein Ereignis, das sich in relativer Stille vollzog, weil er seinen Geburtstag nie feierte. Von dem Moment an, als wir nicht mehr im Haus waren und einen entsprechenden festlichen Rahmen erzwingen konnten, sorgte er dafür, dass er an dem Tag selbst nicht anwesend war. Wir ließen seinen Geburtstag natürlich nie einfach so verstreichen, aber mit dem Datum nahmen wir es nicht mehr so genau. Wir beglückwünschten meinen Vater einfach beim nächsten Mal, wenn wir ihn sahen. Das konnte im März sein oder auch im April. Ganz selten vergaßen wir es vielleicht doch. So wurde er einundvierzig, zweiundvierzig, dreiundvierzig.

Es muss um diese Zeit gewesen sein, als ich meinen Vater darauf hinwies, dass seine Prophezeiung sich nicht erfüllt hatte, aber er war da anderer Meinung. Seine Analyse sei ausgezeichnet gewesen, nur habe er daraus die falschen Schlüsse gezogen. Er erklärte mir, wie in seinem Horoskop zu sehen war, dass nahezu alle Bande mit allen Häusern um sein vierzigstes Lebensjahr herum abbrachen. Etwas mit Mars oder Jupiter im achten oder zehnten Haus und Venus im dritten oder vierten. Ich wurde daraus nicht schlau. »Denk dir nur«, sagte mein Vater begeistert und zählte alles auf, »meine Ehe war kaputt, meine Kinder weg, meine Arbeit zu Ende … Ich dachte, wenn alles aufhört, dann musst du ja tot sein.«

In dem Augenblick empfand ich ein leises Mitleid wegen des traurigen Bildes, das mein Vater entwarf, auch wenn er selbst keineswegs darüber klagte. Weiter wunderte ich mich, warum er in seinem Horoskop nicht vorausgesehen hatte, dass alles, was verschwunden war, nahtlos in etwas anderes überging. So heiratete er Meintje und hörte als Schuldirektor auf, weil er eine neue Stellung hatte. Als Pionier in der Automatisierung des Unterrichtswesens lag ihm die Welt zu Füßen.

Trotzdem kann ich mir jetzt vorstellen, dass sich das

Leben nach der Scheidung für meinen Vater anfühlte, als würde er eine neue Welt betreten, in der er nochmals von vorn anfangen konnte. Er bekam eine neue Arbeitsumgebung, er brauchte keine Rücksicht mehr auf eine Familie zu nehmen, die zu Hause auf ihn wartete, und Meintje stellte keine Fragen.

46

Es war nur ein kleines Stück vom Auto bis zu dem Lokal, aber Cees verfluchte seine Schuhe schon jetzt. Er hatte noch nicht einmal die mit den höchsten Stöckeln ausgesucht, aus Angst, darauf nicht laufen zu können, sondern solche mit einem bescheidenen Absatz, wie seine Mutter sie früher auch getragen hatte. Im allerletzten Moment waren sie ihm in dem Scherzartikelgeschäft, wo er auch den Rest gekauft hatte, noch untergekommen. Auf dem Weg zur Kasse und ohne sie anzuprobieren. Er war ohnehin hastig vorgegangen, achtlos, als wäre das alles nicht für ihn selbst – oder vielleicht doch, aber er hatte auf jeden Fall den Eindruck erwecken wollen, als sei es ihm doch ziemlich egal. Eine blonde Langhaarperücke, ein Rock und eine Bluse, und im letzten Moment also auch noch die weißen Pumps.

Bei jedem Schritt, den er tat, rutschte eine Ferse aus dem Schuh. Krampfhaft versuchte er, seine Füße so weit wie möglich nach hinten zu schieben, wozu er seine Zehen wie eine Barriere ein wenig krümmte. Es half nicht. Rutsch, Schritt, rutsch, Schritt, er kam sich lahm und dumm vor. Damit er nicht so lange auf diese Weise über die Straße gehen musste, war das Auto möglichst nahe beim Lokal geparkt. Kurz zuvor hatte er sich auf einem abgelegenen Parkgelände umgezogen. Ungeschickt hatte er seine Hose gegen den kurzen Rock eingetauscht und sich im Dämmerschein der Straßenbeleuchtung etwas Lippenstift und Lidschatten aufgetragen. Er konnte im Rückspiegel schlecht sehen, was er tat, aber die Innenbeleuchtung im Auto einzuschalten wagte er auch nicht.

Das Lokal war zum Glück bekanntes Terrain. Vor Jahren war er hier viele Nächte mit einem Kellner aus dem

Jonghe Graef versackt, der »vom anderen Ufer« war. Die Schwulenbar am Noorderweg war dessen Stammkneipe, und nach der Arbeit nahm er hier meistens noch ein letztes Getränk zu sich. Weil Cees oft noch an der Bar des Jonghe Graef hing, wenn die Tür abgeschlossen wurde, lud Jack ihn regelmäßig ein, mitzukommen.

Er war hier sogar schon früher mit einer blonden Perücke auf dem Kopf hineingegangen, am Arm von Jack. Cees schämte sich noch immer, wenn er daran zurückdachte. Er musste einen lächerlichen Eindruck gemacht haben in seinem billigen Fummel und ohne Strümpfe. Statt Make-up aufzutragen, hatte er die Wangen und Lippen an diesem Abend mit einem Stift aus einer Schachtel mit Fastnachtsschminke rot gefärbt. Das war auch seine Entschuldigung gewesen; unter dem Deckmantel des Karnevals hatte er Jack zu einer »witzigen« Aktion überredet. Wäre es nicht zum Totlachen, wenn sie als Paar verkleidet in dem Laden aufkreuzten? Cees würde sich opfern und die Frauenrolle übernehmen.

Niemand hatte es zu schätzen gewusst, er hatte nur missbilligende Blicke geerntet, und seine heimliche Hoffnung, dass sie das Spiel mitspielen und ihn wenigstens zum Spaß als Frau behandeln würden, hatte sich nicht erfüllt. Karneval im protestantischen Norden des Landes – er hätte es sich denken können.

Jetzt gab es eine neue Gelegenheit, diesmal auf Einladung der Bar selbst. Cees hatte in einer Anzeige gelesen, dass sie jeden dritten Donnerstag im Monat einen speziellen Abend für Transvestiten organisierten, bei dem alle willkommen waren. Der Aufruf hatte in einem Pornoblatt gestanden, zwischen allen Kontaktanzeigen von Leuten mit den bizarrsten sexuellen Vorlieben. In einem Sexgeschäft auf dem Vaartweg hatte er einen ganzen Stapel dieser Heftchen in der Hoffnung gekauft, etwas zu finden, das zu seinen Gefühlen passte. Eine Anomalie, dessen war er sich sicher. Und zwar eine, die selbst in den dunkelsten Ecken und Winkeln des Sex tabu war.

Bevor er hineinging, fühlte er vorsichtig, ob der Schaumgummi, mit dem er seinen BH ausgestopft hatte, noch an der richtigen Stelle saß. Er entspannte sich etwas, als er den Vorhang beim Eingang durchschritt und acht Transvestiten an der Bar sitzen sah. Er setzte sich dazu, ließ jedoch ein paar Hocker zwischen sich und den anderen frei. Nur der Barkeeper schien ihn zu sehen. »Meine Dame« – das jedenfalls war schon gut –, »was darf ich Ihnen einschenken?« Cees bestellte sich ein Bierchen. Der Barkeeper nickte freundlich, als er das Glas auf einen Bierdeckel stellte.

Von seinem Platz am kurzen Ende der Bar hatte er den Laden gut im Blick. Die Transvestiten hier waren von einem ganz anderen Schlag als die, die er damals im Madame Arthur gesehen hatte. Das hier waren überdeutlich verkleidete Männer, die meisten von kräftiger Statur und schlecht geschminkt. Es gelang ihm nicht, schöne Frauen in ihnen zu sehen, und er genierte sich, weil er vielleicht denselben Eindruck auf sie machte. Hatten sie ihn überhaupt schon bemerkt? Er nahm einen großen Schluck Bier. Eine falsche, unweibliche Geste. Wie saß er da? Er richtete sich auf und schlug die Beine übereinander. Genau wie beim letzten Mal, als er hier mit einer Perücke auf dem Kopf dagesessen hatte, hoffte er, die anderen Besucher würden ihn wie eine Frau behandeln, mit der Höflichkeit, die ihm sein Vater so eingebleut hatte. Die Tür aufhalten, den Mantel entgegennehmen, den Stuhl zurechtrücken. Das ging jetzt natürlich nicht mehr, denn er saß ja schon und hatte auch gar keinen Mantel dabei. Aber trotzdem. Vielleicht bekam er ja ein Getränk angeboten.

»Ganz schön viel los, was?« Der Barmann zwinkerte ihm zu und nahm sein leeres Glas. »Noch eins?« Cees nickte.

»Hallo du!« Ein baumlanger Kerl in einem roten Kleid rutschte neben ihn. »Dich habe ich hier aber noch nicht gesehen!«

»Stimmt, ich wollte nur mal vorbeischauen.« Er hob sein Glas von der Bar. »Und etwas trinken natürlich!« Sein Lachen klang lauter, als er beabsichtigt hatte.

»Eine tolle Bluse ist das.« Der Mann zog sanft an dem Kragen. »Und diese Armbänder, echt phantastisch!«

»Danke.« Cees zögerte. War das nun der Kontakt, nach dem er sich so gesehnt hatte? In seinem Kopf schwirrten hundert Fragen herum, die er stellen wollte: Weiß deine Frau davon? Wie kombinierst du es mit deiner Arbeit? Woher bekommst du die richtige Kleidung? Die wichtigste Frage war: Warum tust du das hier? Wenn irgendwer ihm sagen konnte, woher dieses sonderbare Gefühl kam, dann doch wohl jemand mit derselben Anomalie. Aber nachdem es endlich so weit war, brachte er rein gar nichts heraus. Noch nicht einmal ein kleines Kompliment gelang ihm. Der Mann hatte Lippenstift auf den Zähnen, und das Kleid spannte sehr auf seinen breiten Schultern. Cees sah zwar keine Brustbehaarung oben herausquellen, aber alles deutete auf ein reichliches Vorhandensein derselben hin. In ihm einen Schicksalsgenossen zu sehen war unmöglich.

»Entschuldigung!« Der Mann schlug sich erschrocken mit der Hand auf die Brust. »Wo sind meine Manieren, ich habe ganz vergessen, mich vorzustellen! Carola.«

Erleichtert schüttelte Cees die ihm hingestreckte Hand. Nagellack. Warum hatte er daran nicht gedacht? »Sisca.«

»Willkommen, Sisca. Mach dir nur nichts aus diesen Schlampen hier.« Carola deutete mit einem Kopfnicken auf die gegenüberliegende Seite der Bar, wo sich zwei andere Transvestiten küssten.

»Ach was, nein, ich bin einiges gewohnt.« Aus Angst, sein Gesprächspartner könnte das als ein falsches Signal verstehen, fügte er rasch hinzu: »Obwohl ich selbst natürlich ein sehr anständiges Mädchen bin.« Carola bestätigte das. Geschickt wechselte Cees danach das Thema; diesbezüglich war es hier nicht anders als in einer normalen Kneipe. Solange der Zapfhahn nicht versiegte, plätscherte das seichte Geschwätz dahin. Der Unterschied war nur, dass fast alle Gäste an dieser Bar lange blonde Haare hatten und sich wie Holzhacker anhörten. Es wurde auch überdurchschnittlich viel miteinander herumgemacht.

Nachdem Carola mit jemandem ins Gespräch gekommen war, dem er offenbar schon öfter begegnet war, saß Cees wieder allein an der Bar. In stetem Tempo trank er seine Bierchen. Wann er nach Hause käme, war egal, Meintje würde ohnehin annehmen, dass er nach seiner Sitzung noch irgendwo etwas trinken war, und nicht auf ihn warten.

Es wurde gar nicht mal so spät; nach ein paar Stunden brach er wieder auf. Dass er einen ganzen Abend in Frauenkleidung an der Bar hatte sitzen können, ohne dass jemand meinte, sich darüber wundern zu müssen, war ein Durchbruch. Aber ansonsten war er nicht viel weiser geworden.

47

Und das soll eine Möse ein?«, fragte Aaïcha Bergamin Anfang der 70er Jahre bei einer Nachkontrolle den Chirurgen, der sie operiert hatte. »Das sieht ja so aus, als hätten Sie einen Baum gerodet!« In ihren Memoiren beschreibt sie ein großes, rundes, geschwollenes Loch ohne Schamlippen. Sie ließ fortwährend Urin aus ihrer Vagina, und schon bald nach der Operation litt sie unter Infektionen. Erst als sie in einer Londoner Klinik zum zweiten Mal operiert worden war (»Instandsetzungsarbeiten« nannte sie das), hatte sie das Gefühl, es wäre in Ordnung.

Ich las es mit krampfhaft übereinandergeschlagenen Beinen und war erleichtert, dass die medizinische Wissenschaft inzwischen gut vierzig Jahre weiter war. Einen Moment lang fragte ich mich, ob Aaïchas Probleme nicht auch eine andere Ursache hatten. Sie erzählte, sie sei kurz nach der Operation wieder zur Arbeit gegangen, und beschrieb ausführlich, wie sie die sexuelle Funktionalität ihrer neuen Vagina mit ihrem Freund ausgetestet hatte, obwohl die Wunde noch längst nicht verheilt war.

Dennoch war Aaïcha nicht die Einzige, die sich über das unzureichende Hilfsangebot beklagte. In der Zeitschrift *TenT* beschwerten sich später auch andere Patienten wie Josje, die über die Nachsorge kein gutes Wort zu sagen hatte: »Auch mein letzter Besuch würde es voll und ganz verdienen, ins *World Book of Records* aufgenommen zu werden: Er dauerte 1 Minute und 18,3 Sekunden.« In dieser Zeit konstatierte der Chirurg, dass alles gut aussah, und fragte, ob die Patientin Beschwerden habe. »Aber bevor ich antworten konnte, saß er schon wieder hinter seinem Schreibtisch und sagte, während er schrieb: ›Sie brauchen nicht mehr wiederzukommen, viel

Spaß damit.‹ [...] Noch in Unterhosen stolperte ich wieder ins Wartezimmer.«

Josje schreibt die mangelnde Nachsorge der Tatsache zu, dass in der Genderstichting keine Betroffenenkompetenz vertreten war. Leute, die »fühlten«, was geschehen muss, anstatt es nur zu »wissen«. Es ging ihr besonders um die aktive Nachsorge. Auf der »passiven« Seite sei die durchaus in Ordnung, und wer selbst den Kontakt zu der Stiftung herstellte, fände immer ein offenes Ohr. Aber sie nähmen nie aus eigenem Antrieb Kontakt auf, um zu fragen, wie es einem ging, oder um einen aufzumuntern, argumentierte sie enttäuscht. »Sie tun gerade so, als wären bei der Operation auch deine ganzen Probleme mit weggeschnitten worden.«

»Viel an Manpower und Hilfsmitteln haben wir nicht zu bieten«, schrieb der Vorsitzende der Genderstichting, der Jurist Frans van der Reijt, im April 1980 in einer Reaktion auf alle Kritik. Er gab zu, dass das Hilfsangebot manchmal unzureichend sei und es »lange Wartelisten, nicht genug Personal für persönliche Aufmerksamkeit, zu wenig Hilfe in der Nachsorge und manchmal auch ziemliche Missverständnisse« gebe.

Bei der Gründung der Stiftung, der Stichting Nederlands Gendercentrum, im Jahr 1972 hatte es große Pläne gegeben. So sollte bald ein Budget für ein Gebäude, für wissenschaftliche Forschung und für Aufklärung bereitstehen. Ein Stab von Medizinern, Psychologen, Sozialarbeitern und Juristen sollte das individuelle Hilfsangebot sichern. Dass acht Jahre später noch nicht viel davon realisiert worden war, lag Van der Reijt zufolge an der so lange geführten Kontroverse um geschlechtsangleichende Operationen. Staatliche Subventionen blieben deshalb die ganze Zeit über unerreichbar, und so hatte sich die Stiftung die Pläne für eigene Angebote und einen erweiterten

Personalbestand vorläufig aus dem Kopf schlagen müssen. »Zum gegenwärtigen Zeitpunkt tun wir kaum mehr als das konkrete Hilfsangebot so gut wie möglich zu koordinieren und über dessen Ausbau zu beraten.« Van der Reijt konstatierte jedoch hoffnungsvoll, dass sich das Klima verändere und die Zukunft wahrscheinlich mehr Perspektiven zu bieten habe.

Es ging zwar nicht so schnell wie gewünscht, aber das Hilfsangebot und die wissenschaftliche Erforschung der Transsexualität wurden Stück für Stück ausgebaut. Als die Arbeit der Genderstichting im Jahr 1975 Aufnahme in die Uniklinik der Vrije Universiteit fand, bot das mehr Möglichkeiten für Forschung und eine strukturierte Herangehensweise. Allmählich entstand ein Team, das sich auf die integrale Sorge für Transgender spezialisierte.

Der junge Assistenzarzt Louis Gooren war einer der ersten Stunde. Über seinen Ausbilder Hellinga – den Kollegen, der die Probanden von Otto de Vaal übernommen hatte – kam er erstmals mit Transsexuellen in Berührung. Deren Schicksal berührte ihn so sehr, dass er schon bald die wöchentliche Sprechstunde am Dienstagnachmittag verlängerte. Dabei stand ihm Jos Megens zur Seite, der 1976 als Zeitarbeitskraft angestellt wurde, um die Patienten in ihrem Prozess zu begleiten. Beide sollten bis zu ihrer Pensionierung bei dem Genderteam bleiben und in einem Zeitraum von fast vierzig Jahren Tausende von Transgendern kennenlernen. Sie mieden die Öffentlichkeit nicht und betrieben viel Aufklärung, um Transsexualität auch außerhalb der akademischen Welt bekannter zu machen. Louis Gooren wurde 1988 der weltweit erste Professor für Transsexuologie.

Im Laufe der 70er Jahre wurde auch die Grundlage für die Prozedur geschaffen, die bis zum heutigen Tag befolgt wird. Die VU hielt es für wichtig, eine Psychologin oder einen Psychologen bei der Diagnose mit hinzuzuziehen, und stellte dazu Anton Verschoor ein, die treibende Kraft hinter der *TenT*-Arbeitsgruppe des NVSH. Er musste beurteilen, wer ein authentischer Transsexueller war und an die Spezialisten überwiesen werden konnte. Daneben wurden bestimmte Anforderungen an die Patienten gestellt. Transgender mussten erst mindestens ein Jahr lang dauerhaft in ihrer neuen Rolle leben, bevor sie operiert wurden. Innerhalb von drei Monaten, nachdem sie mit den Hormonen angefangen hatten, mussten sie »wechseln«. Diese »Real-Life«-Phase war der ultimative Test, ob sie sozial und gesellschaftlich in ihrer neuen Rolle zurechtkommen würden; nach der Operation gab es schließlich keinen Weg zurück.

Anfangs lief nicht immer alles glatt. Manche Transfrauen klagten, der Real-Life-Test sei eine unmögliche Aufgabe, weil sie noch nicht lange genug ihre Hormone erhielten, um eine glaubwürdige Frau abzugeben. Andere waren schwer enttäuscht, wenn sie von Anton Verschoor abgelehnt wurden, und warfen ihm vor, seine »Machtposition« zu missbrauchen. 1981 schrieben mehrere Transgender, die sich »die Anti-Anton-Liga« nannten, einen anonymen Brief, in dem sie Anton Verschoor die Schuld an allem gaben, was ihnen nicht gefiel. »Anton, wir sind wütend!«, schrieben sie. »Einige von uns werden seit Jahren von dir beschissen (betreut) [...] Du verstehst nichts von uns und unserem körperlichen Handicap [...] Hättest du ein Gewissen, dann wäre das angefüllt mit (Beinahe-) Selbsttötungen durch dich.«

Der Brief stammte wahrscheinlich von einer kleinen Gruppe, was sich auch an den Leserbriefen von Leuten in der *TenT*-Zeitschrift ablesen lässt, die sich auf die Seite Verschoors stellten. Sie empfanden es als stillos, dass die Verfasser des Briefs ihrem Missmut in einem so verletzenden Ton Ausdruck verliehen, und dazu noch anonym. Schon allein deswegen nahm niemand sie ernst.

Dennoch erkannten sich viele in den geäußerten Frustrationen wieder. Unter Transgendern gab es ein großes Bedürfnis an einer intensiveren gesellschaftlichen und sozialen Betreuung, die weit über das Medizinische hinausging. Weil Transsexualität immer mehr Bekanntheit erlangte, outeten sich langsam auch Transgender aus »normalen« bürgerlichen Schichten. Diese hatten oft eine Familie und eine reguläre Arbeit und hatten nicht vor, das alles aufzugeben.

1984 begann die Hilfsorganisation Humanitas mit einer Arbeitsgruppe, die dieses Bedürfnis abdecken sollte. Das Projekt Transsexualität entstand aus einem Praktikum heraus und entwickelte sich zu der eigenständigen Patientenorganisation »Transvisie« (= »Transvision«). Bei dieser Organisation meldete sich Monica zu dem Zeitpunkt, als sie beschloss, ihr Leben zu verändern. Durch die langen Wartelisten würde es noch gut ein Jahr dauern, bevor sie ein Aufnahmegespräch beim Genderteam bekam, und bei Transvisie fand sie sofort die Hilfe, die sie benötigte. Sie wurde über den Weg hin zu einer geschlechtsangleichenden Operation aufgeklärt und konnte in einer Gesprächsgruppe Erfahrungen mit Schicksalsgenossinnen austauschen.

48

Als Transsexualität im Laufe der 80er Jahre eine größere Bekanntheit erlangte, hatte sich die Karriere meines Vaters schon so weit entwickelt, dass mit seinem Gang zum VUmc wahrscheinlich ein gehöriger Sturz von der sozialen Leiter verbunden gewesen wäre. Cees war ein gefragter Spezialist in der Behandlung von Kindern mit einer Hirnschädigung und half bei der Entwicklung von Software zur Unterstützung des eigens darauf abgestimmten Unterrichts. Über diesen Weg rutschte er später in allerlei ICT-Managementfunktionen hinein.

Monica ist davon überzeugt, dass sie niemals denselben Erfolg gehabt hätte, hätte sie sich früher als Frau manifestiert. Sie hört die Erfahrungen anderer in der Gesprächsgruppe von Transvisie, Leuten um die dreißig oder vierzig, die sich outen und auf einmal weniger Karrierechancen haben. Manche verlieren sogar ihren Job.

Damals war ich kaum über die Einzelheiten der Karriere meines Vaters informiert. Einmal hatte ich einen Ferienjob in dem Büro, in dem mein Vater nach der Scheidung zu arbeiten angefangen hatte, ohne dass ich genau verstand, was sie dort taten. Es hatte irgendwas mit der Verwaltung des katholischen Unterrichtswesens zu tun, mehr wusste ich nicht. Gemeinsam mit einer Freundin durchforstete ich stapelweise Sitzungsprotokolle, die wir zusammenfassen mussten, damit die wichtigsten Vereinbarungen in ein nagelneues Computersystem eingegeben werden konnten. Wir hatten nicht die geringste Ahnung, worum es dabei ging, aber wir verdienten das Doppelte von dem, was der örtliche Supermarkt uns im Sommer davor bezahlt hatte.

Dass mein Vater irgendwas mit Computern machte,

war mir dagegen schon früh klar. Anfang der 80er Jahre kam er als einer der Ersten mit einem Homecomputer nach Hause, einem Commodore 64. Ich wusste kaum, was ein Computer war, war aber mindestens so aufgeregt wie mein Vater, als er mit dem Karton unter dem Arm von seiner Arbeit kam. Wir standen ganz nah um ihn herum, während er das Ding auf dem Esstisch auspackte. Es war ein flacher, beigefarbener Kasten mit dunkelbraunen Tasten, der stark an die elektrische Schreibmaschine meiner Mutter erinnerte. Außer Zahlen und Buchstaben hatte die Tastatur einige Funktionstasten, die ich noch nie gesehen hatte. Der obere Teil, in den meine Mutter an ihrer Schreibmaschine das Papier einspannte, fehlte. Stattdessen war ein Monitor angeschlossen.

Mein Vater brachte uns die Grundregeln des Programmierens bei, und nach einiger Zeit konnten wir den Computer ein »Gespräch« mit demjenigen führen lassen, der vor der Tastatur saß. Ganze Sonntagnachmittage saß ich im Arbeitszimmer meines Vaters und überlegte mir Sätze, woraufhin ich meine Eltern einlud, das Programm zu testen. Die Szenarien, die ihnen aufgetischt wurden, enthielten wenig Abwechslung. Der Computer fragte einen nach dem Namen, machte meistens einen Scherz und fragte dann, ob man Lust auf ein Spielchen hätte. Bestätigte man das, durfte man eine Zahl zwischen eins und zehn raten. Sobald das geklappt hatte, kam die Bitte, es noch einmal zu machen.

Magisch fand ich das. Ebenso magisch wie die ersten E-Mails, die ich Jahre später im Computerzentrum der Universität verschicken würde. Dort hatte ich auch Zugang zu allerlei User-Gruppen, aber das war damals noch ein eher schwammiges Gebiet, auf das ich mich kaum begab.

Auch mein Vater erwartete anfangs nicht viel von den

Möglichkeiten, die das Internet bot. Ein paar Jahre nach dem Commodore 64 bekam er einen neuen Computer, der über ein Modem, das man an die Telefonleitung anschließen musste, eine Verbindung zu dem Netzwerk im Büro herstellen konnte. Weil er keinen festen Arbeitsplatz hatte, war es für ihn hauptsächlich praktisch, dass er sich aus der Entfernung einloggen konnte. Alle anderen Anwendungen waren eher etwas für Informatikstudenten und andere Wizzkids.

Dachte er.

49

In den späten 80er Jahren geriet Cees in den Bann einer Chatline namens Suzie, eines virtuellen Treffs für Sexverabredungen. Er hatte die Anzeige in einem Pornomagazin gesehen und sofort verstanden, welche Möglichkeiten so eine Chatline bot.

Wenn er sich nach dem Essen in sein Arbeitszimmer zurückzog, startete er zuerst seinen Computer und steckte das Telefonkabel ins Modem. Sobald der Bildschirm zum Einloggen erschien, tippte er die Telefonnummer des Providers ein. Das Modem übersetzte die Zahlen in eine melodische Reihe von Piepsern und stellte dann knarrend und pfeifend die Verbindung her.

Einmal drin, hatte man die Wahl aus verschiedenen Zugängen für spezielle sexuelle Vorlieben. Ein Chatroom bestand aus zwei Feldern, in das obere konnte man selbst Text eingeben, darunter erschienen die Antworten des Gesprächspartners. Anfangs kannte Cees noch niemanden, und so klickte er auf einen willkürlichen Namen in der Reihe von Leuten, die online waren. »Hallo, wie geht's?« Oft dauerte es nicht lange, bis eine Antwort kam: »Sehr gut. Wer bist du?« Das war die Frage, auf die er gewartet hatte.

»Ich bin Sisca. Und du?«

»Hallo Sisca, ich bin Karin.«

»Und wie siehst du aus?«

Und so füllte sich der blaue Bildschirm mit einer Konversation in eckigen, aus quadratischen Pixeln aufgebauten Buchstaben. Am Ende des letzten Satzes blinkte der Cursor geduldig.

Beim ersten Mal war Cees gleich durchgefallen. Jemand hatte ihn nach seiner BH-Größe gefragt, und er hatte darauf mit »47« geantwortet. Sein Gesprächspartner hatte den Chatroom sofort verlassen.

Offenbar waren sehr viel mehr Männer so wie er. Im Laufe der Zeit entstanden einige feste Kontakte, mit denen er Phantasien austauschte. Über Kleidung, Schuhe, Make-up, Haartracht. Sie fanden sich dank eines persönlichen Codes wieder, mit dem man jemanden zu einem Privatgespräch einladen konnte – jedenfalls sofern der andere auch sein Modem eingeschaltet hatte.

So hatte er wochenlang fast jeden Abend mit einer gewissen Janine gechattet, bis sie schließlich den Mut fassten, die Telefonnummern zu tauschen und sich zu verabreden. Janine konnte am Donnerstagmorgen Besuch empfangen, dann arbeitete ihre Frau außer Haus. Ihre Kinder waren, soweit Cees verstanden hatte, schon ausgezogen.

Es war ein schmales, hohes Haus an einem Kanal. Das gusseiserne Eingangstor hing so schief in seinen Angeln, dass Cees es nicht zuzuziehen wagte, aus Angst, es ganz kaputt zu machen. Er überlegte, wie er sich gleich vorstellen sollte. Als Sisca? Das war immerhin der Name, der Janine am vertrautesten war. Übrigens kannte er Janines wirklichen Namen auch nicht.

Er nahm den Plattenweg zur Haustür und versuchte, durch den Erker hineinzuschauen, aber die Fenster spiegelten zu sehr, um etwas zu sehen. An der Seite waren Fahrräder geparkt, die Farbe der Fensterbänke blätterte etwas ab. Er vermutete, dass Janine ihn ihrerseits schon hatte ankommen sehen. Nicht lange nachdem er an dem Seil des altmodischen Klingelzugs gezogen hatte, hörte er einen Schlüssel, der sich im Schloss umdrehte.

Janine war nicht sonderlich groß und etwas mollig. Die rötlichen Wangen unter ihrem langen, dunkelblonden

Haar verliehen ihr eine mütterliche Ausstrahlung, die durch ihr geblümtes Kleid nochmals betont wurde. Sie war etwas älter als er selbst. »Da bist du …«, meinte sie strahlend. »Wie nett, komm herein!« Sie zeigte ihm oben ein Zimmer, in dem er sich umziehen konnte, und zog sich dann zurück. »Wenn du fertig bist, habe ich unten Kaffee für dich.«

Die längste Wand des Zimmers war bis zur Decke mit Bücherregalen zugebaut. In einer Ecke stand ein Stativ mit einem Fotoapparat. Cees zog den Reißverschluss seiner Reisetasche auf und holte ein Paar weiße Pumps daraus hervor. Er strich kurz über das glänzende Leder. Dann nahm er seine Kleidung und die Perücke heraus und legte sie auf einen Stuhl. Er begann sich auszuziehen.

Eine Viertelstunde später ging er für ihn ungewohnt die Treppe hinunter, das Geländer mit der Hand fest umfassend. Er hörte Janines klappernde Absätze auf dem Wohnzimmerparkett. Die Tür stand offen.

»Hallo.« Vorsichtig schaute er um die Ecke des Türpfostens. Janine saß auf dem Sofa und hatte die Hände in den Schoß gelegt. Auf dem Couchtisch vor ihr standen eine Thermoskanne und zwei Kaffeetassen.

»Hi! Wie hübsch du aussiehst!« Sie rutschte etwas vor und langte zu der Thermoskanne. »Kaffee?«

»Sehr gern.«

»Nimm doch Platz!« Sie deutete mit einem Kopfnicken auf das zweite Sofa im Zimmer.

Cees hielt den Saum seines weißen Faltenrocks an den Seiten fest, während er sich setzte. Er war wirklich ziemlich kurz, verglichen mit Janines Kleid. Auch das schwarze Hemdchen mit den Spaghettiträgern war so knapp. Einen Moment lang genierte er sich richtiggehend. »Nett hast du's hier«, sagte er schließlich einfach.

Sie plauderten, bis ihre Tassen leer waren. Dann beschloss Janine, dass es an der Zeit war, nach oben zu gehen. »Komm, Mädel, jetzt machen wir Fotos.«

Als Frau gesehen werden, darum ging es. Man konnte sich zwar umziehen, aber erst die Reaktion anderer ließ es echt werden. Janine fand, sie müssten zunächst ihr Make-up überarbeiten. Sie sagte es freundlich, aber offensichtlich meinte sie, er müsse diesbezüglich noch einiges dazulernen. Das stimmte ja auch. Seinen rosa Lippenstift und den hellblauen Lidschatten hatte er willkürlich aus den Verkaufsständern des HEMA-Warenhauses gewählt. Irgendwann hatte er einmal gelesen, das wären gute Farben für Blondinen, aber weiter besaß er keinen Schimmer, worauf er achten musste, und sich beraten zu lassen wagte er schon gar nicht. Auch die Make-up-Grundierung, die er aufgetragen hatte, war eine beliebige Flasche aus einer Reihe von Tuben und Tiegeln mit hautfarbenen Cremes gewesen.

»Du darfst es nicht so dick auftragen«, sagte Janine, »sonst bekommt es Risse. Siehst du? Hier verlaufen schon ein paar Linien.« Sie zeigte direkt über seinen Mundwinkel. »Hier …« Sie tropfte etwas Lotion auf ein Wattepad. Cees nahm es und begann, sein Gesicht zu säubern.

»Hast du schon mal daran gedacht, deine Fingernägel zu lackieren?«, fragte sie, nachdem sie ihm gezeigt hatte, wie er die Grundierung aufbringen musste. Sie hielt ein kleines rotes Fläschchen in die Höhe.

Cees schaute vom Spiegel hoch. »Ja, das möchte ich. Zeigst du's mir?«

Janine nahm seine rechte Hand und strich ganz vorsichtig mit dem Pinselchen über die Nägel. »Jetzt du«, sagte sie, als sie fertig war, und deutete mit einem Kopfnicken auf seine andere Hand. Er nahm den Schraubverschluss der Flasche zwischen Daumen und Zeigefinger und fuhr mit dem Pinsel leicht an deren Rand vorbei, um den überschüssigen Lack anzustreifen, genau wie er es Janine hatte tun sehen. »Ja so. Und am besten legst du deine Hand dabei flach auf den Tisch.«

Cees fragte sich, woher sie das alles wusste. Der Pinsel zitterte ungeschickt zwischen seinen Fingern, und ein bisschen Lack kam auf seine Nagelhaut. »Macht nichts«, sagte Janine, die über seine Schulter mitschaute, »das kratzen wir gleich wieder ab.«

Der Morgen verging wie im Flug. Nachdem sie Fotos gemacht hatten (auf einem Hocker sitzend, mit dem Bücherregal als Hintergrund) unterhielten sie sich noch ein Weilchen, besonders über Bücher, was offenbar ganz Janines Fach war. Sie tauschten Titel aus, von denen sie meinten, die andere müsse sie unbedingt lesen. Als es Zeit war zu gehen, zog sich Janine wieder ins Wohnzimmer zurück, damit Cees sich in aller Ruhe umziehen und abschminken konnte. Beim Abschied äußerten sie beide den Wunsch, sich wieder zu treffen.

Im Auto ließ er sich alles nochmals durch den Kopf gehen. Angenommen, er könnte das hier mit einiger Regelmäßigkeit auch weiter tun. Er konnte sich seine Donnerstage möglichst freihalten, und Meintje brauchte davon nichts zu wissen. Hinter ihm hupte ein Auto. Grün. Erschrocken trat er aufs Gaspedal.

Da erst sah er es. Seine Fingernägel waren noch immer rot. Rasend schnell durchdachte er seine Möglichkeiten; er konnte auf keinen Fall so nach Hause kommen. Ließ sich der Lack abkratzen? Mit einem Schlüssel vielleicht? Ein Ding der Unmöglichkeit, so wollte es ihm scheinen. Wie machten Frauen das eigentlich? Er beschloss, auf der Stelle umzudrehen.

Janine öffnete ihm jetzt in Hemd und Cordhosen. Cees musste erst umschalten, als er den schon kahl werdenden

Mann in der Tür erscheinen sah. Ohne Perücke war sein Kopf viel breiter, als Cees zunächst aufgefallen war. »Da bin ich wieder«, begann er und hob die Hände hoch. »Ich habe keine Ahnung, wie man das hier eigentlich wieder abbekommt.«

»Mit Aceton«, meinte der namenlose Mann lächelnd; er war nicht weniger einnehmend als Janine. »Komm rein, ich hole es dir.« Cees wartete im Flur, während Janine eine kleine Flasche mit einer rosa Flüssigkeit von oben holte. Das Zeug verbreitete einen beißenden Geruch. Sie gab ihm ein Wattepad.

»Einfach über die Fingernägel reiben.«

Und tatsächlich verschwand der Nagellack wie Schnee in der Sonne. »Uff«, sagte er, »wieder etwas gelernt.«

»Du musst gut an den Rändern putzen, da bleiben manchmal ganz kleine Reste zurück.«

»Wo kann ich dieses Zeug kaufen?« Cees wunderte sich noch immer, dass es so leicht ging; was für ein Wundermittel!

»Das gibt es in jeder Drogerie. Oder im Kaufhaus.«

Erleichtert stieg Cees kurz darauf abermals in sein Auto. Während der Rückfahrt prägte er sich den Namen der Flüssigkeit ein und fügte ihn einer unsichtbaren Einkaufsliste in seinem Kopf hinzu. Aceton. Und Nagellack.

50

Ich hatte in meinem Profil stehen, dass ich für alles offen wäre. Fetisch, Leder, Bondage, Natursekt, solche Sachen fand ich am spannendsten.« Mein Vater sagt das, als wäre es die normalste Sache der Welt. In vielen unserer Gespräche geht es plötzlich über Sex, und ich fühle mich immer noch etwas unbehaglich dabei.

Das Thema taucht unvermeidlich auf, als wir über seine Travestie-Vergangenheit reden. Monica erklärt, was ihr an den Kontakten mit anderen so unangenehm war. Die meisten Transvestiten, denen sie begegnete, kleideten sich aus reiner Geilheit als Frau und hatten ganz andere Absichten mit ihr. Dann war es so, als wäre sie in einem falschen Theaterstück gelandet, während sie doch nur auf der Suche nach Freundinnen war, mit denen sie Erfahrungen austauschen konnte. In dieser Hinsicht war Janine eine Ausnahme gewesen, aber der Kontakt war nach ein paar Begegnungen im Sande verlaufen, und Cees war bei seiner fortgesetzten Suche nach Gleichgesinnten immer tiefer in diese anderen Kreise hineingeraten.

Manche Websites, die mein Vater damals besucht hat, gibt es immer noch. Eine traktiert den Besucher schon auf der Homepage mit einer breitbeinig dasitzenden nackten Mannfrau mit kleinen Brüsten und einer Erektion. »T-girl ist ein Chat exklusiv für Transvestiten, Transsexuelle, Transgender, Ladyboy, Shemale, TV, TS, CD ...«, heißt es am Anfang einer langen Aufzählung, die endet mit »... und Liebhaber«. Man muss ein Profil einrichten, um Zugang zum »Chat« zu erhalten, was in diesem Fall auf Webcam-Sex hinausläuft. Es gibt ein Forum, in dem man ohne Profil Nachrichten lesen kann, aber auch hier stehen hauptsächlich Einladungen zu Sexdates.

»Das Ganze ist inzwischen völlig aus dem Ruder gelaufen«, sagt Monica dazu, »damals wurde man sofort rausgeworfen, wenn man Fotos mit sexuellem Inhalt hochgeladen hatte.«

In der Zeit, als sich mein Vater erstmals über eine Chatline auf die Suche nach Schicksalsgenossen machte, gab es überhaupt noch keine Möglichkeit, seinem Profil Fotos hinzuzufügen. Um herauszubekommen, wer sich am anderen Ende der Leitung befand, standen einem nur Worte zur Verfügung, und gerade das machte es so anziehend.

Aber was man selbst konnte, konnte der andere auch. Auf die Dauer machten Cees nicht nur alle Kontrollfragen verrückt, die ihm gestellt wurden – über Damengrößen und andere typische Frauendinge, von denen er keine Ahnung hatte –, sondern er war es auch leid, dass viele Frauen, mit denen er einen netten Kontakt hatte, sich letztlich doch nur als sexhungrige Transvestiten entpuppten. Es kam auch immer wieder vor, dass er vergeblich zu einer Verabredung erschien.

Er bat Meintje um Hilfe. Sie wusste mittlerweile, dass er sich manchmal in erotische Chatrooms begab, wenn sie Chorprobe hatte oder schon zu Bett war. Sie hatte ihm deswegen nie Ärger gemacht, ebenso wenig wie wegen seiner zeitweiligen Beziehungen mit anderen Frauen. Sie sah diese Dinge nicht als Bedrohung und war mehr als bereit, ihm zu helfen. Zusammen verbrachten sie ganze Abende am Computer und hatten den größten Spaß, wenn sie mit gewitzten Fragen wieder jemanden als Fake enttarnt hatten. Später, nachdem Cees zugegeben hatte, dass er sich manchmal auch leibhaftig mit jemandem verabredete, half Meintje ihm, die richtigen Personen für eine Begegnung auszusuchen.

51

Na, du Schönheit, wohin des Wegs?« Ein paar Kerle auf einer Terrasse in der Innenstadt von Venray lachten laut. Cees versuchte sie zu ignorieren. Die Einkaufsmöglichkeiten lagen in der Fußgängerzone, und er hatte sein Auto am Rand des Stadtzentrums parken müssen. Hinter ihm pfiff jemand. Er versuchte sich zu erinnern, an wie vielen Kneipen er beim letzten Mal vorbeigekommen war. Vor ihm tauchte eine neue Gruppe von Biertrinkern auf, er hielt den Blick auf die Straße geheftet und zog den Kragen seines Pelzjäckchens weiter hoch. »He du! Hast du die Sprache verloren?« Er fragte sich, warum manche Leute behaupten, manche Wörter würden im limburgischen Tonfall ausgesprochen viel freundlicher klingen als sonst.

Es war schon ein Sieg gewesen, dass er in vollem Ornat aus dem Haus gegangen war. Seit dem einen Mal, als er seine Schuhe vergessen hatte, mochte er sich nicht mehr auf einem Parkplatz umziehen. Sich zu Hause einzukleiden ersparte ihm eine Menge Umstände, und außerdem wusste er dann sicher, dass alles in Ordnung war. Es war eine spannende Fahrt gewesen, die ganze Strecke über hatte er befürchtet, in eine Polizeikontrolle zu geraten oder aus einem anderen Grund angehalten zu werden.

Ein Modegeschäft, das erkannte er vom letzten Mal. Noch ein kleines Stück, und er hatte sein Ziel erreicht. Es blieb still, als er anläutete. Keine Schritte auf der Treppe, kein Klicken des Schlosses. Die Tür blieb verschlossen. Sie hatten sich doch für heute verabredet? Am Mittwoch, genau wie beim letzten Mal, dann war Jolandas Frau nicht zu Hause. Oder war es doch Donnerstag gewesen? Gestern Abend hatten sie noch gechattet. »Bis morgen«, hatte sie gesagt. Oder nicht? Er klingelte noch einmal. Jetzt hörte er tatsächlich etwas auf der Treppe, und nach langem Warten öffnete sich die Tür einen Spaltbreit. Ein rothaariger Mann um die dreißig streckte den Kopf heraus. Fast zwei Meter groß, das musste er sein. »Es geht jetzt nicht«, flüsterte er, »der Kurs ist ausgefallen, sie ist zu Hause.« Er wirkte etwas hilflos dabei und schloss dann schnell wieder die Tür.

Ach du meine Güte, dachte Cees und warf einen Blick über die Schulter zu den Terrassen in der Ferne. Der einzige Weg zu seinem Auto, den er kannte, führte dort wieder vorbei. Er holte tief Luft und machte sich auf den Rückweg. Vor gar nicht langer Zeit hatte er die Geschichte von einem der Transvestiten gehört, mit denen er in Lüttich in einer Kneipe gesessen hatte; der war auf dem Nachhauseweg auf offener Straße zusammengeschlagen worden.

Er näherte sich der ersten Terrasse. Ob sie womöglich dachten, er sei auf irgendwas aus? Er versuchte, möglichst normal zu tun. Nicht an die Perücke fassen, sagte er zu sich, einfach einen Fuß vor den anderen setzen und vorbeigehen. Er ignorierte das Rufen und die Pfiffe, und selbst als eine Gruppe von Witzbolden seinetwegen aufstand und sich verbeugte, tat er so, als hätte er sie nicht gesehen. Er konzentrierte sich auf die folgende Straße.

Das Johlen ging weiter, auch als er die letzte Terrasse schon hinter sich gelassen hatte. Kamen sie ihm hinterher? Er wagte es nicht, sich umzudrehen. Er hörte die Männer in einigen Metern Entfernung und überquerte die Straße. Die hinter ihm machten es ihm nach. Zu wieviel waren sie, zu zweit, zu dritt? Bis zu seinem Auto war es noch ein ganzes Stück, und auf diesen Absätzen konnte er eine solche Entfernung absolut nicht im Laufschritt zurücklegen. War es denn überhaupt vernünftig, zu verraten, wo er parkte? Er dachte an den Transvestiten aus Lüttich.

Umstehende hatten einen Rettungswagen gerufen, und als er im Krankenhaus wieder zu sich kam, musste er seiner Familie eine Menge erklären.

Cees beschloss, doch geradewegs zum Auto zu gehen, und angelte unterwegs schon mal den Schlüssel aus seiner Tasche. Sobald er in die Nähe kam, beschleunigte er seine Schritte. Die Männer hinter ihm schienen etwas zurückzufallen. Schnell sprang er ins Auto und fuhr los, vorbei an seinen Verfolgern – drei waren es, sah er jetzt –, die ihm laut lachend nachwinkten.

Ich muss damit aufhören, dachte er, als er fünf Minuten später auf die A 73 fuhr. Diese ganzen Verabredungen mit Wildfremden, das ist doch ein Irrsinn. Er dachte an die merkwürdigen Orte, zu denen er in letzter Zeit ohne langes Nachdenken einfach hingefahren war. Parkplätze, schummrige Bars, Wohnhäuser von Leuten, die er nicht kannte. Es war ein Wunder, dass ihm noch nichts zugestoßen war.

52

Ausgerechnet heute hat mein Vater eine Hose an. Eine weiße aus dünner Baumwolle, die ihr gerade über die Waden reicht. An diesem Morgen braucht sie kein Kleid, um der Welt zu zeigen, dass sie eine Frau ist. Sie trägt allerdings gehörige Absätze, mit Meintje am Arm stapft sie stolz an dem berühmten Rathaus von Willem Marinus Dudok vorbei. Vor fast achtundzwanzig Jahren haben sie hier an diesem Ort geheiratet. Auch damals hatte sich Meintje am rechten Arm meines Vaters eingehakt.

Das Standes- und Einwohnermeldeamt befindet sich in einem wenig monumentalen Gebäude ein Stück weiter. Wir gehen durch die automatischen Schiebetüren in einen vollen Warteraum. Alles Leute, die vor den Sommerferien noch rasch ihren Pass verlängern müssen, denke ich.

Der Standesbeamte trägt T-Shirt, Jeans und Bergschuhe. Er stellt sich als Erik vor und nimmt uns mit in ein kleines Büro. »Wir haben eine Stunde Zeit eingeplant«, sagt er, »es ist auch für uns das erste Mal.«

Seit dem 1. Juli 2014 ist es für Transgender möglich, ihr Geschlecht in ihrer Geburtsurkunde anpassen zu lassen, ohne dass sie operiert sind. Die Erklärung eines Spezialisten, in der steht, dass man an Gender-Dysphorie leidet, genügt mittlerweile. Monica hatte schon am ersten Tag vor der Tür des Rathauses stehen wollen, musste aber noch zwei Wochen warten, bis ihre Erklärung eingetroffen war.

Der Standesbeamte sucht in seinem Computer nach dem richtigen Dokument. Neben ihm liegt ein dickes, in Leder gebundenes Buch aus der Gemeindeverwaltung von 1945. Die Geburten dieses Jahres stehen in zierlicher Schrift auf dickes Papier geschrieben. Nummer 262, mein

Vater. Gleich wird Erik das heutige Datum an den Rand schreiben und dazu einen Verweis auf die Anzeige, die er jetzt aufnehmen wird.

»Wie lauten Ihre Vornamen?«

»Die neuen?«, fragt mein Vater.

»Die alten.«

Mein Vater zählt sie auf, genau wie es die Hebamme getan haben muss, die vor neunundsechzig Jahren seine Geburt angezeigt hat.

»Wie sollen die neuen Namen lauten?«

»Monica, Johanna, Adriana.« Sie hat ihre Abstammung nicht vergessen. Johanna nach der Mutter ihres Vaters, Adriana nach dem Vater ihrer Mutter.

Erik soufliert sich murmelnd, während er mit den beiden Zeigefingern die Angaben eintippt. Ein paar Mausklicks, und das Geschlecht meines Vaters ist geändert. In Monicas neuem Pass wird demnächst »w/f« stehen, dann kann sie sich endlich ausweisen, ohne lästige Fragen oder erstaunte Blicke zu ernten.

Die Anzeige muss dreimal ausgedruckt werden, bevor alles richtig aufgenommen ist. »Haben Sie noch Fragen?«, fragt Erik, nachdem mein Vater das Dokument unterzeichnet hat.

»Ja«, sagt Meintje. »Mit wem bin ich jetzt verheiratet?« Den Mann, der in ihrem Pass als Ehemann eingetragen ist, gibt es nicht mehr. Ihre Verbindung mit meinem Vater ist rückwirkend zur Homo-Ehe geworden, geschlossen fünfzehn Jahre bevor das gesetzlich möglich war.

Vor dem 1. Juli 2014 mussten Menschen, die das Geschlecht in ihrer Geburtsurkunde ändern lassen wollten, dies gerichtlich und nach einem aus den 80er Jahren stammenden Gesetz regeln. Zehn Jahre lang war darüber gestritten worden, und in der ganzen Zeit konnten Transsexuelle, die ihre körperliche Umwandlung bereits hinter sich hatten, den juristischen Status nicht anpassen lassen. Mit allen entsprechenden Folgen.

In einer Zeitung von 1975 fand ich die Geschichte von jemandem, der sich Anfang der 70er Jahre zum Mann hatte umwandeln lassen, bei seiner Arbeit aber noch immer eine Krankenschwesteruniform mit ausgepolstertem BH tragen musste, weil seine Arbeitgeber ihn nicht als Mann anerkannten. Sein Gehalt wurde ja auch an die Frau überwiesen, die er gesetzlich nach wie vor war. Bewerbungen um eine andere Stelle blieben ergebnislos, weil sein neuer Name – Jan – in keiner einzigen Akte vorkam, das heißt, es gab ihn faktisch nicht. Er konnte sich nicht legitimieren und hatte auch keinerlei Diplom oder Zeugnis vorzuweisen. Jan wollte gern seine Freundin Anneke heiraten, aber das war erst recht unmöglich, da das Gesetz in den 70er Jahren eine Ehe zwischen zwei Frauen nicht gestattete.

Für Jan wurde letztlich alles gut; er war einer der Letzten, die durch eine Lücke im Gesetz ihren rechtlichen Status anpassen lassen konnten. Vor Gericht hatte er sich erfolgreich auf die Möglichkeit berufen, einen »Fehler« in seiner Geburtsurkunde berichtigen zu wollen. Er bestand darauf, dass bei der Anzeige seiner Geburt ein Fehler gemacht worden sei, weil er als Kind weiblichen Geschlechts registriert worden war, während er doch deutlich ein Mann sei.

1975 setzte der Oberste Gerichtshof der Niederlande dieser Praxis, von der viele Transsexuelle nach ihrer Operation Gebrauch gemacht hatten, ein Ende. Der Hoge Raad urteilte, dass von einem »Fehler« nicht die Rede sein könne, wenn jemandes Geschlecht nach der Geburt verändert worden sei. Eine Anpassung der Geburtsurkunde sei in einem solchen Fall nicht die Berichtigung eines

Fehlers – bei der Anzeige sei schließlich das korrekte Geschlecht des Kindes festgehalten worden –, sondern eine Abänderung, und es gab kein Gesetz, das dergleichen ermöglichte. Einmal Mann, immer Mann, das war die Schlussfolgerung.

Nach diesem Richterspruch schlugen die Wellen hoch, und es gab parlamentarische Anfragen. Der Gesundheitsrat bekam den Auftrag, zu untersuchen, inwieweit eine Anpassung des Gesetzes notwendig sei. 1977 legte die Kommission einen ersten Bericht vor, der dem von 1965 – dem von Otto de Vaal so verfluchten – diametral entgegenstand. Diesmal erkannte der Rat an, dass eine Geschlechtsangleichung für Transsexuelle effektiver war als eine Therapie, und legte eine Gesetzesänderung nahe, wodurch die Betroffenen in Zukunft auch ihr juristisches Geschlecht anpassen konnten.

Das neue Gesetz trat 1985 in Kraft, und seitdem konnten Transgender unter strengen Voraussetzungen ihre Geburtsurkunde gerichtlich abändern lassen. Sie mussten mindestens achtzehn Jahre alt sein, sich einer geschlechtsangleichenden Operation unterzogen haben und unfruchtbar sein. Weil es die Homo-Ehe noch nicht gab, kamen nur unverheiratete Transgender in Betracht, deshalb mussten sich manche scheiden lassen, auch wenn sie ihre Beziehung nicht beenden wollten. Mit allen entsprechenden Folgen in Bezug auf Rentenansprüche, Einkommensteuer sowie Erb- und Eigentumsrecht.

Monica und Meintje können einfach verheiratet bleiben. Der Standesbeamte erläutert ihnen, dass die Änderung von Monicas Geschlecht auch bei ihrer Partnerin nachvollzogen werden wird. »Sie müssten also auch einen neuen Pass beantragen«, sagt er zu Meintje.

»Und was ist eigentlich mit meiner Geburtsurkunde?«,

frage ich. Die haut rückwirkend gesehen doch auch nicht mehr hin.

»Die bleibt unverändert«, sagt Erik, »es sei denn, Sie reichen selbst einen Antrag auf Anpassung ein; in diesem Fall wird auch bei Ihnen eine Randnotiz mit dem Hinweis auf die heutige Anzeige hinzugefügt.«

Zu Hause suche ich die Ausfertigung heraus, die ich mir irgendwann von meiner Geburtsurkunde habe machen lassen. Das Geschlecht meines Vaters entdecke ich nirgendwo, dafür aber drei männliche Vornamen und den Beruf »Grundschulleiter«. Unten auf der Urkunde steht: »Die Anzeige dieser Geburt wurde gegenüber dem Standesbeamten von Hilversum vorgenommen durch: den vorgenannten Vater, Alter 26 Jahre.«

Letzteres wird sich ohnehin nicht ändern. Auch unter dem neuen Gesetz wird derjenige, der für den Samen gesorgt hat, als Vater des Kindes verzeichnet werden, obwohl er juristisch gesehen eine Frau ist. Es gibt eine Ausnahme für Transfrauen in einer lesbischen Beziehung, die schon vor der Zeugung des Kindes als Frau registriert waren. Die profitieren von einem anderen neuen Gesetz, in dem die sogenannte Mitmutterschaft geregelt ist. Diejenige, die das Kind geboren hat, bleibt immer die Mutter, um zu gewährleisten, dass ein biologischer Elternteil in der Geburtsurkunde verzeichnet ist. Seit Transgender ihr gesetzliches Geschlecht auch ohne vollständige geschlechtsangleichende Operation verändern dürfen, könnte diese biologische und gesetzliche Mutter also auch ein Mann sein.

In den USA war man schon im Jahr 2007 so weit. Der dreiunddreißigjährige Thomas Beatie war der erste schwangere Mann der Welt. Stolz setzte er sich in Pose, eine Hand auf seinem nackten Bauch, darüber prangte eine flache Männerbrust mit zwei Narben, die an das erinnerten, was früher einmal dort gewesen war. Er hatte den beginnenden Bart von jemandem, der sich einige Tage nicht rasiert hatte. Die Weltpresse stürzte sich auf die Geschichte, Thomas erschien in verschiedenen Talkshows und war die Zielscheibe vieler Scherze und Bedrohungen. Einige Monate später brachte er eine Tochter zur Welt.

Thomas und seine Frau Nancy hatten sich für diese Konstruktion entschieden, weil Nancy selbst nicht schwanger werden konnte. In kaum drei Jahren bekamen sie außer einer Tochter auch noch zwei Söhne. Als die Familie komplett war, entschied sich Thomas für eine vollständige geschlechtsangleichende Operation und ließ sich einen Penis anfertigen.

In Interviews erzählte er, seine Schwangerschaft sei rein praktisch gewesen und habe keinerlei Muttergefühle in ihm hervorgerufen. Zuallererst empfinde er sich als Vater seiner Nachkommenschaft. Ich fragte mich, ob er es schlimm fand, dass er dazu biologisch nicht in der Lage war. Ich dachte an Lili Elbe, die sich Anfang der 30er Jahre des letzten Jahrhunderts hatte operieren lassen. Ihren Wunsch, Mutter zu werden – der in einer misslungenen Transplantation von Eierstöcken und einer Gebärmutter resultierte –, hatte sie mit dem Leben bezahlt.

53

Mein Vater und Meintje wohnen schon mehr als zwanzig Jahre in einem Dorf in Gelderland, das weniger als fünfzehnhundert Einwohner hat. Als sie Anfang der 90er Jahre dorthin zogen, wunderte mich ihre Entscheidung noch. Sie hatten es im Gooiland doch zu allem gebracht? Mit einem großen Haus, dem Netzwerk aus alten Weggefährten und ihrer Arbeit. Was wollten sie in einem Dorf, wo wahrscheinlich jeder jedem ständig auf die Finger sah und sie für den Rest ihres Lebens die »Zugezogenen« sein würden?

Der Grund war, dass sie das Haus in Hilversum unerwartet so lukrativ hatten verkaufen können, dass sie keinen Augenblick gezögert und nicht erst lange über ihren künftigen Wohnort nachgedacht hatten. Sie mussten sich rasch eine neue Bleibe suchen und landeten, nach den Kriterien einer ersten Wunschliste – ruhige Lage, ebenerdig, Bäcker und Metzger im Reichweite –, zufällig in diesem Dorf. Heute denke ich, der Umzug war ein willkommener Bruch mit der Welt, in der sich mein Vater nicht heimisch fühlte. Ihr neues Haus bot viel Privatsphäre, und die Dorfgemeinschaft nahm sie schon bald mit offenen Armen auf. Die Menschen waren freundlich und offen und schienen nicht vorschnell über andere zu urteilen. Der Kontakt mit ihrer alten Umgebung versandete, sie sahen nur noch ihre allerbesten Freunde.

Ein paar Jahre nach dem Umzug wurden meine Schwester und ich Marlies vorgestellt, einer untersetzten blonden Frau mit einer sanftmütigen Ausstrahlung. »Unser neuer Hinzugewinn«, meinte mein Vater lächelnd, womit er keinen Zweifel daran aufkommen ließ, dass Marlies eine neue Eroberung war. Obwohl gut fünfzehn Jahre jünger als mein Vater, hatte sie wenig von jenem sprichwörtlichen grünen Blatt, das auch alte Böcke noch gerne mögen, sondern eher etwas Mütterliches. Die paar Male, die ich ihr begegnet bin, trug sie einen gediegenen Wollpullover mit einem Rock und sah gut gepflegt aus, im Stil einer Frau gesetzten Alters. Sie muss in dieser Zeit noch unter vierzig gewesen sein.

Zunächst taten meine Schwester und ich es als »wieder so etwas Merkwürdiges« von unserem Vater ab. Das bestätigte sich, als Marlies eine Freundin mitbrachte, die ebenfalls blieb. »Wir haben noch jemanden dazubekommen«, sagte mein Vater, als er uns die Neuigkeit erzählte. Monica hieß sie. Sie war ebenso blond wie Marlies, aber sonst genau das Gegenteil: schlank, wohlproportioniert und ein Stück gewagter gekleidet. Dennoch hatte auch sie wenig von einem wahr gewordenen Jungentraum, sondern eher etwas Verlebtes, und ihr Gesicht besaß die ledrigen Furchen einer eingefleischten Raucherin. Beide Frauen waren Krankenpflegerinnen. »Dann brauchen wir uns jedenfalls nicht um Papas Pflege im Alter zu kümmern«, witzelten Sietske und ich untereinander.

Wie ernst es tatsächlich war, wurde mir erst klar, als mein Vater und Meintje ihr Haus um einen zusätzlichen Flügel mit zwei Zimmern, einem Bad und einer Sauna erweitern ließen. Vorgesehen war, dass Marlies dort irgendwann einziehen würde. Noch etwas später teilte mein Vater uns mit, dass er sie in sein Testament mit aufnehmen würde; wir bekamen eine ordentliche notarielle Abschrift.

Trotzdem blieben Marlies und Monica für uns Unbekannte. Wir begegneten ihnen einige Male, aber dabei blieb es. Ich erkundigte mich nie nach ihnen und hatte noch nicht mal eine Vorstellung davon, wie sie sich kennengelernt hatten. Es war ein Terrain, auf das ich mich lieber nicht begab, so als wäre es zu privat.

In angetrunkenem Zustand hat mein Vater uns irgendwann die Details über die Art der Beziehung enthüllt. Es war am Ende eines mehrgängigen Diners, für das er stundenlang in der Küche gestanden hatte. Zu jedem Gang hatte er dazu passende Weine serviert, und jetzt neigte sich der Abend langsam dem Ende zu, mit Kaffee und einem Glas Hochprozentigem.

»Habt ihr euch nie gefragt, warum es hier im Haus so viele Möglichkeiten gibt, jemanden festzubinden?« Mein Vater blickte triumphierend in die Runde, als hätte er uns einer schlechten Beobachtungsgabe überführt. »Sind euch denn diese Haken nie aufgefallen?« Ich hatte tatsächlich nichts bemerkt und sah auch jetzt nichts Besonderes in dem Esszimmer, aber ich fragte auch nicht weiter nach. War das Bekenntnis meines Vaters ein schwacher Moment der Offenherzigkeit, oder wollte er den Coolen mimen und uns klarmachen, dass er auf allen Hochzeiten tanzen konnte? Ich konnte mir jedenfalls gut vorstellen, wer den dominanten Teil spielte, und das war schon viel mehr an Information über das erotische Leben meines Vaters, als ich mir überhaupt wünschte. An das restliche Gespräch kann ich mich nicht erinnern; ich weiß nur noch, dass Sietske und ich uns am nächsten Tag im Zug zurück vorsichtig beieinander erkundigten, ob wir es wirklich richtig verstanden hatten.

»Ich war ein Switcher«, sagt Monica jetzt, als die Beziehung mit Marlies wieder zur Sprache kommt, »das ist jemand, der sowohl dominant als auch devot ist.« Noch immer höre ich lieber keine Einzelheiten, aber ich verstehe inzwischen, wie ich das SM-Spiel einordnen muss. Auch das hat mit dieser langen Zeit zu tun, in der mein Vater auf dem Gebiet der abweichenden sexuellen Vorlieben nach Möglichkeiten suchte, das unbestimmte Gefühl, das immer irgendwo präsent war, irgendwie einzuordnen.

Letztendlich erwies sich auch SM nicht als das Wahre, aber die Beziehung brachte meinem Vater dafür etwas anderes.

Cees lernte Marlies über dieselbe Chatline kennen wie die Transvestiten, mit denen er all die unbefriedigenden Verabredungen hatte. Zu der Zeit, als sich sein Widerwille gegen die Travestie so sehr gesteigert hatte, dass er überhaupt nichts mehr damit zu tun haben wollte, verlagerte er seine Aufmerksamkeit auf Dinge wie SM, Bondage und Fetisch. Er hatte schon immer ein besonderes Faible für Damenkleidung aus Leder gehabt, besonders für die eng anliegenden erotischen Korsetts und Kleider, die sich schimmernd und straff um einen Frauenkörper spannten. Dazu die superhohen Stiletto-Absätze, die unbedingt dazugehörten. Er nahm an, das BDSM-Spiel würde ihm reichlich Gelegenheit bieten, mit derartigen Outfits zu experimentieren. Womöglich kam es auch noch dazu, dass er selbst so etwas anziehen konnte; in verschiedenen Zeitschriften hatte er Varianten eines Demütigungsspiels gesehen, bei dem Männer den Auftrag bekamen, die Rolle der untertänigen Frau zu übernehmen. Komplett mit sexy Unterwäsche und Strapsen oder kurzen Lederröckchen.

Auch jetzt half Meintje ihm, die ernstzunehmenden Kontakte von den möglicherweise fingierten zu unterscheiden. Ganze Abende saßen sie zusammen an dem langen Schreibtisch, der oben unter der Dachschräge stand. Manchmal gingen sie gleich nach dem Essen nach oben und hörten erst auf, wenn Meintje schlafen gehen wollte.

An einem dieser Abende kamen sie mit einem anderen Ehepaar in Kontakt. Der Mann suchte einen Meister für seine Frau. Nach einigen Nachrichten hin und her waren sie davon überzeugt, dass es sich um eine echte, biologische Frau handelte, und gingen das Wagnis einer leibhaftigen Verabredung ein. Das Kennenlernen sollte in dem kleinen Reihenhaus des Ehepaares stattfinden, eine Autostunde in Richtung Rotterdam. Meintje würde mitkommen.

Ein wenig nervös parkten sie das Auto und läuteten bei der Adresse an, die man ihnen gegeben hatte. Eine riesige Frau erschien in der Tür; Cees schätzte, dass sie mehr als hundert Kilo wog. Er konnte sich nicht vorstellen, etwas mit ihr anzufangen, und wollte gleich wieder weg. Hinter der Frau erblickte er einen kleinen, hageren Mann.

Sobald das Gespräch in Gang gekommen war, verebbten seine Zweifel. Trotz ihres Gewichts schien Marlies eine nette Figur zu haben, und dumm war sie jedenfalls nicht. Sie erzählten sich gegenseitig von ihrer Ehe und wie oft sie derlei Dinge taten, sie besprachen die Details des Spiels, ihre Wünsche und die Attribute, die sie gern benutzen würden. Beim Abschied vereinbarten sie, dass das Ehepaar nächstes Mal zu ihnen kommen würde.

Zu dem Zeitpunkt, als mein Vater uns Marlies als »neuen Hinzugewinn« vorstellte, hatte sie viele Kilos abgenommen, und ihr Mann weilte nicht mehr unter den Lebenden. Ein halbes Jahr, nachdem sie sich gegenseitig kennengelernt hatten, war er an einer unheilbaren Krankheit gestorben. Danach hatte Marlies bei ihnen nach und nach ihr zweites Zuhause gefunden, um schließlich gar nicht mehr fortzugehen. Monica war nicht viel später gefolgt.

Schon ihre erste Begegnung hatte Cees tief beeindruckt. Monica war nicht hübsch, vereinte jedoch alle Eigenschaften in sich, die er an einer Frau schätzte. Sie kleidete sich stilvoll – sie hatte die perfekte Figur, der einfach alles stand – und war auch sonst äußerlich sehr gepflegt. Sie hatte Humor, war charmant und zugleich leidenschaftlich. Er hatte noch nie jemanden so selbstverständlich auf zwölf Zentimeter hohen Absätzen gehen sehen. Dazu liebte sie Frauen ebenso sehr wie er selbst, und von Anfang an war klar, dass sie bis über beide Ohren in Marlies verliebt war. Monica schien ihm quasi die Lösung für alles zu zeigen; vom allerersten Moment an wollte er genau so sein wie sie. Nicht in einer zeitweiligen Rolle oder in einem Spiel, sondern für immer.

Monica schloss sich ihrer Ménage-à-trois an. Cees genoss die Gesellschaft der drei Frauen und tauchte ein in deren Welt. In dem Spiel kam er sich wie eine von ihnen vor. Eine Zeitlang suchten sie nach einem Ort irgendwo außerhalb, an dem sie zu viert wohnen konnten; ein kleiner Bauernhof oder etwas dergleichen erschien ihnen ideal. Sie sahen sich verschiedene Häuser an, doch danach schwand die Begeisterung.

Ab dem Moment, als Monica bei Marlies einzog, ging es schief. Die beiden blieben immer länger weg, und noch keine drei Monate später kündigten sie an, dass sie heiraten wollten. Monica ergriff das Wort und ließ durchblicken, dass Cees und Meintje bei der Hochzeit nicht willkommen waren. Das letzte Mal, als Cees sie sah, brachte sie die goldenen Fußkettchen zurück, die sie und Marlies von ihm bekommen hatten. Mit eisiger Förmlichkeit legte sie die Schmuckstücke nebeneinander auf den Tisch und ging.

Was hängen blieb, waren die Lederkleider und -röcke von Marlies.

54

Cees bückte sich und schaute durch das Seitenfenster zum Nachbarhaus. Niemand zu sehen. Dennoch trat er einen Schritt zur Seite in der Hoffnung, so weniger im Blickfeld zu sein.

»Jetzt steh doch mal still, ich kann gar nicht sehen, was ich tue!« Meintje hielt den Kopf gebeugt, ungefähr in Höhe seiner Knie. Auf dem Esstisch stehend überragte er sie turmhoch.

»Beeil dich!«, warf er nach unten. Er stand hier schon viel zu lange und genierte sich sichtlich. Es musste lächerlich aussehen, ein Mann in einem halb fertigen Kleid.

»Dreh dich mal um.« Meintje machte unbeirrbar weiter, geduldig piekte sie Stecknadeln in den Kleidersaum. Sie spürte, wie unwohl Cees zumute war, und sie wusste, dass es jetzt auf Anhieb hinhauen musste.

Sie war geschickt mit der Nähmaschine, aber das hier war das komplizierteste Kleid, das sie je angefertigt hatte. Früher hatte sie viel für sich selbst genäht. Bevor sie Cees kannte, mied sie Konfektionskleidung, die Qualität war ihr oft nicht gut genug, oder sie war viel zu teuer. Damals hatte sie die Schnittmuster immer blind übernehmen können – sie passte genau in Größe 38 der *Burda* –, aber jetzt musste sie sich lauter Tricks einfallen lassen, um das Kleid passend zu machen. Das ursprüngliche Modell war zwar ganz in Ordnung, es war eine Art Prinzessinnenkleid mit einem eng anliegenden Oberteil über einem weiten Rock und mit Dreiviertelärmeln, die nach unten hin etwas weiter wurden. Aber das figurbetonte Kleid auf der Abbildung mit seinem tiefen Dekolleté sollte die Brüste gut zur Geltung bringen, während Cees natürlich keinen Busen hatte. Sie musste den Schnitt so abändern, dass das nicht auffiel. Außerdem musste sein vorgewölbter Männerbauch auch irgendwie berücksichtigt werden.

»Wie findest du die Länge?«

Cees schaute auf seine Beine. »Sehr gut, denke ich.«

»Vielleicht solltest du dich kurz vor den Spiegel stellen, dann kannst du es besser beurteilen.«

»Ach was, es ist gut so.« Cees bückte sich und kletterte über einen Stuhl vom Tisch herunter. »Du bist doch jetzt fertig, oder?«

Meintje gefiel es gar nicht, dass er sich so vor ihr versteckte. Es war ihr gleich, was er anzog; wenn er sich in einem Kleid gut fühlte, dann sollte er das einfach tun. Dass er sich der Außenwelt so nicht zeigen mochte, verstand sie; aber warum sollte er sich vor ihr fürchten?

Mittlerweile wusste sie, dass sein Bedürfnis, ab und zu Frauenkleidung anzuziehen, mehr als eine sexuelle Sehnsucht war. Als das Spiel mit Marlies und Monica aufgehört hatte, hatte er gar nicht daran gedacht, es auf irgendeine Weise fortzusetzen, und nach einer Weile begriff sie, dass er sich stattdessen als Frau verkleidete, wenn er allein zu Hause war. Nicht dass er ihr davon erzählt oder sie ihn dabei erwischt hätte: Sie hatte es einfach gespürt und vermutet, dass er die hängen gebliebenen Sachen von Marlies für seine Verkleidungen benutzte. Weil sie fand, dass jeder das Recht hatte, Dinge für sich zu behalten – sie sah das als einen letzten privaten Bereich, den keiner betreten durfte –, hatte sie gewartet, bis er selbst davon anfangen würde. Es war nicht ihre Art, sich mit endlosen Fragen den Zugang zu diesem letzten Bereich zu erzwingen.

Sobald Cees seinen tiefsten Wunsch endlich auszusprechen gewagt hatte, hatte sie ihm gleich angeboten, sich etwas aus ihrem Kleiderschrank auszusuchen. Die Wahl fiel auf den langen dunkelblauen Rock, den sie trug, wenn sie mit ihrem Chor auftreten musste, gemacht aus einer Art Kreppstoff, der sich nach unten hin lebhaft wellte. Aber auch danach hatte er sich ihr nie gezeigt, und wieder drängte sie ihn nicht. Er ließ zwar durchblicken, dass der Inhalt ihres Schranks nicht ganz nach seinem Sinn war, denn am liebsten wollte er ein Kleid, aber Meintje trug selbst hauptsächlich Röcke. So war der Plan entstanden, eigens für ihn ein Kleid zu nähen.

Begeistert suchten sie gemeinsam das richtige Modell aus. Am Esstisch mit Wein, Toasts und einem Stapel *Burdas*; haargenau so, wie sie zwanzig Jahre zuvor eine neue Garderobe für Meintje zusammengestellt hatten. Sein Geschmack war unverändert: Was er damals für sie ausgesucht hatte, darauf zeigte er jetzt für sich selbst. Er liebte immer noch farbenfrohe Röcke, tief ausgeschnittene Kleider und frivole Blusen.

Den Stoff hatte er auch deutlich vor Augen, weich musste er sein, geschmeidig fallen und sich schön anfühlen, er dachte an eine bestimmte Struktur. Viel genauer konnte Cees es nicht beschreiben, und es kostete einige Mühe, das seinen Wünschen entsprechende Material zu finden, denn mit ins Stoffgeschäft traute er sich nicht. Das erste Mal hatte sie ein falsches Muster mitgebracht. Beim nächsten Versuch kam sie mit der Nachricht nach Hause, den von ihm beschriebenen Stoff gebe es nicht. Zuletzt ging er doch selbst mit, um zu zeigen, was er meinte. Es wurde ein spitzenähnlicher orangeroter Stoff, zu dem Meintje sofort ein Futter aussuchte, weil er fast durchsichtig war.

Das Kleid war jetzt beinahe fertig, sie musste nur noch den Saum umnähen. Cees drehte ihr den Rücken zu, damit sie ihm mit dem Reißverschluss helfen konnte. Schnell schlüpfte er wieder in Hemd und Hosen und verschwand in seinem Arbeitszimmer.

Meintje trat auf das Pedal der Nähmaschine und ließ die Nadel durch den Stoff rattern. Es war nichts, dieses Kleid. Viel zu auffällig und so gar nicht für eine fast sechzigjährige Person geeignet. Sie konnte sich nicht vorstellen, dass es Cees jene Weiblichkeit verlieh, nach der er suchte. Aber mehr als zarte Hinweise hatte sie nicht gegeben, demnächst würde er das sicher alles selbst entdecken.

Cees hielt sich wieder ganze Abende im Internet auf, ohne dass Meintje davon wusste. In den Jahren mit Marlies und Monica hatte er das Bedürfnis nicht empfunden, aber jetzt zog es ihn wie von selbst wieder dorthin. Es war eine ganz neue Welt geworden, mit eigenen Kontaktseiten für Transvestiten. Wer ein Profil einrichtete, bekam eine persönliche Seite, auf der er Fotos veröffentlichen und mit anderen in Kontakt treten konnte. Für Cees der ultimative Test dafür, ob er als biologische Frau durchgehen würde oder nicht.

An einem Abend, an dem Meintje Chorprobe hatte, zog er ein kurzes Lederkleid an, das Marlies zurückgelassen hatte, und machte einige Fotos mit dem Selbstauslöser. Das Hochladen war ein Kinderspiel. Er wählte ein Profilfoto aus und tippte eine Kurzbeschreibung ein. Über den Namen brauchte er nicht lange nachzudenken. Beim Eintippen seines Nicknames murmelte er die Silben leise mit: Mo-ni-ca.

55

An der Auffahrt stand eine Frau, genau wie sie es am Telefon vereinbart hatten. Das musste Toos sein. Cees hatte ihr sein Autokennzeichen genannt, damit sie sehen konnte, wann er ankam. Er schätzte die Frau auf etwa fünfzig. Ein kleiner, mütterlicher Typ mit hochgestecktem, blondiertem Haar und einem rosigen, runden Gesicht. Eine echte »Tante Toos«, dachte er. Die Frau winkte und bedeutete ihm durch Gesten, er solle die Auffahrt hochfahren. Sie ging vor ihm her und öffnete ein großes, grünes Tor, durch das gerade mal ein Auto passte. Sie zeigte auf einen Innenhof dahinter. Er zögerte: Sollte er dort parken? Sie winkte nochmals. Ja, hieß das.

Noch bevor er ausgestiegen war, hatte Toos das Tor schon wieder geschlossen. Mit einem breiten Lächeln kam sie auf ihn zu und gab ihm die Hand. »Ein Stück zusätzliche Privacy für unsere Kunden«, meinte sie mit einem Blick auf den Hof. »So ist dein Auto von der Straße aus nicht zu sehen.«

Sie ging ihm voran durch die Hintertür des Hauses und führte ihn in die Küche mit einem Tisch und einer Eckbank aus Kiefernholz. »Nimm Platz. Magst du Kaffee oder lieber einen Tee?«

»Nein, nein, Kaffee ist prima.« Cees schaute sich um. Es war ein etwas unordentlicher Raum mit viel Schnickschnack. Auf der Ecke der Bank stand ein Schnurlostelefon neben einem Strauß Trockenblumen, der Tischläufer lag schief, und neben der Tür entdeckte er ein haariges Hundekissen. Diese Häuslichkeit beruhigte ihn.

Toos ging zum Küchentresen. »Der Hund ist mit meinem Mann nach draußen«, sagte sie, als müsse sie sich für das leere Kissen entschuldigen, »sie werden sicher irgendwann wiederkommen.«

Cees nickte, obwohl sie das nicht sehen konnte, weil sie mit dem Rücken zu ihm mit dem Kaffee beschäftigt war. Ihre Gesten waren beschwingt und schienen zu sagen, dass sie alles, was heute hier geschehen würde, für das Normalste der Welt hielt. Routiniert plauderte sie durch seine Scheu hindurch. Sie erklärte ihm, sie habe irgendwann mit ihrem Geschäft angefangen, weil ihr Mann sich auch gern als Frau verkleide. Sie nannte es »Crossdressing«; ein angenehmer Begriff, wie Cees fand. Seit er das Wort zum ersten Mal auf einer Website gelesen hatte, begriff er, dass es Travestie in vielen Formen gab und er bisher zu Unrecht in der Ecke des sexuellen Fetisches gesucht hatte. Crossdresser waren heterosexuelle Männer, die es angenehm fanden, ab und zu in die Haut einer Frau zu schlüpfen und diese Rolle möglichst gut zu spielen. Das hatte nichts mit Erotik zu tun, und diese Toos schien das vollkommen zu verstehen.

»Durch Ed weiß ich besser als jeder andere, wie wichtig es ist, eine vertraute und sichere Adresse zu haben, von der man seine Kleidung und sein Make-up beziehen kann.« Sie stellte zwei Kaffeebecher auf den Tisch und setzte sich ihm gegenüber. »Und wie ist das bei dir? Hast du Erfahrung mit Crossdressing, oder hast du es irgendwo gesehen?«

»Ich tue es selbst mitunter.«

»Gibt es denn einen Ort, wo du das kannst?«

»Na ja, halt zu Hause, wenn ich allein bin.« Er wollte noch immer nicht, dass Meintje ihn sah, und verkleidete sich nur donnerstagabends, wenn sie mit dem Kirchenchor probte.

Toos nickte und stellte ein paar Fragen zu seinen Vorlieben und Wünschen. Es war erleichternd, endlich mit einem Menschen, der wusste, worum es ging, sprechen zu können. Er erzählte, dass er Beratung in Sachen Make-up gebrauchen könne und dass er Mühe habe, die richtige Kleidung zu finden. Neben den kinky Klamotten von Marlies kam ein Großteil seiner Garderobe noch immer aus Kostüm- und Karnevalsgeschäften. Das Kleid, das Meintje ihm so lieb genäht hatte, war ein merkwürdiges Etwas geworden, das ihm nicht stand. Er hoffte, heute Nachmittag etwas Besseres zu finden. Bei der Vereinbarung ihres Termins hatte Toos ihm erklärt, sie pflege einen halben Arbeitstag für ihre Kunden zu reservieren, er hätte den ganzen Nachmittag das Reich für sich allein und bräuchte nicht zu befürchten, dass andere ihn sahen.

Toos schien nicht weniger Lust darauf zu haben als er. Nachdem sie ihm nochmals ihre Arbeitsweise erläutert hatte, nahm sie die leeren Kaffeebecher vom Tisch und stellte sie auf die Spüle. »Wollen wir dann mal nach hinten gehen?«

Draußen überquerten sie den Innenhof zum Gartenhaus. Es war, als beträte er ein Süßwarengeschäft. Der Raum war angefüllt mit Kleiderständern, Schuhen und Accessoires. Oben an den Wänden gab es Regale mit Lang- und Kurzhaarperücken in verschiedenen Stilrichtungen: blond und dunkel, lockig oder glatt. Darunter hingen Gürtel jeglicher Art und Größe, und überall dazwischen sah er Taschen, Schals und Schmuck. In der Ecke stand würdevoll ein riesiger holzgerahmter Ankleidespiegel, und gegenüber war eine gemütliche Sitzecke eingerichtet.

»Würde es dir gefallen, dich ganz umzuwandeln?«

Er nickte. Gerade das Gesamtpaket, das Toos anbot, hatte ihn angesprochen.

Toos zeigte auf eine Art Frisierstuhl und einen langen Tisch mit Make-up-Sachen. Darüber hing ein großer runder Spiegel. »Komm, setz dich her.« Sie zog den Stuhl zurück.

Cees nahm Platz und betrachtete ein großes Gefäß mit Pinseln vor dem Spiegel.

»Mal sehen …« Toos suchte zwischen den Tiegeln und Tuben. »Das hier ist ein Basis-Make-up zum Überschminken des Bartschattens.« Sie betupfte seine Oberlippe mit einem Schwämmchen und lehnte sich etwas zurück, um sich das Ergebnis anzuschauen. »Es enthält mehr Pigmente als normales Frauen-Make-up, das heißt, man braucht nur ganz wenig davon.«

Routiniert machte sie weiter mit Pinseln und Tiegeln und trug Blusher, Lidschatten und Lippenstift auf. Währenddessen erläuterte sie, welche Merkmale seines Gesichts akzentuiert werden konnten und was er besser kaschieren sollte. »Na, was sagst du?«, fragte sie zuletzt.

»Schön.« Er betrachtete sich im Spiegel. »Es sieht sehr natürlich aus.«

Toos spülte an dem Waschbecken neben seinem Stuhl ein Schwämmchen aus. »Bevorzugst du eine bestimmte Haarfarbe?«

»Blond.«

»Nicht allen steht das«, warnte Toos. Sie langte zu dem Regal über ihnen und nahm eine Büste mit einer halblangen Frisur herunter. Mit beiden Händen zog sie ihm die Perücke über den Kopf und zupfte etwas herum, bis sie ihrer Meinung nach gut saß.

Cees lächelte seinem Spiegelbild zu. Der Unterschied zu seiner Perücke aus dem Kostümgeschäft war enorm. Toos trat einen Schritt zurück und schaute ihn im Spiegel an. »Doch, dir steht blond. Vielleicht solltest du zum Vergleich auch noch ein paar andere Modelle ausprobieren.«

Schließlich entschied er sich für eine etwas mehr als schulterlange blonde Glatthaarperücke mit einem Pony,

der ihm etwas über die Augen hing. Den restlichen Nachmittag probierte er unterschiedliche Outfits an. Es gab
normale Damenkleider, überhaupt nicht auffällig oder
nuttig, wie er es so oft bei anderen Transvestiten gesehen
hatte. Das hier war die Kleidung, der man auch in Da-
menmodengeschäften begegnete. Selbst die Dessous waren bescheiden. Ein paar dezente Babydolls, rote Bikini-
slips, hier und da etwas Spitze. Keine Strings oder Unterwäsche mit Löchern und erst recht keine BHs mit Quasten
oder Troddeln in Höhe der Brustwarzen.

Er experimentierte mit verschiedenen Accessoires und
Strümpfen und ließ sich ein paar Brüste anmessen. »Um
es komplett zu machen«, sagte Toos, als sie ihm die hautfarbenen Dinger zeigte. Sie waren selbstklebend und
konnten direkt auf die Haut aufgebracht werden. Dass sie
auf seiner Brust klebten, erinnerte ihn sehr daran, dass es
künstliche, nicht zu ihm gehörende Anhängsel waren.
»Diese Prothesen werden auch von Frauen benutzt, denen
eine Brust fehlt«, erklärte Toos, »der Natürlichkeit wegen
hat man sogar an linke und rechte Brüste gedacht.«

»Bist du einigermaßen zufrieden mit dem heutigen
Tag?«, fragte Toos, als sie am Ende des Nachmittags wieder in der Küche saßen.

»Aber ja. Du hast wirklich wunderbare Sachen.« Er
fühlte kurz an der Langhaarperücke, die er immer noch
trug.

»Wie hast du uns eigentlich gefunden?«

»Ich glaube, das war eine Anzeige auf einer Website für
Travestie.«

»Weißt du noch, welche?«

»Nein, aber ich muss sagen, dass eure Website mich
wirklich hat aufatmen lassen. Alle anderen zielen so auf
Erotik ab, und das sagt mir eigentlich gar nichts.«

»Ja, das ist eine ganz andere Kategorie.« Toos rührte in

ihrem Kaffee. »Ich richte mich hauptsächlich an Menschen, für die es erstrebenswert ist, eine möglichst natürliche Frau zu sein. Nicht für den erotischen Kick, sondern weil das besser dazu passt, wie sie sich innerlich fühlen.«

Endlich jemand, der es richtig umschrieb; er hätte sie küssen mögen.

»Ich finde es so traurig, dass die meisten Männer mit Travestiegefühlen sich vor ihrer Umgebung verstecken müssen.« Toos schüttelte den Kopf. »Besonders diejenigen, die wirklich im falschen Körper geboren sind und dauerhaft eine Frau sein möchten.«

Er traute seinen Ohren kaum. »So fühle ich mich auch«, brachte er vorsichtig hervor.

»Weißt du, dass es Organisationen gibt, die dir helfen können?«

»Nein?«

»Es gibt zum Beispiel eine Arbeitsgruppe von Humanitas für Menschen, die Probleme mit ihrer Genderidentität haben.«

Cees nickte und ließ das Wort »Genderidentität« auf sich wirken.

»Man kann bei ihnen einen speziellen Identitätspass beantragen, wenn man als Frau auf die Straße geht. Wenn du dich irgendwo ausweisen musst, kannst du den zusammen mit deinem Pass oder Führerschein zeigen, und dann wissen sie Bescheid.«

»Ach, das ist praktisch.« Er sagte es ganz ruhig, aber in seinem Kopf überschlugen sich die Gedanken nur so. Warum hatte er nicht schon früher davon gehört? Am liebsten hätte er sich gleich hinter seinen Computer geklemmt.

»Sie betreiben auch viel Aufklärung und organisieren Zusammenkünfte, zum Beispiel für Menschen, die über eine geschlechtsangleichende Operation nachdenken.«

Eine geschlechtsangleichende Operation? Er hatte zwar schon etwas von Kastrationen gehört, war aber immer davon ausgegangen, dass so etwas unmöglich zu bewerkstelligen war. Wollte Toos jetzt sagen, dass es Operationen gab, die noch weitreichender waren als das? »Aha«, sagte er, »das schaue ich mir sicher mal an.«

Es dämmerte schon, als Toos das Tor des Innenhofs wieder für ihn öffnete. Im Kofferraum lag eine neutrale Tüte mit dem ganzen Outfit, das er vorhin noch angehabt hatte: Perücke, Schuhe, Halskette, Jacke und Tasche. Nur die Brüste ließ er zurück. Solange sie nicht echt waren, konnte er gern darauf verzichten. Die waren eher etwas für Transvestiten.

56

Nicht lange nach dem Besuch bei Toos traute sich Cees endlich, in Meintjes Anwesenheit als Frau durchs Haus zu laufen. Vielleicht hatte die Selbstverständlichkeit, mit der Toos über das Travestiebedürfnis ihres Mannes gesprochen hatte, ihm den letzten Anstoß dazu gegeben. Manchmal saß die neue Frau in Cees' Ohrensessel und las ein Buch, ein andermal setzte sie sich zu einem Glas Wein und französischem Käse mit an den Kamin.

Meintje genoss die Freude, die Cees hatte, und half ihm, wo sie konnte. Sie nähte Röcke, die ihm viel besser standen als dieses eine erste Kleid, und zog zusammen mit ihm los, um Pullis und Schuhe zu kaufen. Sie hatten mittlerweile eine erfolgreiche Routine entwickelt: Cees zeigte, was ihm gefiel, und Meintje probierte es an. In Sachen Oberbekleidung hatten sie dieselbe Größe, seine Füße hingegen waren etwas kleiner als ihre. Schuhe, die ihr einen Hauch zu eng waren, passten Cees wie angegossen. Eines ihrer Lieblingsgeschäfte war ein Secondhandladen in 's-Hertogenbosch, in den nie jemand kam und wo eine solche Unordnung herrschte, dass Cees ruhig darin herumstöbern konnte, ohne dass es auffiel. Während Meintje den Betreiber ablenkte und in eine hintere Ecke des Geschäfts mitschleppte, schlüpfte Cees rasch in das Paar Schuhe, auf das er es abgesehen hatte.

Und wie sie gelacht hatten, als er BHs tragen wollte und Schaumgummi suchte, um sie zu füllen! Wenn das Material nur dick genug war, konnte er daraus volle Brüste schneiden. Meintje hatte auf dem Markt bei dem Stand für Stoffe das Wort ergriffen, während Cees ihr den Rücken zukehrte, als ob ihn die Hobbys seiner Frau nicht interessierten. »Wozu brauchen Sie das?«, hatte der Händler gefragt.

»Für Kissen«, war Meintjes mit eisiger Miene vorgebrachte Antwort gewesen.

Sie konnten sich noch immer darüber amüsieren. »Na, was machen deine Kissen?«, fragte Meintje dann. Und wenn einer von ihnen etwas gereicht bekommen wollte, riefen beide im Chor: »Wozu brauchen Sie das?!«

In solchen Momenten kamen sie sich vor wie zwei Schulmädchen in geheimer Mission. Zusammen unternahmen sie alles, um Monica eine lebensechte Frau sein zu lassen, und wagten sich dabei immer wieder einen kleinen Schritt weiter.

Viel macht Berghem nicht her. Erst recht nicht, wenn man dort nur stundenlang herumlaufen kann, weil man sich nicht in ein Lokal traut. Dieser verschlafene Vorort von Oss besteht vorwiegend aus Neubauten, die architektonisch wenig Aufregendes zu bieten haben.

Cees war froh über seine übergroße Sonnenbrille; hinter den großen braunen Gläsern fühlte er sich den Blicken der Passanten weniger ausgesetzt. Er ging an Berghems Toten vorbei und schaute scheinbar interessiert auf deren Namen. Lambertha van de Laar, Hermanus Verhoeven, Jan den Brok. Weiße Buchstaben auf Grabsteinen in dunkelgrauem Marmor, manchmal geschmückt mit einem Kreuz oder einer anderen Darstellung. Man sah viele Tauben und Herzen, hier und da eine Getreideähre. Die meisten Gräber stammten aus der zweiten Hälfte des vorigen Jahrhunderts.

Es war kein besonderer Friedhof, ebenso schnörkellos wie die Häuser in dem Viertel ringsherum. Aber hier war sonst niemand, und die Wege waren eben und ohne Kieselsteine; ein Segen für seine Füße, denn die hohen Pumps drückten schon.

In seiner Tasche ertönte eine SMS. Endlich eine Nachricht von Meintje. Ungeduldig tippte er seine neue Geheimzahl ein, um zu sehen, was sie geschrieben hatte: »Auto muss in die Werkstatt. Melde mich, sobald ich mehr weiß.« Er rieb über den Ärmel seiner dünnen Bluse. Zum Glück herrschte noch reichlich Sonnenschein, und so musste er vorläufig nicht befürchten, dass ihm kalt wurde.

Es war dieselbe Sonne, die ihn am Morgen herausgefordert hatte. »Lass uns losziehen«, hatte er in einer Anwandlung gesagt, während er geschnittene Tomaten in eine Pfanne mit Eiern und Speck gab. Die Tomatensafttropfen in dem Fett zischten zustimmend. »Es ist ein phantastischer Tag, um Fotos zu machen!«

Sie hatten oft genug darüber gesprochen, er wollte unbedingt ein paar schöne Fotos von Monica »in freier Wildbahn«, wie sie das manchmal scherzhaft nannten. Im Garten hatten sie mittlerweile jeden Winkel betreten, jedenfalls jede für die Nachbarn uneinsehbare Ecke. Es war an der Zeit für neues Gelände, er wollte Monica der Welt zeigen und normale Dinge tun, die andere Frauen auch taten. Aber allein traute er sich nicht.

»Eine großartige Idee«, sagte Meintje überrascht. Im Haus war Cees als Frau mittlerweile ein vertrautes Bild geworden. Ihr kam es so vor, als ob ihn das beruhigte, und sie hatte ihn oft dazu ermuntert, doch auch einmal mit ihr nach draußen zu gehen.

Sie beschlossen, eine Rundfahrt mit dem Auto zu machen, das taten sie am Wochenende ohnehin gern. Meistens wählten sie eine Route über schöne Landstraßen, wobei sie ab und zu in einem malerischen Städtchen ausstiegen, um auf einer Terrasse ein Bier zu trinken. Sie würden an einen Ort fahren, wo sie niemanden kannten, und vom Auto aus konnten sie unauffällig die Umgebung sondieren, bevor sie ausstiegen. Mal eben in einer ruhigen

Straße auf und ab gehen und ein paar Fotos machen, das genügte Cees schon. Meintje konnte als Blitzableiter fungieren; wenn sie danebenstand, fiel er vielleicht gar nicht auf.

Nach dem Frühstück nahm er sich reichlich Zeit. Er setzte die blonde Langhaarperücke auf, die er bei Toos gekauft hatte, und zog eine getigerte Rüschenbluse aus seinem Schrank. Dazu wählte er einen der Röcke, die Meintje ihm genäht hatte.

Bevor er das Auto von der geschützten Auffahrt herunterfuhr, hatte sich Meintje auf die Straße gestellt, um zu sehen, ob jemand ankam. Kaum war die Luft rein, hatte sie ihm gewinkt, und als Cees das Auto auf die Straße lenkte, stieg sie sofort ein. Noch bevor sie angeschnallt war, hatten sie die Wohnstraße schon hinter sich gelassen. Auf der Landstraße brachen sie erleichtert in Lachen aus.

Die ersten Fotos machten sie in der Klinkersteingasse eines ruhigen Dorfes. Cees stellte sich schüchtern in Pose, und dann fuhren sie schnell weiter. In der Nähe von Oss gab das Auto auf einmal merkwürdige Pfeifgeräusche von sich, und nicht viel später waren sie am Rand der Landstraße gestrandet. Cees unternahm ein paar Startversuche, bekam den Motor jedoch nicht mehr in Gang. Vom Steuer aus entriegelte er die Motorhaube, obwohl er wusste, dass es keinerlei Sinn hatte, darunterzuschauen. »Wir müssen den Pannendienst anrufen«, sagte er, während er überlegte, ob es nicht auch noch andere Möglichkeiten gab. »Aber das ist völlig unmöglich.«

»Nicht, wenn ich das übernehme«, antwortete Meintje, die sofort in ihre praktische Rolle schlüpfte. »Wenn du mir die Papiere gibst, dann kannst du so lange verschwinden, bis sie wieder weg sind.«

Das war jetzt gut eine Stunde her, und es schien, als müsste Cees noch länger in Berghem bleiben. »Wo ist die Werkstatt?«, simste er zurück.

»In Wijchen«, lautete die Antwort. Das war zwanzig Fahrminuten weit weg. Er musste also mindestens anderthalb Stunden überbrücken. Unglücklich schaute er über den Friedhof. Er konnte eine weitere Runde drehen, vorbei an der anderen Seite des meterhohen Kreuzes in der Mitte, aber dann reichte es wirklich. Er hatte Angst, am Ende doch noch aufzufallen. Ausnahmsweise mal keine Jugendlichen, sondern ein herumlungernder Transvestit, der nichts mit sich anzufangen weiß, dachte er grinsend im Versuch, den Kopf oben zu behalten.

Eine weitere halbe Stunde brachte er noch mit einem Spaziergang durchs Viertel hinter sich. Ab und zu schaute er auf sein Handy, ob es schon eine neue Nachricht von Meintje gab. Sie hatte ihm inzwischen mitgeteilt, dass die Werkstatt an dem Auto arbeitete, aber danach war es still geblieben. Zum wiederholten Mal stand er mit dem Handy in der Hand da, als ein altes Ehepaar direkt auf ihn zusteuerte. »Entschuldigung«, versuchte der Mann aus einiger Entfernung seine Aufmerksamkeit zu erregen. Cees wagte nicht, ihn anzusehen. Schnell hielt er sich das Handy ans Ohr und begann emsig zu nicken. Seinen Blick hielt er auf den Boden gerichtet. Mit der anderen Hand zog er den Henkel seiner Handtasche fester um die Schulter. Als das Ehepaar ganz nah war, drehte er ihm den Rücken zu, wie um ungestört sein Gespräch zu führen. Sie hatten jetzt die Wahl: weitergehen – etwas, wozu er sie mit seiner Körpersprache geradezu drängte – oder in angemessener Entfernung warten, bis er fertig telefoniert hatte. Sie gingen an ihm vorbei. Erleichtert tat Cees ein paar Schritte in die entgegengesetzte Richtung, das Handy zur Sicherheit noch immer am Ohr.

Er ging ins Zentrum, lenkte seine Schritte auf die Kirche zu. Vielen Leuten begegnete er unterwegs nicht, aber er hatte das Gefühl, als ob alle ihn anschauten. Weitergehen, dachte er, dann erregst du am wenigsten Aufmerksamkeit. Er fragte sich, wie er nach Hause kommen sollte, falls das Auto in der Werkstatt bleiben musste. Ein Taxi schien ihm nicht in Frage zu kommen. Aber wenn Meintje in Wijchen erst ein Taxi bis nach Hause nahm, um ihn anschließend mit ihrem eigenen Wagen abzuholen, konnte das leicht nochmals anderthalb Stunden dauern. Er wurde eingeholt von einem Radfahrer, der ihn im Vorbeifahren über die Schulter anschaute. Verdammt, dachte Cees, wie lange das dauert!

So umherirrend geriet er in ein ausgestorbenes Industriegebiet mit einem Autosalon und einer unbesetzten Tankstelle. Wenn sein Orientierungssinn ihn nicht täuschte, war das hier nicht weit von der Stelle entfernt, wo sie liegengeblieben waren. Er setzte sich auf eine niedrige Mauer und beschloss zu warten, bis er wieder etwas von Meintje hörte. Die meldete sich nicht viel später mit der Nachricht, die benötigten Ersatzteile seien nicht vorrätig und das Auto könne an diesem Tag nicht mehr repariert werden. »Murphy«, schrieb er zurück. »Hast du einen Leihwagen?« Er sann nochmals nach anderen Möglichkeiten, nach Hause zu kommen, aber ihm fiel nichts ein. Der Gedanke, dass er seine Adresse einem Taxifahrer würde nennen müssen, beängstigte ihn; der würde natürlich sofort an seiner Stimme hören, dass etwas nicht stimmte. Er hatte das Gefühl, in einem Witz gelandet zu sein, und fand es fast schon schade, dass die Geschichte geheim bleiben musste. Gerade mit derlei Anekdoten erntete er meist viel Erfolg an der Bar des Gemeindezentrums und beim Essen mit Freunden.

Es dauerte etwas, bevor Meintje antwortete. »Alles

wird gut!«, so ihre neue Nachricht. »Sie reparieren es jetzt!« Froh suchten seine Augen nach Hinweisen für den Weg hierher, die er ihr durchgeben konnte. Ohne Anknüpfungspunkte würde Meintje sich hoffnungslos verirren. Er simste ihr den Namen des Autosalons und die Nummer der Landstraße. Dann gab er sich der Sonne hin.

57

Mein Vater hat sich der *bikini challenge* gestellt. Mein Vater! Der das Essen immer enorm genossen hat, nicht auf ein zusätzliches Stückchen Butter achtete und sich liebkosend über den Bauch streichen konnte. Monica benimmt sich wie so viele Frauen ab einem gewissen Alter, das heißt, sie sorgt sich um ihre schlanke Linie. Sie hat die Zahl der Gläser Wein pro Woche reduziert und lehnt einen Keks zum Kaffee lachend mit dem Hinweis ab: »Der passt nicht mehr in mein Kalorienbudget!«

Neulich hat sie sich noch so über ihre vollen Hüften gefreut. Ein paar Monate nach dem Beginn der Hormonkur wuchsen sie ihr von selbst. Die Hormone haben ihr sowieso rundere Züge verliehen, das Fett hat sich an neuen Stellen ihres Körper niedergelassen.

Monica befolgt eine Methode, die verspricht, dass man in acht Wochen »sommerfit« ist; das Heft mit den Diättipps hat sie sich von einer Freundin geliehen. Der Ausgangspunkt ist, dass man normal essen darf, solange man sich nur kein zweites Mal auftut, sondern den einen Teller voll und ganz genießt. Einmal zu sündigen ist überhaupt nicht schlimm. Monica berichtet auf Facebook von ihren Fortschritten, regelmäßig begleitet von Fotos, die sie auf irgendeiner Terrasse zeigen, vor sich ein großes Glas belgisches Bier. Woche vier ist eine »mit lauter kleinen Unfällen«, aber trotzdem hat sie schon gut zwei Kilo abgenommen. Nach Woche sieben sind es fünf. »Ich fühle, dass ich demnächst abspringe«, schreibt sie trotzdem in dem Bericht, in dem sie auch die übrigen Ergebnisse der Woche erwähnt: »Drei neue Trappistenbiere entdeckt, ein Restaurant [...], zwei Röcke, die nicht mehr passen, und zwei Paar neue Schuhe, die mir noch passen.«

Dennoch ist es kein Witz. Monica muss für die Operation abnehmen, sie kommt nur dann dafür in Frage, wenn ihr Körper topfit ist.

In ein paar Monaten, so gegen Oktober, hat sie die letzte körperliche Kontrolluntersuchung, und obwohl sie noch nicht weiß, wann sie an der Reihe ist, will sie rechtzeitig ein gesundes Gewicht erreicht haben. Bald nach der Operation wird sie vermutlich alle guten Vorsätze wieder sausenlassen. Sie ist nicht der Typ, der sich wegen eines Fettpölsterchens aufregt, sie kauft ihre Kleidung einfach eine Nummer größer, wenn sie nicht mehr passt. Sie ist jemand, die Frieden mit ihrem Körper geschlossen hat; eine Eigenschaft, um die sie viele Frauen beneiden.

Sie scheint sich sogar dermaßen wohl in ihrer Haut zu fühlen, dass ich mich immer öfter frage, warum es diese Operation überhaupt noch braucht. Sie ist für alle als Frau erkennbar, es steht in ihrem Pass, und sie führt genau das Leben, das sie immer hat führen wollen. Warum muss sie sich auch noch in ihren gesunden Körper schneiden lassen, mit allen Risiken, die eine solche Operation mit sich bringt?

Immer wenn ich danach frage, kommt Monica mit praktischen Antworten. Dass so eine Beule in einem Köcherrock nicht gut aussieht, dass die Passform von Kleidern völlig daneben ist, wenn man keine Brüste hat, und dass sie endlich wieder mal schwimmen will, jetzt aber keinen Badeanzug anziehen kann, ohne dass sie schief angesehen wird. Jedes Mal kommen wir wieder auf das Tragen von Frauenkleidung zurück, obwohl es genau andersherum ist, wie mir scheint. Die Röcke und Kleider sind lediglich ein Symptom für das wirkliche Problem: den Körper, der nicht hinhaut.

»Und wenn du hunderttausendmal meine Tochter bist«, sagte Monica beim letzten Mal, als ich sie danach fragte, »darin steckt doch noch viel Scham. Meinetwegen müssen wir nicht darüber reden.« Also fragte ich nicht weiter.

Aber immer wieder drängt sich mir die Frage auf. Wie fühlt es sich an, wenn sich dein Kopf und dein Körper nicht über deine Identität einig sind? Ich kann mir überhaupt nichts darunter vorstellen. Natürlich habe auch ich schon unzufrieden vor dem Spiegel gestanden, aber mein Geschlecht habe ich noch nie angezweifelt. Es ist einfach, was es ist. Mittlerweile weiß ich, dass es ein eigenes Wort dafür gibt, wenn das Geschlecht, mit dem du geboren bist, für dich selbstverständlich ist. Offenbar bin ich ein Cisgender. So wie der übergroße Teil der Bevölkerung.

Und offenbar fällt es allen Cisgendern schwer, sich vorzustellen, wie sich ein Transgender fühlt. Fast alle Männer in meiner Umgebung reagieren erschrocken auf die Geschichte meines Vaters, als hätte man ihnen persönlich in die Eier getreten. Die meisten Frauen dagegen sind voller Bewunderung und zusammen mit Monica aus tiefstem Herzen der Meinung, dass es natürlich viel schöner ist, eine Frau zu sein. Gleichzeitig haben sie keine Ahnung, wie es sich anfühlt, mit einem Penis dazusitzen, der einem nichts sagt.

Erst ein paar Wochen vor ihrer Operation kann Monica darüber sprechen. Am Nachmittag bin ich bei ihr gewesen, und die Notwendigkeit des Eingriffs kam zum soundsovielten Mal zur Sprache. Abends schickt sie mir eine E-Mail: »Unser Gespräch [...] hat mir nochmals klargemacht, dass ein Thema einfach nie zur Sprache gekommen ist, und zwar weil ich mich schäme, darüber zu reden.«

Schon seit seiner ersten Ehe hatte sich Cees regelmäßig im Badezimmerspiegel mit zwischen den Beinen eingeklemmtem Geschlecht und beiden Händen an den Stellen betrachtet, wo die Brüste fehlten. Sah es so ein wenig aus, wie es sollte? Er schob den einen Fuß vor den anderen und kniff die Augen zu Schlitzen zusammen. Wenn er seine Hüfte etwas mehr nach vorn drehte, sah man nur ein bisschen Schamhaar. Könnte man sich darunter eine Vagina vorstellen? Er schob die Hände etwas zueinander und betrachtete die so entstehende Wölbung. Ist doch unter aller Kanone, dachte er. Enttäuscht ließ er die Hände sinken und drehte sich vom Spiegel weg.

Manchmal klebte er seinen Schniedel mit Tape fest und zog einen engen Slip darüber, das sah noch ganz nett aus. Einige Male schlüpfte er so in seinen Anzug und ging zur Arbeit. Er hoffte, es würde ihm ein gutes Gefühl geben, aber es passte hinten und vorne nicht, und beim Wasserlassen machte es eine Menge Umstände. Trotzdem experimentierte er weiter auf der Suche nach einer befriedigenden Lösung, um sein Geschlecht zu verbergen.

Mehr als einmal entzündete sich der Harnleiter durch diese ganzen Misshandlungen, und er musste sich im Krankenhaus wieder herrichten lassen. Er schämte sich zu Tode und war froh, dass sein Hausarzt die Ursache in einer früheren Operation suchte, bei der hinterher nicht gut genäht worden war.

Nach dem Besuch bei Toos mit ihrem Travestiegeschäft lebte er auf. Die Entdeckung, dass er nicht an einer bizarren sexuellen Abnormität litt, sondern an einem anerkannten Problem, für das es Hilfe gab, erleichterte ihn. Abend für Abend suchte er das Internet nach Informationen über Hormone, geschlechtsangleichende Operationen und Brustvergrößerungen ab. Alles, was er las, bestätigte seine Vermutung: Hiernach hatte er immer gesucht. In seinem Kopf ordnete er alle Schritte, die er unternehmen konnte, und allmählich kristallisierte sich ein Plan heraus.

Aber je klarer sich die Lösung abzeichnete, desto länger wurde auch die Liste mit Einwänden. Er wagte es nicht, Meintje zu erzählen, dass er dauerhaft eine Frau sein wollte, und befürchtete, das Dorf und seine Freunde könnten sich gegen ihn wenden. Bei seiner Arbeit würde man ihn bestimmt nicht mehr ernst nehmen, ganz zu schweigen vom Gemeinderat, in dem er saß. Die Lokalpresse würde ihn garantiert völlig niedermachen.

Er dachte über einen Mittelweg nach. Vielleicht würde er sich schon kompletter fühlen, wenn er Brüste hätte. Eine bescheidene Größe, die er unter einem weit geschnittenen Oberhemd verstecken konnte. Mit einem Jackett darüber sah man bestimmt überhaupt nichts. Auf YouTube betrachtete er Videos von Brustoperationen, und nach einiger Zeit kannte er alle Namen der entsprechenden Kliniken in der Umgebung. Er wusste genau, welche plastischen Chirurgen einen guten Ruf hatten und welche nicht.

Schließlich siegten die Einwände über seine Träume. Er befürchtete, selbst die kleinsten körperlichen Anpassungen könnten irgendwann herauskommen, und traute sich einfach nicht, es anzugehen. Stattdessen klammerte er sich an den Gedanken, dass Operationen nicht nötig waren, solange er sich zu Hause als Frau kleiden und Meintje gegenüber er selbst sein konnte.

58

Cees wachte schweißnass auf, als hätte ihn irgendwas erschreckt. Hatte er geträumt? Sein Herz klopfte schneller als sonst, und er fühlte einen Druck auf der Brust. Im Zimmer war es noch dunkel, neben sich hörte er Meintje ein- und ausatmen. Er versuchte, sich in ihren regelmäßigen Rhythmus zu fügen, aber es gelang ihm nicht, die Luft tief genug in seine Brust zu pressen. Stattdessen produzierte er eher eine Art Stöhnen. »Das hier ist nicht gut«, sagte er leise zu sich. Seine Achseln waren klatschnass.

Er stemmte sich aus dem Bett und setzte sich auf die Bettkante. Er verspürte einen beißenden Schmerz im Kopf, und unter seinen Rippen hämmerte es jetzt noch wilder. War das eine Herzattacke? Sollte er Meintje aufwecken und einen Rettungswagen rufen? Ein Stich in seiner Brust. Er schnappte nach Luft. Durst. Wasser brauchte er. Das Badezimmer war nicht weit, aber er zitterte dermaßen, dass er nicht weiter als bis zum Türpfosten kam. Das Glas auf dem Waschbecken schien endlos weit entfernt zu sein, und er hatte keine Ahnung, wie er den Wasserhahn aufdrehen sollte.

Im Dunkeln schleppte er sich in sein Arbeitszimmer neben dem Bad. Ich sterbe, dachte er. Ich sterbe. Er keuchte und wollte schlucken, aber sein Hals war wie zugeschnürt. Der Schmerz in seinem Kopf wummerte ein eintöniges Requiem. Bumm – ich sterbe – bumm – ich sterbe, bumm. Vorsichtig sank er auf die Couch. Vielleicht würde es von selbst vorübergehen, wenn er eine Weile ruhig dasaß. Der Druck in seinem Schädel nahm zu. Er legte die Hände auf den Kopf, um alles zusammenzuhalten. Es fühlte sich an, als stünde er kurz vor dem Zerplatzen.

Eine Träne kullerte ihm an der Nase entlang. Und noch eine. Es war überhaupt nicht gut, das sah er auf einmal ganz deutlich. Er starb, obwohl er doch noch nicht sterben *konnte*. Die Tränen kamen schneller, immer mehr, bis er schließlich laut und mit zuckenden Schultern vor sich hin schluchzte. Ich darf nicht als Mann begraben werden, dachte er. Sein Gesicht wurde nasser und nasser. Ich darf nicht als Mann begraben werden; die Worte zogen wie in einem Karussell wieder und wieder an ihm vorbei. Immer wenn sie verschwanden, tauchten sie wieder auf, bis sie alle anderen Gedanken in seinem Kopf übernommen hatten und den Rhythmus eines Mantras bildeten. Ich – darf – nicht – als – Mann – begraben – werden.

Wie viele Tränen hat ein Mensch? Cees hatte keine Ahnung, wie lange er geweint hatte, als nichts mehr kam. Langsam wurde er ruhig und konnte wieder normal atmen. Der Schmerz in seiner Brust war fort, nur in seinem Kopf pochte es noch unbestimmt. Er wollte schlafen.

Leise schlüpfte er wieder neben Meintje ins Bett. Diesmal gelang es ihm, seinen Atem mit dem ihren in Einklang zu bringen. Es ist noch nicht zu spät, beschloss er.

Sie werden mich nicht als Mann begraben.

59

Auf Google existiert der Vater, den ich früher hatte, noch weiter. Er schaut einen mit einem professionellen Lächeln an, das zugleich etwas Verschmitztes hat. Bei einem dieser Fotos frage ich mich, ob er darauf nicht ziemlich angeheitert ist; er hat sehr rote Wangen, und es sieht aus, als hätte er sich selbst mitten in einem Lachanfall angehalten. Möglicherweise hat ihn der Fotograf soeben zur Ordnung gerufen. »Bitte, nur einen Moment, Cees. Danach bist du mich los.« Ich stelle mir vor, wie mein Vater sofort nach dem Knipsen seinem Atem wieder freien Lauf gelassen hat, wodurch das Lachen über ein anschwellendes Kichern wieder in Gang kam. Das Foto illustriert einen Bericht über die Gemeinderatswahlen von 2006, bei denen mein Vater eine enorme Menge persönlicher Stimmen auf sich vereinen konnte und als einer der großen Sieger aus der Wahl hervorging. Ich vermute, die Anspannung beim Zählen hat er mit einigen Bieren dämpfen müssen.

Auch die meisten anderen Fotos sind Illustrationen zu Berichten über die politische Laufbahn meines Vaters. Artikel auf den Websites lokaler Zeitungen. Den Twitter-Account meines Vaters gibt es auch noch. Die letzten Tweets stammen vom Oktober 2011. »Habe meinem Profil ein Update verpasst. Bin inzwischen mehr ›former‹ als ›performer‹, das heißt, jetzt wirklich in Rente.« Zwei Tage zuvor ist mein Vater nach Streitigkeiten in der Fraktion als Beigeordneter zurückgetreten. Danach sollte es noch vier Monate dauern, bis ich von Monicas Existenz erfuhr.

Ich betrachte diese Fotos jetzt mit ganz anderen Augen. Vielleicht mit einer Art Mitleid, obwohl ich das Monica gegenüber niemals zugeben darf; nichts ist schlimmer für sie, als wenn sie Leuten leidtut. Und trotzdem. Mein Vater muss erleichtert gewesen sein, dass er seine öffentlichen Ämter niederlegen konnte. Ob er den politischen Tumult dazu genutzt hat, den Weg für Monica frei zu machen?

Es ist ein merkwürdiger Gedanke, dass zur selben Zeit auch andere Fotos meines Vaters im Internet waren. Fotos, auf denen er blonde Perücken und kurze Röcke trug, auf speziellen Profilseiten, die mein Vater unter dem Namen Sisca oder Monica angelegt hatte. Seiten, die er vor uns geheim hielt, die aber gleichzeitig für die halbe Welt zugänglich waren. Er hatte zu Hause sogar eine zusätzliche Telefonleitung legen lassen, die er exklusiv für diese Kontakte benutzte.

Ich finde es unglaublich, welche Risiken mein Vater eingegangen ist. Wie hat er noch funktionieren können? Und was hat ihn dazu bewogen, nach vier Jahren im Gemeinderat eine weitere Amtszeit als Beigeordneter zu akzeptieren? Er war inzwischen fünfundsechzig, bereits zwei Jahre in Rente und brauchte es des Geldes wegen nicht zu tun.

Wäre er dabei ein wenig im Windschatten geblieben, dann wäre es vielleicht noch zu verstehen gewesen, aber stattdessen suchte er förmlich die Öffentlichkeit. In den vier Jahren, in denen er für die Rechtsliberalen im Rat saß, führte er ein öffentliches Tagebuch, weil er fand, seine Wähler hätten das Recht zu wissen, womit er sich aus der Opposition heraus in der politischen Arena beschäftigte. Auf seinem Weblog äußerte er hauptsächlich seine Unzufriedenheit mit allem, was in der Gemeindeverwaltung nicht so lief, wie es sollte, und scheute sich nicht, dabei die Schuldigen zu nennen und lächerlich zu machen. Besonders die Bürgermeister und ihre Beigeordneten bekamen ihr Fett weg. Eine Bürgermeisterin ließ bei ihrem Abschied Jahre später sogar durchblicken, sie sei aus dem

Amt geekelt worden. Mein Vater hatte seit ihrem Antritt gegen sie gearbeitet, nachdem herausgekommen war, dass sie ihre Antrittsrede teilweise aus der Rede kopiert hatte, die Thom de Graaf bei seinem Antritt als Bürgermeister von Nijmegen gehalten hatte.

Das Tagebuch hatte viele lokale Fans, was nicht verwunderlich war, denn es war witzig und spitz geschrieben und die Einträge sorgten regelmäßig für Aufregung. Vielen Leuten gefiel es zweifellos auch, etwas über das Privatleben eines Gemeinderatsmitglieds zu lesen. Ein Bedürfnis, das mein Vater mehr als erfüllte; er berichtete in den schillerndsten Farben von Ereignissen, die sich außerhalb des Ratssaals abspielten. Wie er seinen Kater nach einem gemütlichen Abend im Gemeindezentrum verarbeitete und wie seine Frau durchs Bett gekracht war. Wenn wir ihn besucht hatten, konnten wir das hinterher auch nachlesen. Wir passten wahrscheinlich sehr gut ins Bild und unterstrichen sein wohlanständiges Profil: »verheiratet, zwei Kinder«.

Mein Vater schrieb gut 2 500 Beiträge auf seinem Weblog. Als er sich nach vier Jahren in der Opposition erneut zur Wahl stellte, fasste er 165 davon zu einem Buch zusammen. »Ein Buch, von dem ich aufrichtig hoffe, dass es die Frage beantwortet, wer denn eigentlich dieser Cees Sips ist«, heißt es im Vorwort. Mit der Veröffentlichung endete zugleich die Online-Version des Tagebuchs. Seinerzeit dachte ich, der Grund sei, dass er womöglich zum Beigeordneten gewählt würde; eine Rolle, zu der es weniger gut passte, gegen die etablierte Ordnung anzustänkern. Jetzt verstehe ich, dass auch andere Motive mit hineinspielten. Es war Dezember 2009. Zu Hause war Cees kaum mehr anwesend; dort hatte Monica die Oberhand.

60

In seinem ersten Monat als Beigeordneter erhielt Cees eine merkwürdige E-Mail von einem Beamten des Niederländischen Forensischen Instituts, einem gewissen Huib. Es war eine lange Nachricht, die er zweimal lesen musste, bevor er begriff, wovon sie handelte. Offenbar hatte man Fotos, die ihn als Frau verkleidet zeigten, auf der Festplatte von jemandem gefunden, der im Zusammenhang mit Kinderpornographie festgenommen worden war. Auch sollten Chats über Crossdressing erhalten geblieben sein, die Cees unter dem Namen »Monica« geführt hatte. Über IP-Adressen hatte Huib, der im richterlichen Auftrag mit der Untersuchung des Falls betraut war, entdeckt, dass der Transvestit auf den Fotos und Cees ein und dieselbe Person sein mussten.

In Gedanken ging Cees die Fotos durch, die auf seiner Profilseite standen. Die meisten waren so aufgenommen, dass sein Gesicht nicht voll ins Bild kam, und auf den Bildern, auf denen mehr zu sehen war, trug er so eine dicke Make-up-Schicht, dass Außenstehende ihn schwerlich wiedererkennen konnten.

»Die Dinge, auf die ich gestoßen bin, sind keine Straftaten, aber es ist nicht undenkbar, dass die Justiz auch bei Ihnen alles auf den Kopf stellt, wenn ich diese Informationen in meinen Bericht aufnehme«, schrieb Huib. »Und so eine Razzia aus den Medien herauszuhalten zu wollen, ist eine aussichtslose Sache.« Der Gedanke daran erschreckte Cees. Er konnte natürlich leugnen, dass er und Monica ein und dieselbe Person seien, konnte sich einfach breitbeinig hinstellen und bluffen, das Ganze müsse ein Missverständnis sein und er wolle nicht mit derartigen Aktivitäten in Zusammenhang gebracht werden. Mit der Haltung war er schon öfter davongekommen.

Aber in einer Kinderporno-Affäre zu lügen erschien ihm nicht ratsam. Er musste froh sein, dass ihn der Beamte nicht als Mitverdächtigen betrachtete, aber das konnte sich schnell ändern.

Huib schien ganz derselben Meinung zu sein. Zum Schluss seiner E-Mail bot er an, »ein Auge zuzudrücken«, weil Cees so ein vorzügliches Ratsmitglied sei und es schade wäre, wenn die Gemeinschaft durch diesen Fall, der weiter nichts mit ihm zu tun habe, auf seine Dienste würde verzichten müssen. Er betonte, diese Gunst dürfe gewiss nicht mit einem Erpressungs- oder Bestechungsversuch verwechselt werden.

Nach dem Essen zog sich Cees nach oben zurück, um die Gemeinderatsakten für die nächste Woche durchzugehen. Er war nur halb bei der Sache, genau wie an vielen anderen Abenden, an denen ihn der Chat ablenkte. Jetzt wagte er es nicht, sich einzuloggen, aus Angst, noch mehr Spuren zu hinterlassen. Seine Gedanken irrten immer ab zu seinem Postfach, wo Huibs Mail noch geöffnet war. Er hatte angefangen, eine Antwort zu formulieren. »Hallo Huib, herzlichen Dank dafür, dass Sie mich über Ihre Ermittlungen in Kenntnis gesetzt haben.« Was danach folgen sollte, wusste er noch nicht. Er hatte inzwischen allerdings beschlossen, nichts zu leugnen, und er wollte sich auch nicht dadurch aufs Glatteis begeben, dass er einen Mitarbeiter des Forensischen Instituts darum bat, gewisse Fakten aus einer gerichtlichen Untersuchung herauszuhalten. Seine politische Integrität musste unbedingt gewahrt bleiben.

Zuletzt teilte er Huib mit, sein persönliches Interesse könne kein Argument sein, ein Auge zuzudrücken, wie sehr er sich auch der Tatsache bewusst sei, dass es ihm möglicherweise schaden könne, sollte sein außergewöhnliches Hobby ruchbar werden. Eine Hausdurchsuchung könne ihm sicher nichts anhaben, weil er nichts mit Kinderpornographie zu tun habe. Ob das auch für die negativen Schlagzeilen gelte, die so eine Aktion nach sich zögen, sei eine andere Sache; politisch würde er einen solchen Aufruhr vermutlich nicht überleben.

Am nächsten Morgen hatte er schon eine Antwort von Huib. Er wollte sich gern mit ihm treffen, um die Risiken zu besprechen, und zwar rasch, denn in ein paar Tagen träte er einen längeren Urlaub an, weswegen sein Bericht noch vor Ablauf einer bestimmten Frist vorliegen müsste. Cees antwortete, er sei zu einem Treffen bereit, und bat Huib, Ort und Zeit vorzuschlagen. Es blieb ein paar Tage still, bis zu einem Einzeiler: »Ich maile Ihnen am Spätnachmittag noch mal, bin momentan bis 16:00 Uhr in einer Besprechung.«

Die nächste Nachricht sah Cees erst einen Tag später, sie war mitten in der Nacht abgeschickt worden. Huib schrieb, er hätte die Fotos und Beschreibungen von Cees' Aktivitäten aus den Akten herausgehalten. Etwas, was er vorher noch nie, jetzt aber doch getan hätte, weil Cees so ein netter Mann sei und mit seinen politischen Qualitäten wertvoll für die Gemeinschaft. Er hätte sich »ziemlich aus dem Fenster gehängt« und hoffte, dass ihm das nicht irgendwann leidtäte.

Erst als Huib seinen Lymphknotenkrebs ins Spiel brachte und die sündhaft teure experimentelle Behandlung, der er sich demnächst im Ausland unterziehen würde, dämmerte Cees etwas. Die Versicherung würde die Behandlung nicht erstatten, und Huib selbst hätte seine gesamten Ersparnisse aufgebraucht, weil die benötigten, ganz speziellen Diäten auch schon so teuer wären. Als er am Ende seiner traurigen Darlegungen fragte, ob Cees ihm vielleicht helfen könne, vorzugsweise zinslos, begriff der, dass dieser Mann kein wirklicher Mitarbeiter des Niederländischen Forensischen Instituts sein konnte.

»Du, Sjoerd«, fragte er am Morgen, als er mit dem stellvertretenden Bürgermeister zum Sitzungssaal des Gemeinderats ging, »ich habe den Eindruck, dass mich jemand erpressen will, wie soll ich damit umgehen?« Er versuchte, es möglichst beiläufig klingen zu lassen.

»Anzeige erstatten«, sagte sein Parteifreund entschieden. Worum es ging, fragte er nicht. »Und die Bürgermeisterin informieren.«

Letzteres war ein heikler Punkt. Die Bürgermeisterin hasste ihn und hätte ihm mit Vergnügen einen Extraschubs in Richtung Abgrund verpasst. Seit ihrem Antritt hatte Cees sie mehr als einmal auf seinem Weblog unter Beschuss genommen und war dabei nicht sonderlich subtil gewesen. Er hatte sie »Razzia-Oma« genannt; der Anlass war eine Fahndungsaktion nach illegalen Arbeitnehmern in der Champignonzucht. Auch nachdem er keinen Weblog mehr unterhielt, äußerte er sich in den lokalen Medien weiter kritisch über die Bürgermeisterin, was ihr Verhältnis nicht gerade verbessert hatte. Während er an dem Sitzungstisch Platz nahm, überlegte Cees, wie er sich einen Gang zur Bürgermeisterin ersparen könnte.

Vier Tage später meldete sich Cees zusammen mit Meintje auf der Polizeiwache von Tiel. Es war Samstagmorgen, und das Gebäude lag verlassen da. Der junge Beamte, der ihnen öffnete, führte sie durch einen stillen Gang in ein kleines Zimmer, in dem zwei weitere Männer saßen. Der eine, in Uniform, war ein stellvertretender Staatsanwalt, der die Anzeige auf ihre Dringlichkeit hin beurteilen musste. Der andere war der Fahndungsbeamte, der die Untersuchung leiten würde, sollte es so weit kommen. Er trug eine rotbraune Jacke über einem Pullover, hatte einen beeindruckenden Schnauzbart und glattes, angegrautes Haar; kurz, er schien geradewegs einem Krimi oder einer Polizeiserie entstiegen zu sein.

Den Termin hatte ein Polizeibeamter im Rathaus gemacht. Cees hatte ihn Anfang der Woche zu sich gerufen, um die Frage mit ihm unter vier Augen zu besprechen. Nachdem er die Angelegenheit in groben Zügen umrissen hatte – die Art der Fotos nannte er »erotisch« –, verwies ihn auch dieser Mann an die Bürgermeisterin. »Sie wird es ohnehin erfahren«, warnte er Cees, »denn jede Anzeige in der Gemeinde geht über ihren Schreibtisch.« Aber als ihm klarwurde, dass Cees auf gar keinen Fall vorhatte, sie in den Fall mit einzubeziehen, schlug er ihm vor, in einer anderen Region Anzeige zu erstatten.

Sie passten gerade so zu viert in das Zimmerchen. Cees und Meintje auf der einen Seite des Resopaltisches, der ältere Ermittlungsbeamte ihnen direkt gegenüber und der jüngere hinter einem PC mit einem vergilbten Monitor. Seine langen Armen lagen schlaksig neben der Tastatur. Der stellvertretende Staatsanwalt hatte sich in eine Ecke hinter sie gesetzt, wie um zu betonen, dass er lediglich zuhören und sich nicht in das Gespräch einmischen wollte.

Diesmal erzählte Cees die ganze Geschichte. Er bezeichnete Crossdressing als ein »Hobby«, hervorgegangen aus einem Theaterstück, in dem man ihm eine Frauenrolle zugeteilt hatte. Der sportliche Ehrgeiz bestand darin, eine möglichst perfekte Frau abzugeben. Seine Frau und seine Töchter wüssten von seinem Hobby.

Während er sprach, tippte der jüngere Beamte mit zwei Fingern mit. Sein Kollege stellte ab und zu eine Frage. Zum Schluss überreichte Cees das Beweismaterial: Eine Mappe mit den E-Mails von Huib und ein paar Beispiele der Fotos, die im Internet gestanden hatten. Die Beamten schienen nicht beeindruckt von den Bildern zu sein, von denen Cees versicherte, sie stünden nicht länger online. Seine viele Arbeit lasse ihm ohnehin keine Zeit mehr, sich zu verkleiden und Fotos zu machen, sagte er.

Nach drei Stunden konnte er die Erklärung unterzeichnen. »Ein typischer Fall von Erpressung«, urteilte der stellvertretende Staatsanwalt. »Wir kümmern uns darum.«

Monica zeigt mir einige der Fotos, die sie damals in ihrem Profil der Chatsite stehen hatte. Eine blonde Frau, mal mit langem, mal mit kurzem Haar, in wechselnden Outfits. Ich erkenne in ihr zwar nicht meinen Vater, aber dass diese Blondine ein verkleideter Mann ist, kann ich sehen, etwa an den Stoppeln eines Schnauzbarts, die auf ihrer Oberlippe durchschimmern. Nur der Hintergrund auf einer der Aufnahmen (offensichtlich mit der Webcam ihres Computers gemacht) verrät ihre Identität. Ich erkenne ihr Arbeitszimmer zu Hause und auch einen Bilderrahmen mit dem Foto meiner Großmutter. Aber woher soll ein völlig Unbekannter, der hier noch nie gewesen ist, das wissen?

»Ich verstehe es nicht«, frage ich also, »hier kann man doch überhaupt nicht erkennen, dass du das bist!«

»Nun, so eine Chatline besteht ja nicht bloß aus Fotos. Man schreibt auch Dinge über sich selbst.«

»Hast du denn deinen echten Namen preisgegeben?« Ich kann mir nicht vorstellen, dass jemand so dumm ist.

»Nein, natürlich nicht. Aber ich hatte wohl erzählt, dass ich zwei Töchter habe, Maaike und Sietske. Und dass du für den Fernsehsender AVRO arbeitest.« Meine gerunzelte Stirn bleibt ihr wahrscheinlich nicht verborgen. »Ja, heute würde ich das auch nicht mehr so machen, aber

damals habe ich diese Chatkontakte als Freunde betrachtet.«

Ich schlucke meine warnenden Worte hinunter. Dieses
Chatten ist Vergangenheit, und die Sache ist ja zum Glück
noch mal gut ausgegangen. Innerhalb von drei Wochen
hatte die Polizei herausbekommen, wer hinter den E-Mails
von diesem Huib steckte. Es war eine Frau.

61

Ich bin noch nie in dem Rathaus gewesen, in dem mein Vater früher seine öffentlichen Ämter ausübte. Vor fast drei Jahren hat der Beigeordnete Sips hier seinen Rücktritt angekündigt, und erst jetzt kommen meine Schwester und ich das erste Mal hierher. Es ist viel moderner, als ich angenommen hatte, kein altes Gebäude mit einem malerischen Türmchen oder einem Treppengiebel, wie man es in einem kleinen Dorf erwarten würde. Auf dem mit Klinkersteinen gepflasterten Platz hängt die Fahne auf Halbmast. Heute herrscht Staatstrauer wegen der Opfer der Flugzeugkatastrophe mit der MH17. Die Sonne schert sich nicht darum, sondern sorgt für unbändig schönes Nacktebeinewetter.

Monica geht vor uns durch die Schiebetüren. Wir sind eine Viertelstunde zu früh. In der Halle warten schon vier Fotografen. In den letzten zwei Jahren ist die Lokalpresse regelmäßig an Monica herangetreten, um über sie zu berichten, aber immer hat sie Interviews abgelehnt. »Erst der neue Pass, in dem endlich dieses ›w‹ steht«, sagte sie immer. Heute ist es so weit.

An dem zentralen Schalter wird noch ein letzter Einwohner bedient, dahinter steht der Bürgermeister bereit, den Platz der blonden Mitarbeiterin einzunehmen. Es ist ein freundlich wirkender Mann in Monicas Alter. Er ist 2013 angetreten und kennt meinen Vater nicht mehr aus dem Gemeindevorstand.

Monica checkt zum wiederholten Mal ihre Handtasche. »Es wird mir jetzt doch wohl nicht passieren, dass ich meinen Pass vergessen habe«, meint sie kichernd. Dann ist sie an der Reihe. Sie überreicht ihren Pass dem Bürgermeister, während die Kameras blitzen. Ich frage mich, was der Bürgermeister wohl kontrollieren soll; weder das Foto noch die Vornamen in dem bordeauxroten Dokument passen zu der Frau, die vor ihm steht. Er scheint es selbst auch nicht recht zu wissen. »Mal sehen, hier steht …« Seine Lesebrille ruht ganz vorn auf seiner Nasenspitze. Er zählt die alten Vornamen meines Vaters auf. »Dann schauen wir jetzt einmal, was in dem neuen Pass steht.«

»Ein sehr deutlicher Unterschied«, kündigt die blonde Mitarbeiterin an, die den anderen Pass neben dem alten aufschlägt.

»Ein sehr deutlicher Unterschied«, bestätigt der Bürgermeister und nickt Monica zu. »Das aktuelle Foto entspricht auch der aktuellen Situation, das heißt, das ist in Ordnung.« Er hat ein beinahe schelmisches rundes Gesicht mit blauen Augen.

»Dann ziehen wir den hier ein«, meint die Mitarbeiterin lächelnd. Sie übernimmt den alten Pass vom Bürgermeister und gibt ihm den neuen.

»Und dann komme ich jetzt kurz zu Ihnen, das finde ich schöner.« Der Bürgermeister steht auf und verlässt durch eine gläserne Seitentür den Raum hinter dem Schalter. Die Fotografen kommen einen Schritt näher, während Monica ihnen den geöffneten Pass zeigt. »Jetzt müssen Sie selbst noch kontrollieren, ob alle Angaben stimmen.«

Monica strahlt. »Ja doch, alles richtig.« Sie gibt den Pass wieder zurück.

»Tja, dann ist es mir ein Vergnügen …« – der Bürgermeister legt noch schnell seine Lesebrille auf den Schalter hinter sich –, »Ihnen Ihren neuen Pass auszuhändigen.« Wieder blitzen die Kameras. Der Bürgervater gibt Monica die Hand und legt seine andere auf ihr Handgelenk. »Mit viel Respekt und Bewunderung meinerseits«, fügt er hinzu.

Einer der Fotografen rückt Meintje etwas besser vor seine Linse. »Würden Sie beide noch mal in den Pass schauen?«, bittet ein anderer. Sieben Minuten nach unserer Ankunft sind wir fertig, und Monica holt auch ihren neuen Führerschein am Schalter ab. Als wir wieder draußen stehen, kommt die blonde Mitarbeiterin uns hinterhergerannt. »Wollen Sie den noch aufheben?« Sie hält Monicas alten Pass in die Höhe. »Das bieten wir normalerweise immer an, aber bei dem ganzen Wirbel vorhin haben wir das völlig vergessen.«

»Ach was, nein«, meint Monica lachend und macht eine abwehrende Geste, »werfen Sie den einfach in den Reißwolf!«

62

ies ist der letzte Geburtstag, den ich als Mann feiere«, sagt Monica und hebt ihr Glas. Wir sitzen alle zusammen an dem langen Tisch in unserem Wintergarten, mein Vater, Meintje und Sietske und ich mit unseren Männern und Söhnen. Vor uns liegen die Essensverpackungen des indonesischen Lieferservices, genau wie an dem Tag, als mein Vater erzählte, er wolle künftig als Frau leben.

»Du bist schon längst kein Mann mehr«, protestiere ich, »schau nur in deinen Pass!« Ich wundere mich, dass sie auf einmal wieder von diesem Mann anfängt. In den drei Jahren, seit sie in meinem Leben ist, hat sie eine enorme Entwicklung durchgemacht, und ich vertue mich keinen Moment mehr mit ihrem Geschlecht. Sie trägt keine blonden Perücken mehr, sondern hat ihr eigenes graues Haar zu einer weiblichen Kurzfrisur schneiden lassen, was möglich wurde, als ihr dank der Hormone wieder Haare auf dem schütteren Hinterkopf nachwuchsen. Es steht ihr viel besser. Sie trägt auch Kleidung, die zu ihrem Alter passt, und bekennt sich mittlerweile sogar öffentlich dazu, dass es »Schuhe zum Gehen« und »Schuhe zum Sitzen« gibt. Wenn sie auf ihren höchsten Absätzen das Haus verlässt, wirft sie jetzt wie die meisten anderen Frauen ein Paar bequeme Schuhe für den Rückweg hinten ins Auto. Es ist, als würde sie sich selbst nicht länger durch die Augen eines Mannes betrachten.

»Das stimmt auch«, sagt Monica, »aber für mich ist es erst in zwei Wochen wirklich geschafft.« Sie meint damit ihre Operation.

Vor einigen Monaten hatte Monica das Vorgespräch für die Operation. Es war die letzte Hürde auf dem Weg zur letzten Warteliste; wenn man sie körperlich für tauglich befand, würde sie in zwei bis drei Monaten an der Reihe sein. Wir feierten den guten Ausgang der Kontrolle mit einem Glas Wein in einer altmodischen Gastwirtschaft.

»Ich hatte gedacht, mein neuer Pass wäre der Höhepunkt«, seufzte Monica, »aber das hier fühlt sich wie ein viel größerer Meilenstein an. Als würde ich endlich ein neues Zimmer betreten, wo ich die Tür definitiv hinter mir zuziehen kann.«

»Ich bin so erleichtert«, meinte Meintje strahlend, »ich hoffe wirklich, dass du einigermaßen schnell an der Reihe bist.«

Wir besprachen die möglichen Szenarien. Im Monat wurden durchschnittlich fünf Operationen durchgeführt, da erschien die Chance gering, dass Monica noch im Dezember drankommen würde, auch aufgrund der Feiertage. »Aber es kann natürlich immer sein, dass jemand durch Krankheit ausfällt«, erwiderte Monica hoffnungsvoll. Als Beispiel zitierte sie eine Freundin, die zwei Wochen zuvor plötzlich zur OP bestellt worden war.

Wahrscheinlich würde sie im Januar an der Reihe sein, vielleicht sogar erst im Februar. »Das ist dann ein schönes Geburtstagsgeschenk«, meinte Meintje lachend. Ich wusste, dass Monica ihren siebzigsten Geburtstag als eine Art magische Grenze betrachtete, die sie lieber nicht überschreiten wollte. »Wenn ich Pech habe, bin ich dann schon siebzig«, sagte sie bei jedem Rückschlag, den sie in den zurückliegenden Jahren hinnehmen musste. Durch Fehlkommunikation und Planungsprobleme hatte sich das große Finale ihrer Umwandlung bisweilen um ein Stück nach hinten verschoben.

Auch das allerletzte kleine Teilstück der Strecke dauerte länger als gewünscht. Am Anfang eines jeden Monats durfte Monica beim Genderteam anrufen und sich erkundigen, ob sie schon auf der Operationsliste stand. Im Dezember war sie tatsächlich nicht mit dabei. Im Januar auch nicht. »Aber jetzt stehen Sie wirklich ganz oben auf der Liste«, sagte die Mitarbeiterin am Telefon. Im nächsten Monat konnte ihr niemand etwas zu den Terminplänen im Februar sagen, und eine Woche später stellte sich heraus, dass im ganzen Monat keine Operation stattfinden würde. Mitte Februar kam endlich die erlösende Nachricht: Das Datum für die Operation war auf den 11. März festgesetzt worden.

Seitdem das Datum bekannt ist, hängt ein Letztes-Mal-Gefühl in der Luft. Monica hat eine Rundreise zu allen Menschen und Orten gestartet, die ihr lieb sind. Noch ein Mal in diesem schönen Restaurant essen, noch ein Mal Urlaub machen in Deutschland, und so gibt es viele Dinge, die sie noch tun will, als könnte sie das nach ihrer Operation nicht mehr. Ein letztes Mal noch wollte sie auch mit der ganzen Verwandtschaft zusammenkommen.

Wir stoßen auf Monicas siebzigsten Geburtstag an. Ich kann mich nicht erinnern, dass wir den Geburtstag meines Vaters jemals auf diese Weise gefeiert haben.

»Und ihr seid wirklich bereit?«, frage ich.

»Voll und ganz«, sagt mein Vater, »ich wüsste nicht, was wir sonst noch an Vorkehrungen treffen könnten.«

In den letzten Wochen haben sie das Haus von oben bis unten sauber gemacht und alle Vorräte im Schuppen aufgefüllt. Vorläufig kann Meintje den Haushalt ohne Monicas Hilfe schmeißen. Für Notfälle stehen Freunde und Leute aus dem Dorf bereit.

»Immer nur her mit der Operation«, bestätigt Meintje. Sie ist das Warten mehr als leid. Besonders die Unsicherheit stört sie. Lieber hätte sie die Operation schon hinter sich, damit sie die Zügel wieder selbst in die Hand nehmen kann. Jetzt wissen wir nicht, wie es Monica danach gehen wird. Wie viele Schmerzen sie haben, ob der Heilungsprozess glücklich verlaufen und wie lange sie aus dem Rennen sein wird.

»Bestimmt bist du bald wieder obenauf«, wische ich meine eigenen Sorgen weg. »Und dann feiern wir nächstes Jahr deinen Geburtstag umso größer.«

»Ja, dann habe ich sicher wieder Lust auf ein Fest«, antwortet Monica lachend, »aber am elften März.«

63

Der 10. März ist ein sonniger Dienstag. Nachmittags fahren mein Vater, Meintje und ich in meinem kleinen Auto nach Amsterdam. Alles passt perfekt. Monica sitzt auf der Rückbank, neben sich eine lederne Reisetasche und ihren Beautykoffer. Wir plaudern entspannt, und Monica macht Scherze, aber ganz ruhig bin ich nicht. Das Krankenhaus hebt sich strahlend vor dem blauen Himmel ab. Eine durchschnittliche Hollywood-Produktion hätte die Vorfreude der Hauptperson bildlich nicht besser darstellen können. Gebt euch einfach dem Geschehen hin, scheint uns die Welt sagen zu wollen.

Nicht weniger sonnig wirkt die Krankenschwester, die uns empfängt; sie ist ein paar Köpfe kleiner als mein Vater. Ihre Gesten sind lebhaft, ihre Sätze schnell, und sie bringt uns zum Lachen. Sie führt uns in ein Vierpersonenzimmer am Ende des Flurs und zeigt Monica ihr Bett. »Hier ist ein kleiner Safe für Wertsachen«, sagt sie, während sie den Schrank öffnet. »Dafür können Sie jeden gewünschten Code wählen, aber den müssen Sie sich dann auch merken!« Ihr ernster Blick ist ungewollt komisch.

Sie demonstriert das Kästchen, mit dem das Bett bedient werden kann (»Hiermit fahren Sie nur ein bisschen hoch, dieser Knopf hier ist für Ihre Beine. Bequemer geht es nicht!«), und lässt uns dann allein.

»So …« Monica stellt aufgeregt ihre Tasche aufs Bett. »Wohin mit meinen Sächelchen …« Sie stellt ein Paar rosa geblümte Pantoffeln neben den Nachtschrank auf Rädern und hängt einen weißen Bademantel auf einen Bügel im Schrank. Sie hat sich eigens für diesen Anlass ein rosa Nachthemd gekauft. Noch während sie ihre Tasche auspackt, kommt ein junger Assistenzarzt herein.

»Ich möchte noch einige Dinge mit Ihnen durchgehen«, sagt er, »und die letzten Dinge überprüfen.«

»Sehr gut«, meint Monica lachend. Sie ist froh, dass es jetzt endlich losgeht.

»Sie dürfen gern Platz nehmen, dann setze ich mich einfach dazu.« Seine Stimme klingt monoton. Er öffnet einen blauen Aktenordner auf seinem Schoß und zückt einen Stift.

»Gut, dann setze ich mich hierher.« Monica plumpst auf das Bett, genau auf ihren Schal. Kichernd federt sie wieder hoch, um ihn wegzuziehen.

»Wollen wir mit den Kontaktdaten anfangen?«

»Gern.«

»Wen können wir anrufen, wenn die Operation vorbei ist?«

»Meine Frau Meintje.« Monica deutet mit einem Kopfnicken zur anderen Seite des Bettes. Meintje holt ihr Handy aus der Tasche und ruft ihre Mobilfunknummer auf. Der Arzt schreibt mit.

»Und weswegen sind Sie hier?«

»Äh …« Einen Moment lang ist Monica sprachlos. Weiß er das denn nicht? Dann begreift sie, dass es sich um eine Kontrollfrage handelt. »Wegen einer geschlechtsangleichenden Operation.«

Der Arzt nickt. »Wir nennen das eine Vaginoplastik, und diese geschieht mittels einer Penisinversion, das heißt, der Penis wird dabei nach innen geklappt.«

Diese Technik beruht noch immer auf der Methode, die der Gynäkologe Georges Burou in den 1950er Jahren entwickelt hat. Vor einigen Monaten habe ich in einem Fotoalbum des Genderteams gesehen, was diese beinhaltet. Der Koordinator gab mir das Album, während ich auf meinen Vater wartete, der von einem Arzt untersucht wurde. »Ein altes OP-Buch«, nannte er es. Nichtsahnend schlug ich es auf und musste erst einmal schlucken. Es waren keine Fotos von dem Team oder dem Operationssaal, sondern von der Operation selbst. Jemand lag breitbeinig auf einer Art Gynäkologenstuhl. Mit Ausnahme des Schritts war alles mit einem grünen Tuch abgedeckt. Ringsherum standen Chirurgen. Das Schneiden selbst war zum Glück nicht zu sehen, wohl aber das, was sie weggeschnitten hatten. Erst die Testikel, zwei erstaunlich weiße Kugeln. Ein paar Fotos später lag ein blutiger Penis in einem Treteimer. Die Haut, die sie davon abgezogen hatten, war noch mit dem Körper verbunden, damit würde die Innenseite der neuen Vagina ausgekleidet werden.

Mittlerweile weiß ich, dass zu der Operation noch viel mehr gehört. Der Harnleiter muss gekürzt werden, und die Nerven aus der Spitze der Eichel werden so verlegt, dass eine Art von Klitoris entsteht. »Ich kann sogar noch ganz normal einen Orgasmus bekommen!«, hatte Monica froh gerufen, als sie das hörte.

»Stimmt es, dass Sie Anfang 2013 schon eine Brustoperation hatten?«

»Ja.«

»Und haben Sie hiervor andere Krankheiten gehabt?«

Routiniert arbeitet der Assistenzarzt seine Fragenliste ab. Vorgeschichte, Allergien, Drogen- und Medikamentengebrauch, die letzte Kontrolle beim Anästhesisten, er notiert alles gewissenhaft.

»Wollen Sie reanimiert werden?«, fragt er am Ende des Gesprächs.

»Nein«, sagt Monica. Ihre Antwort überrascht mich nicht. Vor langer Zeit, als mein Vater noch Cees war, haben wir hierüber gesprochen; irgendwo bei ihnen zu Hause muss eine offizielle Erklärung liegen, in der sein Wunsch ausführlich beschrieben ist.

»Wissen Sie, was das bedeutet?«

»Ja«, sagt Monica schnell, »wenn etwas passiert, und ich bekomme einen Herzstillstand, dann sterbe ich einfach.« Darüber hat sie gut nachgedacht, dieser Arzt soll nicht meinen, sie antworte nur aus einer Laune heraus.

»Nun, eigentlich bedeutet reanimieren, dass wir Sie noch zurückzuholen versuchen, wenn Sie schon gestorben sind. Und das auf unterschiedliche Art und Weise.« Der Assistenzarzt schaut in die Mappe auf seinem Schoß, die Hand mit seinem Stift schwebt über dem Formular. »Wenn das Herz noch schlägt, können wir zum Beispiel nur beatmen, ohne eine Herzmassage. Es kann auch sein, dass wir Sie lediglich auf die Intensivstation verlegen, aber manche Menschen sagen: Auch das möchte ich nicht.«

Monica runzelt verwundert die Stirn. Über diese Nuancen hat sie bisher nicht nachgedacht und fühlt sich etwas überrumpelt, das jetzt plötzlich tun zu müssen. »Der Wunsch, nicht reanimiert zu werden, hängt mit dem Ergebnis zusammen …«, beginnt sie. »Wenn Beatmung bedeutet, dass ich anschließend im Koma liege, dann will ich das wirklich nicht. Und wenn eine Aufnahme auf die Intensivstation nötig ist …«

»Mit einem guten Ergebnis«, fällt ihr der Assistenzarzt ins Wort. »Soll ich es so formulieren: Wir bringen Sie auf die Intensivstation und beatmen Sie und werden Blutprodukte oder Antibiotika verabreichen, wenn wir das für nötig erachten, aber wenn das Herz aussetzt, dann ist es vorbei.« Es ist wahrscheinlich eine Option, bei der er lediglich ein Häkchen setzen muss.

Unsicher schaut Monica zu Meintje. »Ich denke, so ist es gut formuliert«, sagt die.

Ich zweifle. Der größte Alptraum meines Vaters ist es, als jemand ohne Sprach- und Denkvermögen zu enden, der höchstens noch irgendwie vor sich hin sabbern kann.

Da wäre sie lieber tot. Ich frage mich, ob ihr Horrorszenario mit der Situation, die der Arzt beschreibt, genügend abgedeckt ist.

Ich halte den Mund, natürlich geht morgen alles gut. Zum wiederholten Mal beruhige ich mich selbst. Es ist eine schwere Operation, und mein Vater wird lange für seine Genesung brauchen, aber sterben tut man daran nicht. Aber natürlich wissen wir nicht, wie der Eingriff verlaufen wird. Sie ist jetzt in Topform, und demnächst wird sie für den Rest ihres Lebens in gewisser Weise behindert sein. Ihre neue Vagina wird nicht mit der Schleimhaut und den Bakterien geliefert, die ein biologischer Frauenkörper von der Natur zum Schutz mitbekommt. Um Infektionen zu vermeiden und dafür zu sorgen, dass die neue Öffnung nicht zuwächst, wird sie den Rest ihres Lebens »dilatieren« müssen.

Sie wird damit schon wenige Tage nach der Operation anfangen müssen, und darum hat sie ihr Dilatationsset schon ins Krankenhaus mitgenommen. Es sind Dildos unterschiedlicher Größe, die in der Vagina herumgedreht werden müssen. »So als würden Sie rühren«, steht in der Patientenbroschüre. Man beginnt mit dem kleinsten und steigert es dann immer weiter bis zum größten; im ersten Jahr muss es zwei Mal dreißig Minuten am Tag geschehen. »Quality time« nennen die Aufklärungsbroschüren das, aber tatsächlich ist es anfangs vor allem eine schmerzhafte Übung. Nach einem Jahr kann das Dilatieren zur Aufrechterhaltung auf ein Mal alle paar Wochen reduziert werden.

»Haben Sie noch Fragen?« Der Assistenzarzt ist am Ende seiner Liste.

»Können Sie mir sagen, wie lange die Operation dauert?«

»Zwei bis drei Stunden.«

»Uff, ich hatte es mir viel länger vorgestellt!« Monica hat immer irgendwas von »an die sechs Stunden« gesagt, das ist eine sehr schöne Überraschung.

»Ich schaue mal nach, wie lange man für Sie eingeplant hat.« Er blättert in der Mappe. »Ja, drei Stunden … das heißt also, dreieinhalb bis vier Stunden.«

»Und wissen Sie auch in etwa, wann es losgeht?«

Wieder Geblättere. »Sie sind die Zweite, die morgen operiert wird, das heißt, hier steht Viertel vor zwölf, zwölf Uhr.«

Später wird Monica erfahren, dass ihre Bettnachbarin gegenüber vor ihr dran ist. Sie wird an Brustkrebs operiert, genau wie die anderen Frauen im Zimmer. Es fühlt sich ein wenig so an, als wäre Monica eine Falschspielerin. Sie ist gesund wie ein Fisch im Wasser, braucht demnächst aber dennoch alle Sorge und Pflege, die eine schwere Operation nach sich zieht.

64

Es ist ruhig, als Meintje und ich gegen Viertel vor sechs die Abteilung betreten. Am Schalter ist niemand zu sehen. Vielleicht hat das Pflegepersonal gerade Schichtwechsel, oder es sitzt beim Essen. Wir warten, bis jemand kommt. Meintje hat zwar heute Mittag um eins gehört, mein Vater wäre im OP, aber wir wissen noch nicht, wie es gelaufen ist. Der Planung zufolge müsste sie am späten Nachmittag oder frühen Abend aus dem Aufwachraum kommen.

»Noch immer nicht nervös, sondern schön ruhig im Wartemodus«, hat mein Vater heute früh gesimst. Ich stellte mir vor, wie sie in die Kissen ihres Bettes gelehnt auf ihrem iPad ein Buch las. Ein Stück relaxter als ich. Den ganzen Morgen bin ich kaum zu etwas gekommen, und von dem Zeitpunkt an, als ich sie auf dem Operationstisch wusste, konnte ich das Arbeiten komplett vergessen. Ich war nicht die Einzige. Weit vor der Zeit, die wir ursprünglich vereinbart hatten, simste Meintje: »Ich gehe jetzt los und komme zu dir.«

Das Telefon am Schalter klingelt. Wir schauen uns an, jetzt muss doch wohl jemand kommen. Es scheint endlos zu dauern, bis eine Schwester mit einem blonden Pferdeschwanz auftaucht. Und dann müssen wir auch noch warten, bis sie mit ihrem Gespräch fertig ist. »Frau Sips«, höre ich sie sagen, ohne dass mir gleich klarwird, dass es um meinen Vater geht. »Prima, wir kommen sie holen.« Dann fällt der Groschen.

»Wir möchten zu Frau Sips«, sage ich, als die Krankenschwester aufgelegt hat.

»Ich bekam gerade die Mitteilung, dass sie ins Zimmer zurückdarf. Sie können dort gern auf sie warten.«

Das Zimmer ist halbdunkel, nur die Bettlampen brennen. Es ist leer. In der Zimmerecke meines Vaters fehlt das Bett, und die rosa Pantoffeln stehen verloren neben dem Nachtschrank. Ein Infusionsständer auf Rädern scheint Wache zu stehen, die Schnur mit dem Netzstecker hängt arbeitslos an ihm herab.

Schweigend setzen wir uns an den Tisch vorm Fenster, unsere Augen auf den Flur gerichtet. Ich schaue auf die Uhr: sechs vor sechs. Meintje reibt sich mit dem Daumen ihrer linken Hand über das rechte Handgelenk, das flach auf dem Tisch aufliegt. Offenbar mag sie auch nicht gern untätig abwarten.

Endlich gibt es Bewegung im Flur. Zwei Schwestern rollen ein Krankenhausbett herbei, die vordere trägt einen langen, dunklen Pferdeschwanz. Sie hat die Arme nach hinten gestreckt und geht ziehend vorneweg, ihre Kollegin, die wir vorhin am Schalter sahen, folgt schiebend. Kurz vor der Tür drehen sie das Bett, damit das Kopfende zuerst durch die Tür kommt. Bei der Hälfte der Drehung sehe ich ganz kurz das graue Haar meines Vaters aufblitzen, ein kleines, zerknittertes Menschlein in einem riesigen Bett. Dann sehe ich wieder nichts als die Bettkante vor mir.

»So«, sagt der dunkle Pferdeschwanz ruhig.

»Da sind wir wieder«, ergänzt ihre blonde Kollegin.

Mir ist unklar, ob sie mit uns oder mit meinem leblos daliegenden Vater sprechen. Oder vielleicht miteinander?

»Komm, wir machen noch etwas mehr Licht.«

»Ja, genau.« Die Dunkle tritt mit dem Fuß auf die Bettbremse, dann drückt sie neben der Tür auf zwei Schalter. Die Neonbeleuchtung springt an.

Die Blonde hat währenddessen den Infusionsständer ans Kopfende von meines Vaters Bett gefahren und steckt den Stecker in die Steckdose. Zusammen schlagen sie die

Bettdecke ein Stückchen zurück und beginnen ein Spiel mit Infusionsbeuteln und -schläuchen. Ich sehe die Hand meines Vaters aufragen, um das Gelenk ein Krankenarmband. Meintje und ich sitzen noch immer schweigend am Tisch.

»Sie dürfen gern zu ihr.« Der dunkle Pferdeschwanz scheint uns erst jetzt zu bemerken.

»Alles ist gutgegangen«, sagt die Blonde, »und Sie fühlen sich doch auch einigermaßen, nicht?«

Ich höre meinen Vater nicht antworten. Meintje ist schon aufgestanden und tritt seitlich an sein Bett. Ich folge ihr. Erst als ich am Fußende stehe, sehe ich, dass Monica die Augen sperrangelweit aufgerissen hat. Offenbar leidet sie ziemliche Schmerzen, aber sie strahlt.

»Glückwunsch«, sagt Meintje leise und gibt Monica einen Kuss. »Großartig.«

Mein Vater nickt froh. »Es ist gut«, sagt sie, ihre Stimme klingt noch benommen von der Narkose. »Alles ist gut.« Sie streckt ihre beiden Fäuste ein Stückchen in die Höhe, so weit die Infusionsschläuche das gestatten. Ihre Hände gehen in einem kleinen Freudentanz auf und ab, den ihr restlicher Körper noch nicht machen kann. »Yesss«, lacht sie, erleichtert, dass sie nach siebzig Jahren endlich ihren Männerkörper los ist.

Epilog

Aber ich will ein Junge bleiben!« Mein kleiner Sohn schaut mich erschrocken an und hält sich die Hände vor den Schritt, als hätte ich vor, ihn auf der Stelle zu entmannen. In seinen Augen sehe ich eine leichte Panik.

Ich versuche Bas zu erklären, warum Oma Monica im Krankenhaus liegt. Gerade habe ich ihm erzählt, dass sie früher ein Junge war und dass die Ärzte aus ihr ein Mädchen gemacht haben. Erst dachte er, ich würde ihn auf den Arm nehmen, aber weil ich darauf beharre, dass so etwas wirklich möglich ist, zieht er die Option, dass seine Oma als Junge auf die Welt gekommen ist, in Erwägung. Er runzelt seine kleine Stirn, während er darüber nachdenkt. »Das ist aber richtig gut von den Ärzten«, sagt er, noch immer nicht völlig überzeugt.

»Ja, richtig gut«, bestätige ich.

»Ich weiß es!« Bas streckt den Finger in die Luft. »Sie haben einfach gesagt: ›Hokuspokus Fidibus, sei ein Mädchen und Schluss!‹« Sein eigener Witz lässt ihn vor Vergnügen krähen. Er versteht auch, dass es nicht so gegangen ist, aber was ich ihm erzähle, übersteigt seine Vorstellungskraft so, dass es bis auf weiteres in den Bereich der Märchen gehört.

Obwohl er erst vier Jahre alt ist, zieht er unbewusst aus der Tatsache, dass er ein Junge ist, viel für seine Identität. »Ein Mädchen zu sein ist langweilig.« Er schüttelt den Kopf und schaut mich besorgt an. »Du hättest auch besser ein Junge werden können.«

Ich frage mich, wie viele der Klischees über den Unterschied zwischen Männern und Frauen schon in seine Welt vorgedrungen sind und ob seine Vorlieben dadurch beeinflusst werden. Wir versuchen, ihn selbst entdecken zu lassen, was zu ihm passt, und stimulieren ihn nicht in eine bestimmte Richtung, und trotzdem zieht es ihn zu Autos und Bällen und nicht zu Puppen. Hätten bei uns die Alarmglocken geklingelt, wenn er gern mit Barbies gespielt und anstelle eines Piratenkostüms lieber ein Prinzessinnenkleid getragen hätte? Wir hätten ihn auf jeden Fall in seiner Wahl bestärkt und ihm in seiner Entwicklung freie Bahn gelassen. Aber was, wenn er behaupten würde, lieber ein Mädchen sein zu wollen?

Seit sich herausgestellt hat, dass mein Vater eine Frau ist, kann ich diesbezüglich natürlich nicht mehr objektiv sein; sobald ich in den Medien auf das Thema Transgender stoße, beziehe ich es auf meine eigene Situation. Manchmal geht es um ganz junge Kinder, die gern die Rolle tauschen. Vierjährige Jungen, die froh in einem Kleidchen über den Pausenhof rennen, oder fünfjährige Mädchen mit kurz geschorenen Köpfchen und einem Fußball unter dem Arm. Sie werden alle unterstützt von stolzen Eltern, die berichten, sie hätten sich zwar erst an die Vorstellung gewöhnen müssen, aber ihr Kind sei jetzt viel glücklicher als vorher. Oft führen derartige Berichte zu Diskussionen in der breiten Öffentlichkeit: Können Kinder sich ihrer wahren Genderidentität schon so früh sicher sein?

Ja, denke ich, als ich Bas' Panik angesichts der Vorstellung sehe, dass jemand aus ihm ein Mädchen machen will. Ja, denke ich, als ich die Geschichte meines Vaters nochmals nach den vielen Hinweisen darauf durchgehe, dass diese Frau schon immer in ihr gesteckt hat. Wäre Cees nicht so ein guter Manager gewesen und hätte er sein abweichendes Verhalten nicht in anständige Bahnen zu lenken verstanden, dann wäre die Bombe vielleicht schon früher geplatzt. Und das ganz abgesehen von dem Informationsmangel in der Zeit, als er aufwuchs, und der Tatsache, dass er so lange auf einer falschen Fährte war.

Aber als ich die Patientenbroschüren des VUmc lese, zweifle ich wieder, ob mein Vater nicht eine Ausnahme ist. Obwohl es keine exakten Zahlen gibt, scheint der größte Teil der Kinder mit einer Form der Gender-Dysphorie in der Pubertät wieder darüber hinwegzukommen. Erst zwischen zehn und dreizehn Jahren wird klar, ob das unglückliche Gefühl in Bezug auf das biologische Geschlecht von Dauer ist. Das Genderteam des VUmc rät Eltern darum immer dazu, nicht vor dieser Zeit mit einer Geschlechtsangleichung zu beginnen.

Monica nennt die Genderkinder von heute »die glückliche Kategorie«. Sie können ihre Umwandlung beginnen, bevor die Pubertät die Chance bekommt, die von ihnen so gehassten Geschlechtsmerkmale noch zu verstärken. Mit zwölf kommen sie für pubertätshemmende Medikamente in Betracht; eine Behandlung, die sich immer noch rückgängig machen lässt. Wenn sie mit sechzehn in ihrem biologischen Geschlecht noch immer nicht glücklich sind, dürfen sie mit Hormonen des anderen Geschlechts anfangen, und mit achtzehn können sie operiert werden. Wenn man schon mit drei sicher weiß, dass man im falschen Körper geboren ist, kommt einem das wahrscheinlich wie eine endlos lange Strecke vor. Aber achtzehn ist immer noch ein lebenslanger Unterschied zu siebzig.

Im Krankenhaus rennt Bas aufgeregt vor mir und meinem Freund her. Lange Flure mit glatten Böden sind in seiner Welt die perfekte Rennbahn. Sein Parcours wird zweimal von magischen Klapptüren unterbrochen, die er mit einem großen roten Knopf in der Wand öffnen kann – besser geht es nicht. In seiner Hand wedelt das Bild, das er für Oma Monica gemalt hat, ein großes Glas Limonade mit Keksen und einem Törtchen, weil einen das so fröhlich macht. Das Papier ist rosa, das mögen Mädchen nämlich. »Hier ist es«, sage ich, als wir kurz vor dem Zimmer meines Vaters sind. Bas bremst abrupt ab und bleibt scheu in der Türöffnung stehen.

»Hallo, Bas!«, ermuntert ihn Monica, hereinzukommen. »Wie schön, dass du mich besuchen kommst!«

Es ist erst der dritte Tag nach ihrer Operation, aber sie kann es kaum erwarten, in die Routine ihres Lebens zurückzukehren. Heute ist sie ihrer Entlassung wieder einen kleinen Schritt nähergekommen; die Drainagen sind draußen, und die Infusion braucht sie auch nicht mehr. Sie muss wahrscheinlich noch drei Nächte im Krankenhausbett verbringen, was ihr jetzt schon zu viel ist.

Peter hebt Bas hoch und trägt ihn hinein. »Bas hat dir etwas mitgebracht«, sagt er, um seinem Sohn die Schwellenangst zu nehmen. Monica bewundert das Bild und bittet Bas, es an die Pinnwand zu hängen. Er ist froh, dass er eine Aufgabe hat, und strahlt.

»Was machen die Schmerzen?«, frage ich.

»Ich fühle mich ausgezeichnet«, meint sie lächelnd, »das hätte ich so schnell nicht erwartet.«

»Gewöhnst du dich schon ein bisschen daran?« In den ersten Tagen nach der Operation litt Monica unter Phantomschmerzen und konnte nicht richtig spüren, wo genau was in ihrem Unterleib war. Sie fand es durchaus komisch.

Auch heute muss sie wieder über ihre Situation lachen. »Ich muss neu pinkeln lernen«, meint sie grinsend, »das ist wirklich aberwitzig!« Sie hat vorübergehend einen Katheter mit einem Hahn, den sie über der Toilette öffnen muss, um ihre Blase zu leeren. »Mein ganzes Leben habe ich im Sitzen gepinkelt, und jetzt, wo ich eine Frau bin, muss ich auf einmal stehen!«

Abgesehen von allem Neuen spürt sie auch, dass sie ihre Entscheidung niemals bereuen wird. »Endlich stimmt es«, sagt sie, »aber von meinen Ohren sage ich doch auch nicht, sie sitzen gut?« Wenn es nach ihr ginge, bräuchten wir nach ihrer Genesung nie mehr davon zu reden. Gleichzeitig weiß sie, dass das unmöglich ist. Sie ist noch immer keine biologische Frau, sondern ähnelt einer solchen lediglich. Sie wird immer Hormone benötigen und dilatieren müssen. Sobald sich zukünftige soziale und medizinische Dienstleister in ihre medizinische Vorgeschichte vertiefen, wissen sie Bescheid. Und was, wenn Unbekannte ihren Namen im Internet suchen? Unvermeidlich taucht dann auch dieser Mann wieder auf. So gesehen wird sie nie ganz und gar perfekt sein.

Monica hievt sich aus dem Bett. Sie zieht ihren Bademantel an und schlüpft mit ihren nackten Füßen in die geblümten Pantoffeln. »Kommt, wir gehen nach unten und essen etwas.«

»Ja!«, jubelt Bas. Er freut sich, dass er wieder rennen kann, und läuft schon zum Aufzug vor. Routiniert drückt er auf die Knöpfe.

Im Restaurant versucht es Monica mit einem Holzstuhl. In dem Bemühen, ihre Wunde zu entlasten, hängt sie mehr darauf, als dass sie sitzt. »Sitzt sich prima«, sagt sie, aber wirklich überzeugend klingt es nicht.

»Versuch die mal«, sage ich mit einem Blick auf die Couch an der anderen Seite des Tisches. »Das sind weiche Kissen.«

»Ich will auch auf die Couch!«, ruft Bas, während er sich darauffallen lässt. Monica folgt ihm vorsichtig.

»So, ich sitze!«, sagt sie stolz. Den Lehrbüchern zufolge dürfte das noch überhaupt nicht möglich sein. Sie nimmt einen Teller vom Tablett und reißt ein Senftütchen auf. Neben ihr beißt Bas zufrieden in seine Wurst im Blätterteig; er scheint längst vergessen zu haben, weshalb wir im Krankenhaus sind.

Ich denke an ein Gespräch zurück, das ich letztes Jahr mit ihm geführt habe. Es war das erste Mal, dass ich ihm etwas über die Vergangenheit seiner Oma enthüllte, was übrigens nicht im Vorhinein geplant gewesen war. Ich sagte zu Peter, ich würde meinen Vater anrufen, und in diesem Moment war Bas plötzlich sehr an meiner Herkunft interessiert.

»Hä?« Verwundert schaute er von dem Turm auf, den er gerade baute. »Deinen *Vater?*« Es klang, als hätte er noch nie so etwas Merkwürdiges gehört. Es drang ja auch gerade erst in seine Welt durch, dass auch Erwachsene irgendwann kleine Kinder gewesen sind.

»Ja, jeder hat einen Papa und eine Mama«, erklärte ich ihm noch einmal. »Und weißt du, wer mein Papa ist?«

»Nein?« Es klang herausfordernd – du weißt es selbst auch nicht, schien er sagen zu wollen, du hast nämlich überhaupt keinen Vater.

»Oma Monica ist mein Vater.« Ich schaue ihn abwartend an, seine Verwirrung müsste jetzt eigentlich komplett sein.

»Ach.« Enttäuscht wendete er sich wieder seinem Duplo zu. »Du meinst also, du willst Oma Monica anrufen.«

Jetzt, acht Monate später, findet er den Überschuss an Omas in seinem Leben noch immer ganz normal. In seiner Welt haben alle zwei Eltern, aber das können sehr gut auch zwei Frauen sein. Wenn ich Monica so neben ihm sitzen sehe, kann ich das nur bestätigen. Ganz ohne Make-up und mit dem wuscheligen Haar einer Person, die schon seit Tagen im Bett liegt, fehlt ihr jedes schmückende Beiwerk, auf das sie sonst so abfährt – aber auch in Morgenmantel und Pantoffeln ist sie unverkennbar eine Frau. Gleichzeitig wird sie immer mein Vater bleiben.

Quellenangaben
und Dankeswort

Wo hört die Wahrheit auf, und wo fängt die Phantasie an? Beim Schreiben von Monicas Geschichte habe ich manchmal Details ausgemalt, deren ich mir nicht hundertprozentig sicher war. Dialoge von vor mehr als fünfzig Jahren zum Beispiel; ohne Tonaufnahme oder Transkription ist es unmöglich zu wissen, was damals genau gesagt wurde. Trotzdem wage ich zu behaupten, dass alles in diesem Buch wahr ist. Die Ereignisse haben wirklich stattgefunden, und zwar im Wesentlichen so, wie sie hier beschrieben sind.

Für die persönliche Geschichte ist Monica die wichtigste Quelle gewesen. Die Beschreibung privater Situationen – der Menschen, der Gespräche, der Umgebung – fußt vornehmlich auf ihrem Gedächtnis. Dazu habe ich immer möglichst viele ergänzende Quellen wie Fotos und Informationen über den historischen Kontext gesucht. In den persönlichen Geschichten kommen regelmäßig Leute vor, die ich nicht gesprochen habe. Aus Gründen des Persönlichkeitsschutzes haben sie einen anderen Namen erhalten, mit einer Ausnahme, die der aufmerksame Leser selbst herausfinden kann.

Mit Menschen aus unserer nächsten Umgebung habe ich dagegen wohl gesprochen. Monicas Frau Meintje, meine Mutter Josien, meine Schwester Sietske und mein Onkel Theo, sie haben vorbehaltlos alle meine Fragen beantwortet und Monicas Gedächtnis – sowie auch meines – an einigen Punkten aufgefrischt. Ich bin ihnen sehr dankbar für ihre Geschichten und für das Vertrauen, das sie mir entgegenbrachten.

Der Bericht über die Geschichte der Transsexualität in den Niederlanden ist das Ergebnis eigener Nachforschungen auf der Grundlage von Archiven, Interviews und bestehenden Studien. Besonders interessiert haben mich dabei die wichtigsten Entwicklungen, ohne dass ich eine vollständige Geschichte schreiben wollte. Das besagt natürlich nicht, dass ich nicht alle Fakten sorgfältig überprüft hätte. Aufgrund der besseren Lesbarkeit habe ich auf Fußnoten und Quellenangaben im Text verzichtet und stattdessen eine Liste mit den wichtigsten Quellen als Anhang hinzugefügt.

Mir ist klar, dass bestimmte Aspekte des Themas etwas unterbelichtet geblieben sind, weil ich die persönliche Geschichte meines Vaters zum Ausgangspunkt für mein Buch genommen habe. So kommen Transmänner – Männer, die als biologische Frau geboren sind – in dem historischen Überblick nur wenig vor, während es sie natürlich immer auch gegeben hat. Es ist allerdings eine etwas kleinere Gruppe: Schätzungen des VUmc, des medizinischen Zentrums der Freien Universität Amsterdam, zufolge kommt Transsexualität in den Niederlanden bei einem von zehntausend (biologischen) Männern vor und nur bei einer von dreißigtausend Frauen.

Die Begriffe »Transgender« und »Gender-Dysphorie« bedürfen einiger Erläuterung. In diesem Buch werden sie oft bezogen auf den Wunsch einer Geschlechtsangleichung gebraucht. Beides sind jedoch übergreifende Begriffe, die viel mehr beinhalten. Nicht alle Transgender wollen operiert werden, und manche Menschen mit Gender-Dysphorie fühlen sich in keiner einzigen Ecke heimisch. In diesem Sinne ist Transsexualität – wenn jemand tatsächlich das Geschlecht verändern will – eine extreme Form der Gender-Dysphorie.

Dieses Buch hätte es natürlich nicht geben können ohne Monica Sips, meinen Vater. Ich bewundere die Offenheit, mit der sie über ihre Vergangenheit sprach, und die Geduld, mit der sie all meine Fragen beantwortete. Auch wenn ein Gespräch schmerzliche Erinnerungen hervorrief, grub sie weiter in ihrem Gedächtnis, um sich an alle Einzelheiten zu erinnern. Allen voran kann ich Monica und Meintje nicht genug danken für die Art und Weise, in der sie mich in den persönlichen Prozess, den sie durchlebten, miteinbezogen haben.

Es heißt, Schreiben wäre ein einsamer Beruf, aber im Laufe der Zeit habe ich Hilfe in unterschiedlichster Form erhalten. Ich danke den Menschen, die dieses Buch entscheidend vorangebracht haben. Mit ihrem Glauben an das Projekt, mit Informationen oder Ratschlägen, mit ihren Ermutigungen und mit ihrer entlastenden Hilfe im Alltag, durch die ich meine ungeteilte Aufmerksamkeit dem Schreiben widmen konnte. Peter Manuel stand in all diesen Fragen an erster Stelle, ich bin glücklich über seine ansteckende Begeisterung, seinen kritischen Blick und seinen weisen Rat.

Quellen

»Aangrijpend afscheid«, *De Gooi- en Eemlander,* 24.August 1965.

Adelmund, Martijn, »De moord op Arie van Hemert in Hilversum«, in: *Mysteries in Noord-Holland,* A.W. Bruna Uitgevers, 2009.

»Al 900 mensen verhoord bij zoeken naar Arie v. Hemert«, *Het Vrije Volk,* 22.März 1963.

Algra, Wybo, »Transgenders hebben profijt van vroege behandeling«, *Trouw,* 7.Juni 2013.

Archief Gooi en Vecht. Historisches Archiv Nederlandse Vereniging voor Sexuele Hervorming (Sammlung Internationaal Instituut voor Sociale Geschiedenis), Beiträge bezüglich der Arbeitsgruppe Travestie en Transseksualiteit (TenT), 1974–1996.

»Artsen voor de rechter. Jongen stierf na geslachtsverandering«, *De Telegraaf,* 16.Mai 1969.

»Artsen vrijgesproken in Brussels proces over geslachtsverandering«, *Limburgs Dagblad,* 29.September 1969.

Barrow, Tom und Louis Theroux, *Transgender Kids,* Dokumentation BBC, 2015.

Bouricius, Boris, »Perversiteit is er niet meer bij«, *Nieuwsblad van het Noorden,* 10.Juli 1974.

»Brussel: artsen na trans-sex-operatie vrijuit«, *Het Vrije Volk,* 29.September 1969.

Carvalho, Hester, »Benen als zuilen, ogen als koplampen; Travestieten, van drag queens tot tuthola's«, NRC *Handelsblad,* 30.Dezember 1994.

Charitasjeugd, Jahrgänge 1956–1961.

»Chirurgenproces in Brussel«, *Friese Koerier,* 21.Mai 1969.

Cohen, H., »Waarom ben ik een jongen als ik een meisje ben?«, *Het Vrije Volk,* 12.Juni 1971.

Cohen-Kettenis, P.T., A.J. Kuiper, W.A. Zwaan und F.J. Huyse,

»Transseksualiteit. Diagnostiek: de eerste, tentatieve, fase«, *Nederlands Tijdschrift voor Geneeskunde,* 1992: Jg. 136, Nr. 39.

»Commissie uit gezondheidsraad: Transseksuele operatie is medisch verantwoord«, *Het Vrije Volk,* 29. Dezember 1977.

Demmers, E. Ch., »›Volg me maar gerust, je zult heus je nek niet breken‹: 35 jaar behandeling transseksualiteit in Nederland«, *Geschiedenis der geneeskunde,* Jg. 10, 1. April 2004.

Dijl, Frank van, »Per ongeluk vrouw«, *Het Vrije Volk,* 11. Februar 1978.

Docter, Richard F., *Becoming a Woman. A Biography of Christine Jorgensen,* Haworth Press, 2008.

»Drie Belgische medici voor rechtbank na fatale operatie«, *Limburgs Dagblad,* 20. Mai 1969.

Duivenboode-von Bargen, B. A., »Genderidentiteitsstoornissen bij transseksuelen«, *Tijdschrift voor Psychiatrie,* 1980: 7–8.

»Eerste hoogleraar transseksuologie ter wereld«, *Amigoe,* 2. November 1988.

»Eindelijk was ik ook wettelijk als man erkend«, *Nieuwsblad van het Noorden,* 22. Juli 1975.

Erp, Michiel van, *I Am a Woman Now,* Dokumentation IDFA/ Cinema Delicatessen, 2012.

Garrel, Bettie van, »Gesprek met Otto de Vaal, medicus en kunstverzamelaar; Het lichaam is een hoogst onvolmaakt product«, NRC *Handelsblad,* 24. Dezember 1992.

Geffen, Wim van, »Buurjongen uit angst gewurgd«, *De Telegraaf,* 18. August 1965.

Geldermans, Jurriaan, »In het verkeerde vel gevangen. Eerste hoogleraar transseksuologie aan VU«, *Leeuwarder Courant,* 2. November 1988.

Gessel, Wim van, »Wilt u me helemaal bloot meneer?« Weblog *Wims werk,* 20. Januar 2013.

De Gooi- en Eemlander, verschiedene Artikel über den Mord an Arie van Hemert, 17. und 18. August 1965.

Gooren, L. J. G., »Transseksualiteit. Omschrijving, etiologie, hulpverlening«, *Nederlands Tijdschrift voor Geneeskunde,* 1992: Jg. 136, Nr. 39.

Grootendorst, Piet, »Zaak-Arie van Hemert 2 ½ jaar een obsessie«, *De Telegraaf,* 18. August 1965.

»Haagse und Hilversumse jongen nog spoorloos«, *Leeuwarder Courant,* 4. April 1963.

Hage, J. J. en J. J. A. M. Bloem, »Transseksualiteit, chirurgische mogelijkheden«, *Nederlands Tijdschrift voor Geneeskunde,* 1992: Jg. 136, Nr. 39.

Hof, Gerben van t', »Mama of papa, dat is de vraag«, *Algemeen Dagblad,* 11. September 2013.

Hoyer, Niels, *Man into Woman,* Popular Library Edition, 1953.

Klerk, Jan A. C. de, »Mag chirurg ingrijpen bij transseksualiteit?«, *Limburgs Dagblad,* 18. Juni 1969.

Klompenhouwer, Huub, »Transseksualiteit heeft nog veel last van vooroordelen«, *Nieuwsblad van het Noorden,* 18. Juni 1987.

Kromme, André de, »Elke twee weken een operatie van verandering van geslacht«, *De Telegraaf,* 19. Mai 1987.

Kromme, André de, »De heelmeester van de transseksuelen«, *De Telegraaf,* 13. Oktober 1990.

Kuijk, Otto, »Drie Belgische medici voor de rechter«, *De Telegraaf,* 22. Mai 1969.

Kuijk, Otto, »Amerikaanse deskundige: operatie bij jonge Vlaming geheel verantwoord«, *De Telegraaf,* 23. Mai 1969.

Kuiper, A. J., H. Asscheman und L. J. G. Gooren, »Transseksualiteit. De tweede diagnostische fase: de ›real-life test‹«, *Nederlands Tijdschrift voor Geneeskunde,* 1992: Jg. 136, Nr. 39.

»Lijk Arie van Hemert (9) 2 ½ jaar lang onder vloer bij kapper«, *Nieuwsblad van het Noorden,* 17. August 1965.

»Man blijft man in geboorteakte«, *Het Vrije Volk,* 16. August 1974.

McDonald, Elizabeth, *Pregnant Man,* Dokumentation Channel 4, 2008.

Meyden, Henk van der, »Waar is Arie van Hemert?«, *De Telegraaf,* 6. April 1963.

»Moord op Arie van Hemert in panische angst voltrokken«, *Nieuwsblad van het Noorden*, 18. August 1965.

»Moord op Arie van Hemert werd in paniek gepleegd«, *De Waarheid*, 18. August 1965.

»Moordzaak Arie van Hemert voor de rechtbank«, *De Waarheid*, 26. April 1966.

»Nog geen spoor van Arie van Hemert«, *De Waarheid*, 10. April 1963.

Protokoll der ersten Sitzung der Stichting Nederlands Gender Centrum (Sammlung Liselotte Demmers), 9. Februar 1972.

»Ook als politieagent sta je machteloos«, *De Telegraaf*, 6. April 1963.

»Oom Piet: ›Arie zou tóch al gauw gevonden zijn‹«, *Het Vrije Volk*, 19. August 1965.

Pruis, Ab, und Aaïcha Bergamin, *Aaïcha: Het bizarre conflict van een als man geboren vrouw*, Stichting Vrije Communicatie, 1991.

Regionalarchiv West-Brabant, verschiedene Fotos vom Juvenat Etten.

Reijt, F.A. van der, »Transsexualiteit in Nederland, een ontwerp van wet«, *Medisch Contact*, Nr. 24, 18. Juni 1984.

Roegholt, Richter, »Verandering van geslacht«, *Het Vrije Volk*, 28. Mai 1969.

Schipper, Aldert, »Transseksualiteit uit taboesfeer halen«, *Trouw*, 20. Februar 1996.

Sluysmans, Conny, »Transseksuelen willen meer zijn dan ›zeldzame postzegels‹«, *De Telegraaf*, 11. Mai 1973.

Stam, Jaap, »Schoonheidsfoutje«, *de Volkskrant*, 7. Dezember 2013.

Stryker, Susan, *Transgender History*, Seal Press, 2009.

Swaab, Dick, »Man/vrouw. De drang om van geslacht te veranderen is niet psychotisch, maar aangeboren«, NRC *Handelsblad*, 19. Juli 2008.

Swaab, Dick, »Die sexuelle Differenzierung des Gehirns in der Gebärmutter«, in: *Wir sind unser Gehirn*, Droemer Verlag 2011.

TenT, Informations- und Kontaktzeitschrift der Arbeitsgruppe Travestie und Transsexualität des N.V.S.H. (Sammlung Internationaal Instituut voor Sociale Geschiedenis), Jahrgänge 1975–1983.

Thoben, Peter (Hrsg.), *Ten dienste van de medemens,* Museum Kempenland Eindhoven, 2007.

Touber, Rob, Travestie met een zielige en bedenkelijke kant. *Wereldkroniek,* 1964: Jg. 70, Nr. 32 (8. August).

»Transgender pioniers«, *Andere Tijden,* NTR/VPRO, gesendet am 8. Dezember 2013.

»Transseksueel nog niet geaccepteerd«, *Leeuwarder Courant,* 31. Mai 1990.

»Transsexisme en het streven naar geslachtsverandering«, *De Waarheid,* 19. Juni 1969.

Uitterlinden, Nora, »Sekse ouder geen kwestie voor kind«, *de Volkskrant,* 1. August 2009.

Vaal, O.M. de, *Man of Vrouw? Dilemma van de transseksuele mens,* Wetenschappelijke Uitgeverij, 1971.

Vaal, O.M. de und Ph. J.H. Lamaker, »Transsexualiteit in Nederland«, *Medisch Contact,* Nr. 23, 11. Juni 1982.

Vansweevelt, Thierry, »Corr. Brussel, 27. september 1969 (het transsexualiteit-vonnis)«, in: *Rechtspraak- en wetgevingsbundel Gezondheidsrecht,* zehnte Ausgabe, Wolters Kluwer België, 2007.

Velleman, Louis, »Artsen, die van man een ›vrouw‹ maakten, voor de rechter«, *Het Vrije Volk,* 22. Mai 1969.

Velleman, Louis, »Operatie man-vrouw normaal in de VS«, *Het Vrije Volk,* 24. Mai 1969.

Verschoor, A.M., »Wijziging van de geboorte-akte van transseksuelen«, *Tijdschrift voor seksuologie,* 1983: Jg. 7, Nr. 1.

Visser, Harm, »Geslachtsverandering is geen feest«, NRC *Handelsblad,* 26. Januar 2002.

Vries, de, Annelou L.C. MD, PhD und Peggy T. Cohen-Kettenis PhD, »Clinical Management of Gender Dysphoria in Children and Adolescents: The Dutch Approach«, *Journal of Homosexuality,* 2012, Jg. 59, Nr. 3.

»›Vrouwelijk‹ brein bij transseksuelen«, *Het Parool*, 2. November 1995.

Walters, Barbara, *Journey of a Pregnant Man*, Dokumentation ABC, 2008.

Waal, Mieke de, *Vriendinnen onder elkaar. Travestieten en transsexuelen in Nederland*, De Arbeiderspers, 1982.

Waal, Mieke de, »Op zoek naar een ander omhulsel«, NRC *Handelsblad*, 5. Januar 1991.

Waal, Mieke de, »In het verkeerde lichaam«, NRC *Handelsblad*, 18. April 1991.

Interviews

Neben den im Buch zitierten Menschen habe ich gesprochen mit Jos Megens, von 1976 bis März 2015 Koordinator des Genderteams des VUmc, und mit Liselotte Demmers, der früheren Sekretärin der Stichting Nederlands Gender Centrum. Sie war von 1969 bis zu seinem Tod im Jahr 1993 mit Otto de Vaal verheiratet und unterstützte ihn von Anfang an bei der Hilfe für Transsexuelle.

Weiterführende deutschsprachige Literatur

Preuss, Wilhelm F., Geschlechtsdysphorie, Transidentität und Transsexualität im Kindes- und Jugendalter. Ernst Reinhardt Verlag 2016.

Rauchfleisch, U., Transsexualität – Transidentität. Begutachtung, Begleitung, Therapie. Vandenhoeck & Ruprecht 2014.

Rauchfleisch, U., Anne wird Tom. Klaus wird Lara. Transidentität / Transsexualität verstehen. Patmos Verlag 2013.

Richter-Appelt, H., Nieder, T., Transgender-Gesundheitsversorgung. Eine kommentierte Herausgabe der *Standards of Care* der *World Professional Association for Transgender Health* (WPATH). Psychosozial-Verlag 2014.

Schweizer, K., Brunner, F., Cerwenka, S., Nieder, T., Briken, P., Sexualität und Geschlecht. Psychosoziale, kultur- und sexualwissenschaftliche Perspektiven. Psychosozial Verlag 2014.

Einige Websites

http://www.wpath.org/ – World Professional Association for Transgender Health

http://epath.eu/ – European Professional Association for Transgender Health

http://www.dgti.org/ – Deutsche Gesellschaft für Transidentität und Intersexualität e.V. → Selbsthilfegruppen

(http://www.bv-trans.de/aktuelles/ – Bundesverband trans*)

http://dgfs.info/ – Deutsche Gesellschaft für Sexualforschung e.V.

Louise Jacobs

LOUISE SUCHT DAS WEITE

Wie ich loszog, Cowboy zu werden
und zu mir selbst fand

Der große Traum von Freiheit

Von Kindesbeinen an fühlt sich Louise Jacobs wie in einem falschen Leben. In besten Züricher Kreisen aufgewachsen, drängt es sie in die Natur und zu den Pferden. Sie träumt von einem Leben als Cowboy in der amerikanische Wildnis. Aus der Schweizer Enge flieht sie nach Berlin, doch auch hier kommt sie nicht zur Ruhe. Als der Traum vom Cowboysein sie mit Anfang 30 noch immer leidenschaftlich umtreibt, bricht sie alle Zelte in Deutschland ab und macht sich auf den Weg nach Amerika. Sie lernt das Hufschmiedehandwerk – ohne das man als Cowboy nicht bestehen kann. Und sie verliebt sich – natürlich in einen Cowboy. Und im einfachen Leben inmitten der Natur findet sie endlich ihr Glück.